基础会计

主　编　张　眉
副主编　宋志红
　　　　孙　巍

JICHU KUAIJI

广东高等教育出版社
Guangdong Higher Education Press
·广州·

图书在版编目（CIP）数据

基础会计/张眉主编. —广州：广东高等教育出版社，2024.5
ISBN 978-7-5361-7538-9

Ⅰ.①基… Ⅱ.①张… Ⅲ.①会计学-教材 Ⅳ.①F230

中国国家版本馆CIP数据核字（2023）第172193号

出版发行：广东高等教育出版社
地　　址：广州市天河区林和西横路/510500
电　　话：（020）87551597
网　　址：www.gdgjs.com.cn
印　　刷：广州市怡升印刷有限公司
开　　本：787 mm×1 092 mm　1/16
印　　张：14
字　　数：335千
版　　次：2024年5月第1版
印　　次：2024年5月第1次印刷
定　　价：45.00元

前 言

党的二十大报告首次将教育、科技、人才工作进行专题部署和系统谋划，深化了三者一体化推进的重大理论和实践问题的规律性认识，为新时代我国教育发展、科技进步、人才培养提供了根本遵循。建设教育强国，是全面建成社会主义现代化强国的战略先导，是实现高水平科技自立自强的重要支撑，是促进全体人民共同富裕的有效途径，是以中国式现代化全面推进中华民族伟大复兴的基础工程。

高等教育是培养各类高素质人才的重要途径，是一个国家发展水平和发展潜力的重要标志。“基础会计”作为经济管理类各专业的学科基础课程，主要介绍会计学的基本理论、基本核算方法、会计账务处理的程序和技能，培养会计实操能力及会计从业人员的基本职业素养。

编者总结多年的会计教学工作经验，紧跟我国企业会计准则等会计规范以及税收法律的变化，注重专业课程思政，编写了本教材。本教材具有如下特点。

一、结构合理，内容完整

从会计的概念、职能和目标入手，阐述会计对象、会计假设、会计信息质量要求、会计要素和会计等式等基本理论；在此基础上，进一步讲授会计科目与账户、复式记账原理、借贷记账法及其应用；然后讲述会计凭证的种类、填制及审核，会计账簿的种类、格式、登记原理及错账的更正方法；接着以会计循环为主线，介绍了一般企业交易或事项的账务处理、财产清查的会计处理以及资产负债表、利润表的编制等；最后讲述各种会计核算组织程序。内容展现了会计工作全流程。

二、注重会计专业技能培养

本教材在内容选择上，按照会计岗位工作标准和岗位要求，结合初级、中级会计专业技术资格考试要求，以掌握理论知识为基础，以培养技术能力为重点，以完成岗位要求为驱动，按照“基础理论→熟悉账户→复式记账→填制凭证→登记账簿→编制会计报告”的递进思路，全面培养会计专业技能人才。

三、丰富案例辅助学习

本教材在编写过程中，注重案例融入，每一章的内容除了理论知识外还融入了丰富的实际案例，体现了理论与实践的结合，加深读者对理论知识的理解，增强实际运用能力。

四、内容设计体现以读者为本

第一，对内容的文字表述尽量做到言简意赅、通俗易懂；第二，各章内容都按照“本章摘要—内容导图—知识讲解—复习思考题—练习题”来设计，内容全面，重点突出；第三，对比较难以理解的会计理论、方法和技术，本教材还绘制了大量形象直观的图示或图表，帮助读者更加直观地理解和掌握知识点，提高学习效率和效果。

本教材由仲恺农业工程学院张眉担任主编，宋志红、孙巍担任副主编。

由于编者水平有限，书中存有不足之处在所难免，恳请读者不吝赐教，以便我们进一步修改和完善，谢谢！

编　者

2024 年 4 月

目 录

第一章
总　论

本章摘要

本章主要介绍会计的基本概念和基础知识，包括四个方面的内容：

一是会计的产生与发展，主要介绍会计的产生及各个发展阶段。

二是会计的概念与对象，主要介绍会计的概念、对象和目标。

三是会计的基本假设，主要介绍会计核算的四个基本假设（基本前提），包括会计主体、持续经营、会计分期和货币计量。

四是会计信息及其质量要求，主要包括可靠性、相关性、可理解性、可比性、实质重于形式、重要性、谨慎性和及时性。

内容导图

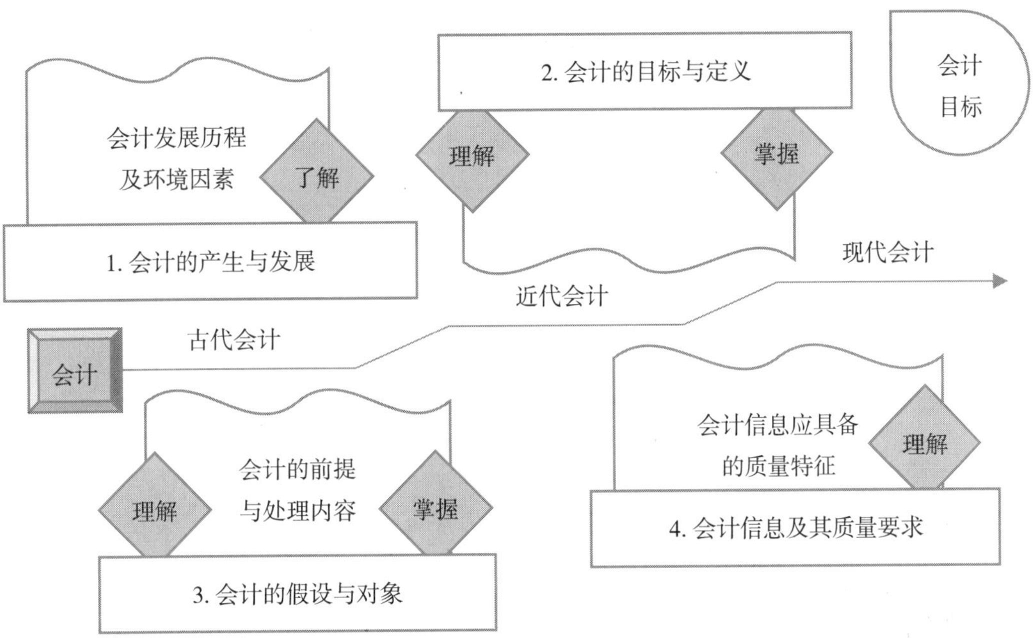

图 1－1　内容导图

第一节　会计的产生与发展

人类要生存，就要进行生产活动，在生产活动中既能够创造物资财富，取得一定劳动成果，同时也会产生劳动耗费，包括人力、物力、财力的耗费，于是便产生了专门记录和计算经济活动过程中所得与所费的会计。

一、会计的产生

经济基础是会计产生和发展的必要条件。随着原始人类在恶劣的生存环境中谋取生存需要，在对抗自然的过程中，剩余劳动产品的产生以及财产私有制开始出现，人类社会产生对于劳动产品等价交换的内在需求，决定了会计产生的必要性和必然性。而人类社会最初计量记录行为的产生，使得会计第一次走上了历史的舞台。实物、绘画、结绳、刻契等记事（计数）计量记录行为基本上代表了同时期会计行为的实践（如图 1－2、1－3 所示）。

图 1－2　原始人类交换商品

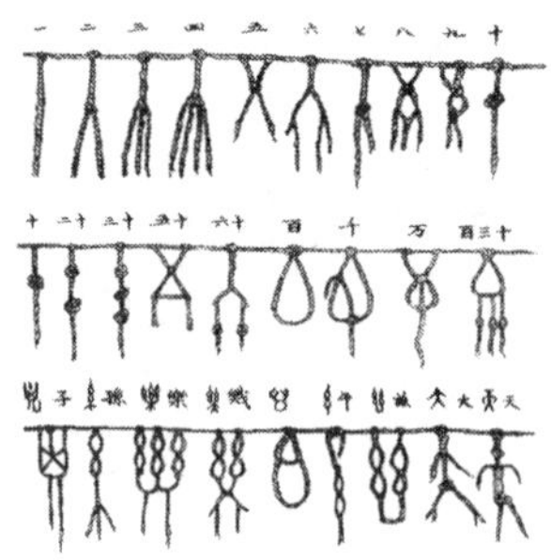

图 1－3　结绳记事

随着文字的出现，人们开始通过文字和数字对物质资料的生产和耗费进行专门记录，但受限于当时的生产规模和生产力水平的影响，这些会计记录也较为简单，只是经济生产职能的附带环节，由生产者在进行生产活动时将收入、支出等事项顺便进行简单记录。经济社会进一步发展以后，社会分工开始出现，生产力水平和生产规模的扩大，使得会计开始逐渐从经济生产职能中分离出来，变成一项由拥有专业知识的人员从事的经济管理工作，会计也作为一项专业职能独立出来并为人们所熟知。

二、会计的发展历史

一般认为，会计的发展主要经历了古代会计、近代会计和现代会计三个历史阶段。

（一）古代会计

古代会计一般是指 15 世纪以前，从奴隶社会至封建社会这一时期的会计。其主要标志有：会计专职人员的出现、会计机构的建立，以及“会计”名词的形成等；主要特征为文字记录、实物计量和单式记账。

据史料记载，在我国的西周王朝就已经建立起为世人所称道的严密的财计组织。这个组织中设有大宰、司会、小宰和宰夫等官职，其主要职责就是掌管国家和地方的"百物财用"。此外，还设有司书、职币、职岁等负责账簿记录的会计人员。将"会"与"计"二字组合为"会计"一词也是始于那个时期。此外，在一些庄园中，奴隶主为管理其个人的钱粮收支等，也聘用了一些专门的保管和记账人员。据称，孔子就曾受聘管理庄园的钱粮等收支，并留下了"会计，当而已矣"的传世名言。

古代会计是会计的开创阶段，当时的会计技术和方法非常简单。例如，在记账方法上主要采用文字叙述的方式记录有关交易或事项，这种做法称为单式簿记；在计量单位上主要采用实物计量单位。另外，在古代会计阶段，尽管已经有了一些会计实践，并产生了一定的会计思想，但还没有形成系统的会计理论。但是，这一时期的会计实践为会计的进一步发展奠定了良好的基础。

（二）近代会计

近代会计一般是指 15 世纪以后的会计。近代会计的显著标志是复式簿记的创建与传播。在复式簿记中，对某一交易或事项至少应从两个不同的方面，运用两个或两个以上的账户加以记录，这是一种优于单式簿记的科学记账方法。

在古代会计发展的后期，对复式簿记的探索为世界各国所重视。我国在唐宋时期创建的"四柱结算法"、在明末清初创立的"龙门账"等，都充分体现了复式簿记的基本思想，是世界会计发展史上的辉煌成果。但由于缺乏对会计变革的迫切需求，缺少热心人士的及时总结，这些成果逐渐退出了历史舞台。在国外，13 世纪前后的欧洲成为当时世界经济发展的中心，意大利等国家的商人创建了流传至今的复式簿记方法，即借贷记账法。1494 年，意大利数学家卢卡・帕乔利（Luca Pacioli）从理论和实务两个方面总结了已经在民间流行 200 余年的借贷记账法，并写入其专著《算术、几何、比与比例概要》中，使复式簿记知识在欧洲乃至全世界迅速传播。卢卡・帕乔利也因其对复式簿记方法传播上的重大贡献而被后人誉为"近代会计之父"。

应予强调的是，复式簿记的诞生不仅是会计记账方法的历史性变革，而且是会计理论体系建立的起源。卢卡・帕乔利在其著作中，不仅系统地介绍了会计科目、会计账户和会计账簿等基本知识，以及复式簿记的技术方法，还提出了会计中心论、会计主体和会计分期、会计目的和会计要素等概念，这是早期财务会计理论研究的重要成果，为后人进行会计理论体系的构建提供了初步框架。为此，复式簿记方法的诞生被誉为会计发展史上的第一个里程碑。

（三）现代会计

现代会计一般是指 20 世纪 30 年代以后的会计，这是会计的一个跨越式发展时期。现代会计的主要标志是会计目标的重大变化，管理会计形成并与财务会计分离，电子计算机在会计上的应用，财务会计理论体系的形成和完善，以及会计准则的国际趋同等。

1. 会计目标的重大历史性变化

20 世纪 30 年代，现代经济的发展加速了企业组织形式的变革，股份公司这一新的企业组织形式如雨后春笋般在世界各地涌现。与此前的会计主要服务于私人、合伙企业内部管理者的目的不同，股份公司的会计目标转变为主要服务于企业外部的投资者等会计信息使用者。这是由于股份公司的经营资金主要来源于为数众多的股东和债权人等，公司管理层既应承担有效使用资金并保证其保值增值的责任，也应承担向股东和债权人等报告相关会计信息的义务。

2. 管理会计与财务会计分离

20 世纪 50 年代起，随着管理科学的发展，如何利用会计提供的信息分析企业经营活动现状，预测经营活动前景，为经营决策提供依据等成为会计研究的重要课题，在传统的财务会计中逐渐分离出一门新兴学科——管理会计，管理会计主要承担向企业管理层提供有助于他们进行经营预测和决策的相关信息的职责；而财务会计则主要承担向投资者等财务报告使用者提供企业相关信息的职责，进而有助于他们进行投资等经济决策。管理会计与财务会计在企业经营管理中并驾齐驱，增强了会计作为一项经济管理活动的功能。

3. 电子计算机等在会计上的应用

20 世纪 50 年代以来，科学技术的飞速发展为会计的发展提供了新的动力，引发了会计技术手段的巨大变革。电子计算机和互联网等在会计上的应用，不仅极大地提高了会计工作的效率和质量，而且把会计人员从过去繁重的手工簿记中解放出来。电子计算机和互联网等在会计上的应用堪称会计发展史上的又一里程碑。

4. 财务会计理论体系的形成与会计准则的国际趋同

现代会计阶段是现代财务会计理论发展的繁荣时期。在近代会计理论框架的基础上，逐步形成了以会计目标为核心，包括会计定义、会计假设、会计对象、会计要素、会计基础、会计确认、会计计量和会计报告等概念在内的完整的财务会计理论体系，并以此为指导建立了系统具体的会计准则，用以指导会计实务的处理。

从 20 世纪后半叶开始，特别是进入 21 世纪以来，世界经济一体化进程加快，会计的发展也不再仅限于一个国家或地区，建立全球高质量会计准则体系的呼声越来越高，会计准则在越来越多的国家和地区实现了与国际会计准则的实质性趋同。这些变化也给会计理论的进一步发展和完善提供了新的契机，作为“世界商业语言”的会计必将会有日新月异的发展。

第二节　会计的职能、目标与定义

一、会计的职能

职能是事物的职责和功能，是系统在特定环境中发挥的作用和功能，是系统具有客观性的外在行为。我国会计界关于会计职能的提法曾出现过一职能论、二职能论、三职能论、四职能论、五职能论、六职能论、八职能论和十二职能论。随着我国经济迅速发展，会计在经济管理中的作用也越来越重要，所赋予的职能也不断增多，但根据《中华人民共和国会计法》（以下简称《会计法》）第五条规定“会计机构、会计人员依照本法规定进行会计核算，实行会计监督”，一定程度上从法律意义中明确会计的两大基本职能为会计核算与会计监督。

（一）会计的核算职能

会计的核算职能是指以货币为主要计量单位，通过确认、记录、计量、报告，对特定主体的经济活动进行记账、算账、报账，为各有关方面提供会计信息的职能。以货币为主要计量单位，是会计核算的显著特征。同时在会计核算过程中，应保证会计信息的完整性、连续性和系统性。此外，会计核算不仅是记录已发生的经济业务，还要依据已发生的经济业务为未来各单位的经营决策和管理控制提供有用的信息及预测。因此，会计核算职能是从会计产生之日起就具备的一种基本职能，反映了会计的本质和核心。

（二）会计的监督职能

会计的监督职能是指会计人员在进行会计核算的同时，对特定主体经济业务的真实性、合法性和合理性进行审查的职能。会计监督的内容包括：①监督经济业务的真实性。②监督财务收支的合法性。③监督公共财产的完整性。会计监督应贯穿会计工作的全过程，包括事前监督、事中监督和事后监督（如图1－4所示）。这里需要特别指出的是，会计监督的范围仅限以会计核算职能为前提所提供的各种价值衡量的货币监督，对于无法用货币计量的实物或虚拟标的物，应先对其进行资产估值，确实无法进行货币衡量的实物或虚拟标的物，会计无法对其进行监督。此外，会计监督的依据是国家出台的相关法律法规、财经制度以及单位内部出台的会计规范制度或方法，从而保证会计在履行监督职能时的合法性与合理性。

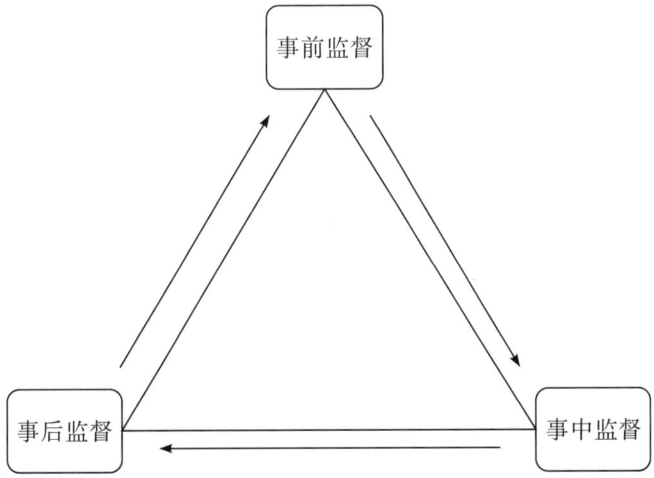

图1－4　会计监督职能

二、会计的目标

为了更好地理解会计目标的含义，必须明确“会计目的”的内涵以及两者的联系与区别，吴水澎、石本仁提出：会计的本质包括会计的目的，“会计的目的是会计存在的前提，也是会计产生的根本原因，它直接决定了会计的基本职能”。因此，会计目的是客观存在的，从会计一产生就确定下来，决定了会计的本职和职能。而会计目标则是主观外在的，与会计现阶段承担的任务相似，但又具有主观能动性。目前国内外关于会计目标研究，主要分为以下两种代表性观点。

（一）决策有用观

1953 年斯多波斯（G. J. Staubus）率先提出了财务会计的目标是决策有用性的观点。其主要观点是：根据美国会计学会发表的《基本会计理论报告》，会计的目标是为了“作出关于利用有限资源的决策，包括确定重要的决策领域以及确定目的和目标”而提供有关的信息。在决策有用观下，会计的目标主要可以分为以下几点：①提供对投资者、债权人以及其他使用者做出合理的投资、信贷及类似决策有用的信息。②提供有助于投资者、债权人以及其他使用者评估来自销售、偿付到期证券或借款等的实得收入的金额、时间分布和不确定的信息。③应能提供关于企业的经济资源、对这些经济资源的要求权（企业把资源转移给其他主体的责任及业主权益）以及使资源和对这些资源要求权发生变动的交易、事项和情况影响的信息。

（二）受托责任观

受托责任观的主要代表人物有著名会计学家井尻雄士（Yuji Ijiri）、恩里斯特·帕罗科（Ernest J. Parlock）等人，该观点主要代表文献有井尻雄士所著的《会计计量理论》。主要反映了委托人将资财的经营管理权授予受托人，受托人接受托付后即应承担所托付的责任。受托责任观的发展与公司制和现代产权理论的发展休戚相关，随着工业革命的完成，以公司制为代表的企业形式开始出现并广泛流行，随之而来的便是企业所有权和经营权的分离，资源的所有者和经营者相分离，资源的受托方（资源经营者）接受委托，管理委托方（资源所有者）所支付的资源。委托方关注的是委托财产资源的保值与增值。受托方因此承担合理、有效地管理与应用受托资源，使其尽可能地能够保值增值的责任。受托方有义务及时、完整地向委托方报告其受托资源管理的情况以解脱受托经济责任。委托方通过相关的法规、合约和惯例等来激励和约束受托方的行为。受托责任的内容具有可计量性。由此产生的计量指标既有财务指标，也有非财务指标；既有定量指标，也有非定量指标；既有经济指标，也有社会指标。

从上述介绍可以看出，受托责任观重在向委托者报告受托者的受托管理情况，主要是从企业内部来谈的，而决策有用观是从企业会计信息的外部使用者来谈的。实际上，两者并不矛盾，都在一定程度上反映了“会计信息观”，即会计目标是提供信息。在受托责任观下，会计目标是向资源委托者提供信息；在决策有用观下，会计的目标是向信息使用者提供有用的信息，不但向资源委托者，而且还向包括债权人、政府等在内的和企业有密切关系的信息使用者提供对决策有用的信息。同时，两者侧重的角度不同，受托责任观是从监督角度考虑，主要是为了监督受托者的受托责任；决策有用观侧重于信号角度，即会计信息能够传递信号，即向信息使用者提供对决策有用的信息。两者之间相互联系，相互补充。

三、会计的定义

目前会计在当今社会中发挥着越来越重要的作用，我们每个人在日常生活中或多或少都要与会计部门打交道，上至国家每年财政预算的制定，财政预算的审查监督，下至生活中开支的报销审核都要由会计部门核算确定。尽管会计已经在经济社会中发挥出越来越重要的作用，受限于人们对于会计认识还需要一个漫长的过程，因此关于会计的概念如何界定尚未达成一致。截至目前，会计学术界关于会计定义的代表性理论主要有以下几种。

（一）会计是上层建筑

在 20 世纪 50 年代，我国会计学术界曾经对会计持有上层建筑理论的观点，支持上层建筑理论的学者认为：会计虽然运用各种技术方法，管理和核算生产力，与生产力有密切联系，但这种联系是以生产关系为中介，因此会计属于上层建筑的范畴。1954 年游历坚学者在《工业会计》第 11 期以及 1981 年余光耀学者在《会计研究》第 3 期中都对会计属于上层建筑范畴进行了论证。这种理论一直持续到肖源发表了《关于研究会计性质的方法问题——和余光耀同志商榷》一文，文中指出：按谁的意志、要求进行管理，为谁的利益服务并不反映会计的本质属性，是外界环境对于会计的附加属性，并不为会计所固有，决定会计本质属性的是会计的内在矛盾。因此，上层建筑理论对会计的定义是片面而且单一的。

（二）会计是生产力

会计是生产力这一理论最早开始被陶德学者在 1951 年《新会计》第 4 期中提出，之后在 1979 年《财务会计》第 3 期、1983 年《会计研究》第 9 期等期刊先后发表论文进行论证，主要论据为：科学技术是生产力，管理也是生产力。从生产力系统论的观点来考察，会计反映和控制生产力。会计能形成价值，会计费用是生产性支出。会计是生产劳动，是总体工人的一个器官。决定会计性质的主要方面是生产力和生产关系等。李孝林、孙芳城等学者主要采用三段论逻辑进行反驳，主要就“科学技术是生产力，会计是科学技术，会计是生产力”“总体工人的各个器官是生产力，会计是总体工人的一个器官，会计是生产力”等论点逐条进行反驳。因此，根据系统科学和会计“基本职能体现本质”的原理，上层建筑论和社会生产力理论，脱离会计的基本职能，不能正确概括会计本质。

（三）会计是信息系统

20 世纪 70 年代，美国会计界《现代会计手册》中提出“会计是一个信息系统”，80 年代开始，我国有些会计专家和学者开始认可和接受这种理论，将会计定义为：“会计是旨在提高企业和各单位经济效益，加强经济管理而建立的一个以提供财务信息为主的经济信息系统。它在企业和各单位范围内，主要用于处理价值运动（在社会主义条件下为资金运动）所形成的数据，并产生与之有关的信息，起反映的职能；上述数据与信息的进一步利用，又能起监督、预测、规划和分析评价等控制职能，会计的上述两项基本职能，都有助于进行正确的经济决策和财务决策。”这一说法主要代表了会计是经济信息系统论的观点。

（四）会计是经济管理

马克思在《资本论》第2卷第6章中指出簿记“原来是生产职能附带的一个工作”，而非方法。因此“会计”一词，指的是会计工作、会计活动和会计学的统一，从这一层面来说会计工作是一项管理工作，这一说法也得到我国会计学术界普遍认可。这一说法认为：从会计的产生到发展的历史各阶段，无一不反映出会计的管理职能，以及管理职能所发挥的所用。首先从我国《会计人员职权条例》的规定中可以看出，会计人员的“三权六责”也反映出会计人员在进行会计工作中所发挥的主观能动性在经济管理中的作用。目前管理会计已经作为一个独立名词与企业财务会计区别开来，因此会计在经济运行中发挥着管理控制职能。其次从系统科学的角度来看会计，会计工作显然是一项系统工作，由相互作用、相互依赖的若干组成部分构成，是一个具有特定管理功能的有机整体。这些观点表明会计是经济管理活动论。

目前会计经济信息系统论和会计经济管理活动论，两种观点各有所长，存在分歧，却也有相通之处。从系统论的观点来看，两种观点都突出了会计的一种结构和职能，理应结合起来，相互补充，形成一个全面科学的会计定义。有学者认为，既然会计的“两论”均得到较大肯定与认同，何不将两者结合起来，“两论”的结合既是系统科学关于职能体现本质原理的客观必然，也是长期、广泛会计实践的科学总结。因此孙芳城和李孝林等学者提出将会计定义为“会计是以处理信息为基础的控制系统”，既克服了“两论”不能全面反映会计本质的缺点，又体现了两种基本职能基础与主导的关系，还可提高会计理论对实际工作的指导作用。这一种新定义的提出具有一定的借鉴意义。

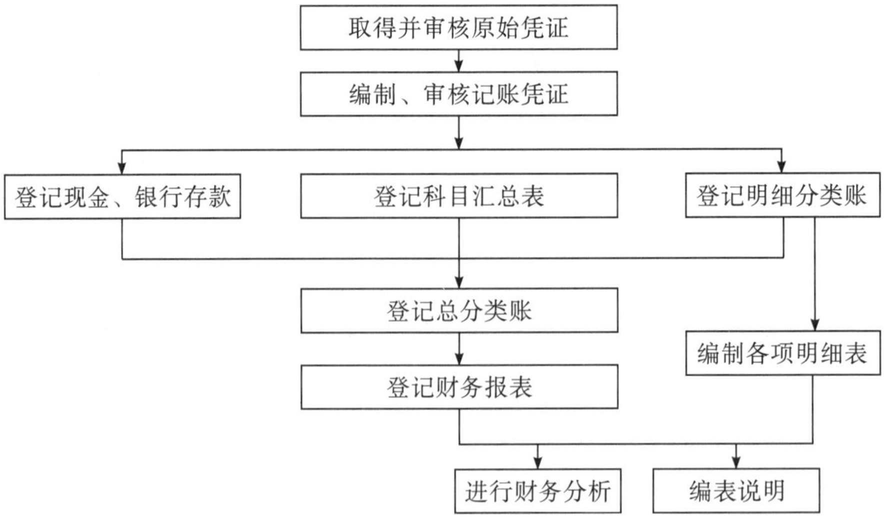

图1-5　会计账务处理程序

第三节 会计的假设与对象

一、会计的假设

“会计假设”一词最早由美国会计学家威廉·安德鲁·佩顿（W. A. Paton）在《会计理论》一书中提出，将其描述为在特定的经济环境中，根据以往会计的实践和理论，对会计领域中尚未肯定的事项所做出的合乎情理的假设和猜想。会计假设存在的前提是不确定的经济环境，为了使会计工作正常运行，建立会计理论结构，从而不得不设立若干假设。根据我国《企业会计准则》的规定，会计假设主要包括以下四项。

（一）会计主体

会计主体是指会计所核算和监督的特定单位或者组织，是会计确认、计量和报告的空间范围。《企业会计准则——基本准则》第五条规定“企业应当对其本身发生的交易或者事项进行会计确认、计量和报告”，即明确会计是在反映谁的经济活动，为哪些特定对象进行会计工作，即特定的会计主体；明确会计主体是从事会计确认、计量和报告工作的前提。

在谈及会计主体这一概念时，要注意其与法律主体的区别。一般来说，法律主体必然是会计主体，但是会计主体并不一定是法律主体。会计的主体既可以是一个企业，也可以是若干个企业组织起来的集团公司；既可以是法人，也可以是不具备法人资格的实体。因此会计主体与法律主体并不是同一概念。

（二）持续经营

持续经营是指在可以预见的将来，会计主体将会按当前规模和状态持续经营下去，不会停业，也不会大规模削减业务。根据我国《企业会计准则——基本准则》第六条规定“企业会计确认、计量和报告应当以持续经营为前提”，明确这个基本前提就意味着会计主体将按照既定用途使用资产，按照既定的合约条件清偿债务，会计人员就可以在此基础上选择会计原则和方法，如资产能够按计量基础计算成本，费用能够定期进行分配，负债能够按期偿还，否则正常的核算就无法进行。

持续经营企业的会计核算应当采用非清算基础，例如资产按成本计价就是基于持续经营这一假设或前提的。然而，在市场经济条件下，优胜劣汰是一项竞争原则。每一个企业都存在经营失败的风险，都可能变得无力偿债而被迫宣告破产进行法律上的改组。一旦会计人员有证据证明企业将要破产清算，持续经营的基本前提或假设便不再成立，企业的会计核算必须采用清算基础，此时应当采用破产清算的会计程序和方法。

（三）会计分期

会计分期是指将一个会计主体持续经营的生产活动划分为一个个连续的、长短相同的期间，以便分期结算账目和编制财务会计报告。《企业会计准则——基本准则》第七条规定:“企业应当划分会计期间,分期结算账目和编制财务会计报告。会计期间分为年度和中期。中期是指短于一个完整的会计年度的报告期间。”

以年为单位来确定会计期间,是目前最常见也是最重要的会计分期划分方法。会计年度的起讫时间,各个国家略有不同,有的国家采用公历年度为会计年度的划分期间,有的国家则另设起止时间,如美国将每年的7月1日到次年的6月30日作为一个会计年度,在此基础上进行财务会计报表的编制和披露。在我国企业的会计年度为公历1月1日至12月31日。除了会计年度以外,我国的会计期间还有:月度、季度、半年度。这些小于一个完整会计年度的报告期间称为会计中期,也按照公历起讫日期确定。

会计分期的前提是与持续经营的前提联系在一起的,两者相互补充,不可分离。只有设定一个会计主体能够持续经营下去而没有期限,才有必要和可能进行会计分期。立足于企业持续正常的经营,又尽可能分清各个会计期间的经营成绩,才能连续地提供会计主体在各个会计期间的经营成果,以及期初、期末的财务状况及其变动的信息。此外,会计分期前提还是可比性原则的基础。由于会计分期前提将一个连续的生产经营过程人为地划分开来,进行分别计量和报告,为了比较分析各会计期间内的经营活动和财务状况,必须保证每个会计期间内所使用的会计处理方法是基本一致的,否则就无从比较各经营期内的实际情况。

(四)货币计量

货币计量是指会计主体在会计确认、计量和报告时采用货币作为统一的计量单位,反映会计主体的生产经营活动。货币是商品的一般等价物,是衡量一般商品价值的共同尺度。具有价值尺度、流通手段、贮藏手段和支付手段等特点。选择货币这一共同尺度进行计量,能够全面、综合反映企业的生产经营情况。根据我国《企业会计准则——基本准则》第八条规定:“企业会计应当以货币计量。”

会计核算要以货币作为主要的计量尺度,我国《会计法》第十二条规定:“会计核算以人民币为记账本位币。业务收支以人民币以外的货币为主的单位,可以选定其中一种作为记账本位币,但是编报的财务会计报告应当折算为人民币。”在以货币作为主要计量单位的同时,有必要也应当以实物量度和劳动量度作为补充。同时作为会计计量单位的货币,其币值是稳定或者相对稳定的。因为只有在币值稳定或相对稳定的情况下,不同时点上的资产的价值才有可比性,不同期间的收入和费用才能进行比较,并计算确定其经营成果,会计核算提供的会计信息才能真实反映会计主体的经济活动情况。这也是进行货币计量的两个前提条件。

二、会计的对象

会计对象是指企业财务会计所应核算和监督的基本内容,即会计工作的内容。由于会计的主要特点是以货币为统一计量单位,它只能核算和监督再生产过程中可以用货币计量表现的那些内容。在商品货币经济条件下,作为统一整体的再生产过程中的一切社会产品,即一切财产物资都可以用货币表现,而再生产过程中财产物资的货币表现和货币本身就称之为资金。资金作为社会再生产过程中的价值形式是在不停地运动的,其表现为资金的筹措、投入、供应、生产、销售、收回、分配等活动。资金运动贯穿于社会再生产过程的各个方面，哪里有财产物资（包括无形的）哪里就有资金和资金运动，就有会计所要反映和监督的内容。因此，概括地说会计对象就是社会再生产过程中的资金运动。研究会计对象，必须研究资金运动规律，具体到企业中去就是企业经营资金的运动（如图1－6所示）。

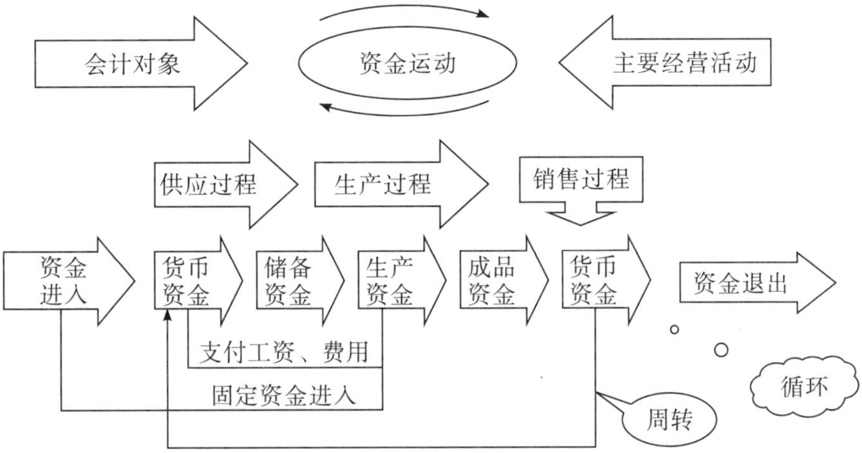

图1－6 会计对象的具体内容

孙芳城、孔庆林等学者认为，在理解会计对象的含义时，应达到以下几点要求：①会计对象要与会计学研究对象、会计处理对象区别开，不能混为一谈。②会计对象应是对各种主体会计对象的综合概括，不能是某类或某部分主体的对象。③会计对象应是各种社会形态会计共有的对象。④会计对象应与会计假设或前提理论保持一致。⑤会计对象应与会计要素保持一致，即概括的会计对象要能具体化为会计要素。⑥会计对象应是会计核算监督内容的高度抽象概括，而不是简单的罗列组合。

第四节 会计信息及其质量要求

一、会计信息

会计信息主要用来处理企业经营过程中价值运动所产生的数据，按照规定的会计制度、法规、方法和程序，把它们加工成有助于决策的财务信息和其他经济信息。具体地说，会计信息是指会计数据经过加工处理后产生的，为会计管理和企业管理所需要的经济信息。它包括：反映过去所发生的财务信息，即有关资金的取得、分配与使用的信息，如资产负债表等；管理所需要的定向信息，如各种财务分析报表，对未来具有预测作用的决策信息，如年度计划、规划、金额等，会计通过信息的提供与使用来反映过去的经济活动，控制目前的经济活动，预测未来的经济活动。

二、会计信息质量要求

会计信息质量要求是指对企业在对外财务报告中所提供的会计信息质量的基本要求，是使财务报告所提供的会计信息服务包括投资者在内的各类使用者进行相关经济决策应具备的基本特征。根据我国《企业会计准则——基本准则》的规定，对会计信息的质量要求提出八项规定，分别为可靠性、相关性、可理解性、可比性、实质重于形式、重要性、谨慎性和及时性。

（一）可靠性

根据《企业会计准则——基本准则》第十二条规定，企业应当以实际发生的交易或者事项为依据进行会计确认、计量和报告，如实反映符合确认和计量要求的各项会计要素及其他相关信息，保证会计信息真实可靠、内容完整。

可靠性是对会计信息质量的基本要求。会计作为一个信息系统，其提供的信息是投资者、债权人、政府及其有关部门、社会公众、企业内部信息使用者等进行决策的依据。所以，可靠性要求会计信息能够反映客观经济活动的实际情况，如果会计数据不能真实地反映企业经济活动的实际情况，势必无法满足会计信息使用者了解企业情况、进行决策的需要，甚至可能导致错误的决策。可靠性的质量要求在会计确认、计量和报告等环节必须符合会计可靠性要求。会计确认必须以实际经济活动为依据；会计计量的对象必须是真实的经济业务和会计事项；会计报告必须如实反映情况，不得掩饰。

案例分析

康美药业财务舞弊案

2019 年 4 月 29 日，康美药业声称自己的 299 亿元现金不翼而飞，引发社会各界的关注和监管部门的调查。

康美药业股份有限公司（600518）成立于 1997 年，2001 年在上交所上市。康美药业主营业务为中药饮片、化学原料药及制剂生产，在中国医药行业一直处于领先位置。公司在全国建立了 17 个中药饮片和医药现代化生产基地，与超过 2 000 家医疗机构、20 万家药店建立了长期的合作关系。

2020 年 5 月，经证监会查明，康美药业存在以下违法事实：

一、《2016 年年度报告》《2017 年年度报告》《2018 年半年度报告》《2018 年年度报告》中存在虚假记载，虚增营业收入、利息收入及营业利润；

二、《2016 年年度报告》《2017 年年度报告》《2018 年半年度报告》中存在虚假记载，虚增货币资金；

三、《2018 年年度报告》中存在虚假记载，虚增固定资产、在建工程、投资性房地产；

四、《2016 年年度报告》《2017 年年度报告》《2018 年年度报告》中存在重大遗漏，未按规定披露控股股东及其关联方非经营性占用资金的关联交易情况。

根据当事人违法行为的事实、性质、情节与社会危害程度，依据 2005 年《中华人民共和国证券法》第一百九十三条第一款、第三款的规定，中国证监会行政处罚如下：

一、对康美药业股份有限公司责令改正，给予警告，并处以60万元的罚款；

二、对马×田、许×瑾给予警告，并分别处以90万元的罚款，其中作为直接负责的主管人员罚款30万元，作为实际控制人罚款60万元；

三、对邱×伟（原董秘）给予警告，并处以30万元的罚款；

四、对庄×清（财务总监）、温×生（副总经理）、马×洲（监事）给予警告，并分别处以25万元的罚款；

五、对马×耀、林×浩、李×、江×平、李×安、罗×谦、林×雄（主要高管）给予警告，并分别处以20万元的罚款；

六、对张×、郭×慧、张×、李×华、韩×伟、王×（主要为独立董事）给予警告，并分别处以15万元的罚款；

七、对唐×、陈×（总助）给予警告，并分别处以10万元的罚款。

另外，证监会对马×田、许×瑾、邱×伟采取终身证券市场禁入措施。对庄×清、温×生、马×洲采取10年证券市场禁入措施。

2021年11月17日，广东省佛山市中级人民法院对康美药业原董事长、总经理马×田等12人操纵证券市场案公开宣判，马×田因操纵证券市场罪、违规披露重要信息罪以及单位行贿罪数罪并罚，被判处有期徒刑12年，并处罚金人民币120万元；康美药业原副董事长、常务副总经理许×瑾及其他责任人员11人，因参与相关证券犯罪被分别判处有期徒刑并处罚金。

讨论： 谈谈对会计从业人员诚信做人、诚信执业的思考。

（二）相关性

相关性要求根据《企业会计准则——基本准则》第十三条规定，企业提供的会计信息应当与财务会计报告使用者的经济决策需要相关，有助于财务会计报告使用者对企业过去、现在或者未来的情况做出评价或者预测。

会计信息的价值在于有助于决策，与决策有关。相关性质量要求主要有以下几点：首先，要求会计信息能够预测未来，并据以做出某种决策，从而具有预测价值；其次，相关性质量要求有助于会计信息使用者评价过去的决策，证实或修正某些决策，从而具有反馈价值；最后，要达到相关性质量要求，还要求会计信息提供者在使用者做出决策前及时地提供会计信息。所以预测性、反馈性和及时性是相关性质量要求的构成内容。

同时，相关性要求所提供的会计信息能够满足决策的需要，而决策所需要的会计信息并非全部是以货币为计量单位的。对于特定用途的会计信息，财务会计报告不一定都能够提供，因此可采用其他形式（非货币计量）加以提供。

（三）可理解性

可理解性又称明晰性，根据《企业会计准则——基本准则》第十四条规定，企业提供的会计信息应当清晰明了，便于财务会计报告使用者理解和使用。可理解性质量要求是针对会计信息使用者而言的要求，即为会计信息使用者所理解和接受。

会计信息系统提供会计信息的目的在于供会计信息使用者使用，要使用会计信息就必须明确会计信息的内涵，了解会计信息的真实内容，这就要求会计信息系统提供的会计信息必须清晰明了。为达到可理解性质量要求，人们假定会计信息使用者具有一定的工商经济活动和会计方面的知识，并愿意相当努力地去研究会计信息的价值。但是，对于某些复杂的信息，因其具备可靠性和相关性质量要求，应将其列入财务会计报告，而不能仅仅因为可能存在某些会计信息使用者难以理解而将其排除在外。

（四）可比性

可比性要求根据《企业会计准则——基本准则》第十五条规定，企业提供的会计信息应当具有可比性。可比性包括横向可比与纵向可比两层含义，横向可比是指同一企业不同时期发生的相同或者相似的交易或者事项，应当采用一致的会计政策，不得随意变更。确需变更的，应当在附注中说明。纵向可比性是指不同企业发生的相同或者相似的交易或者事项，应当采用规定的会计政策，确保会计信息口径一致、相互可比。

可比性的要求目的在于提高会计信息的决策相关性，使得会计主体在互相可比较的基础上解释它们之间相同与差异的原因，国家可以据以进行有关的宏观经济决策，投资者和债权人也可以根据符合可比性要求的会计信息进行有关的投资与信贷决策，企业内部管理当局可以据此进行有关的经营管理决策。要达到会计信息的可比性质量要求，要求在不同会计主体对同一会计事项或类似的会计事项采纳相同的会计核算方法与会计处理程序。

（五）实质重于形式

实质重于形式要求根据《企业会计准则——基本准则》第十六条规定，企业应当按照交易或者事项的经济实质进行会计确认、计量和报告，不应仅以交易或者事项的法律形式为依据。

会计信息如果想如实地反映经济业务或会计事项，那就必须根据它们的经济实质而不是仅仅依据它们的法律形式进行核算和反映。因为经济业务或会计事项的实质并非总是和法律的外在形式或人为形式相一致。比如，企业以融资租赁的方式取得一项固定资产，在本质上转移了与这项资产所有权有关的风险与报酬，因此此时将这项资产归类于租赁是不恰当的，即会计在进行确认、计量和报告时，应以交易的实质为依据，而不是合同的形式。

（六）重要性

重要性要求根据《企业会计准则——基本准则》第十七条规定，企业提供的会计信息应当反映与企业财务状况、经营成果和现金流量等有关的所有重要交易或者事项。

重要性要求企业在会计确认、计量和报告经济业务和会计事项时，应当区别其重要程度，采用不同的处理方式。对企业资产、负债、损益等具有较大影响，而且能够影响会计信息使用者据以做出合理判断的重要经济业务和会计事项，必须根据会计准则规定的会计方法和程序进行处理，在财务会计报告中予以充分、准确的披露和揭示；对于次要的经济业务和会计事项，在不影响会计信息可靠性的决策有用性的前提条件下，可以归并简化处理，对经济业务和会计事项进行披露和揭示。重要性质量要求一方面对于会计信息提供者而言，可以简化处理次要经济业务和会计事项，能够节约提供会计信息的成本；另一方面对于会计信息使用者而言，能够减少信息阅读和理解的成本。

（七）谨慎性

谨慎性要求根据《企业会计准则——基本准则》第十八条规定，企业对交易或者事项进行会计确认、计量和报告应当保持应有的谨慎，不应高估资产或者收益、低估负债或者费用。

企业生产经营活动面临的客观环境具有不确定性，始终充满了风险，因此，会计系统在处理经济业务和会计事项时，要求尽量低估企业的资产和收益，对可能发生的损失和费用要尽量估计充足。如在会计期末对可能发生损失的资产计提减值准备，对可能发生损失的债权计提坏账准备等就充分反映出谨慎性质量的要求。

讨论：为什么说会计信息质量的谨慎性原则也是中华民族优秀传统文化的体现？请说说你的理解。

（八）及时性

及时性要求根据《企业会计准则——基本准则》第十九条规定，企业对于已经发生的交易或者事项，应当及时进行会计确认、计量和报告，不得提前或者延后。

及时性要求首先在企业经济业务或会计事项发生后，会计机构的会计人员要及时收集各种原始凭证。其次在收集到原始凭证以后，要按照我国企业会计准则和相关法律法规，及时编制记账凭证、登记账簿和编制财务会计报告。最后要求在企业决策者做出决策之前，会计信息要及时提供给会计信息使用者，以帮助其做出正确合理的决策。

讨论：会计核算的及时性原则给我们的学习、生活带来什么启示？

八项会计信息质量要求是一个整体，要求我们会计机构和会计人员在进行会计确认、计量和报告时，不能片面地追求某一个或者某几个质量要求，而忽略了其他质量要求，会计机构与会计从业人员应当运用其专业知识和职业判断的能力，综合全面地衡量这八项质量要求，去更真实而公允地依托原始凭证登记账簿和编制财务报告。

复习思考题

1. 什么是会计？它有什么特点？
2. 会计的基本职能是什么？
3. 什么是会计对象？为什么说会计对象也就是社会再生产过程中的资金运动？
4. 什么是会计的基本假设？其主要内容是什么？
5. 什么是会计信息质量要求？其主要内容是什么？
6. 会计人员需要具备哪些职业道德素养？

第二章 会计要素和会计等式

本章摘要

会计要素是会计对象具体构成内容的别称，也是具有深刻内涵的会计术语，更是不可或缺的财务会计概念。为此，本章重点研究会计要素的定义、作用和特征，以及体现这些要素相互之间数量上相等关系的会计等式，并初步介绍在会计上处理这些要素的变化所采用的基本方法。

内容导图

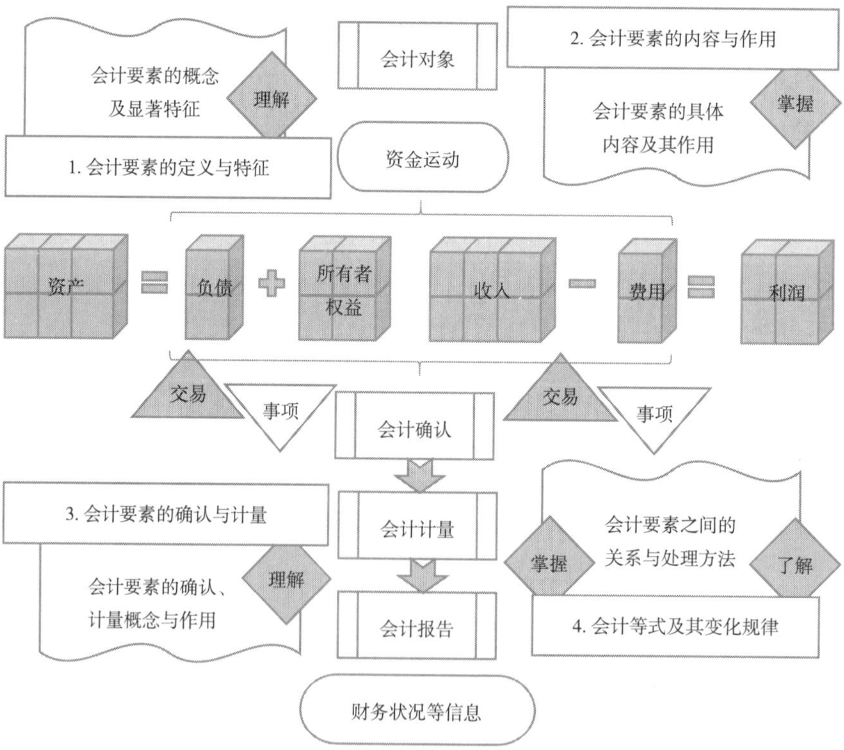

图 2－1 内容导图

第一节　会计要素的定义与特征

一、会计要素的定义

20 世纪 80 年代末，我国开始研究“会计要素”。“会计要素”一词最早是在财政部会计事务管理司草拟的《中华人民共和国会计准则（草案）提纲（讨论稿）》中被提出的。在 2000 年颁布的《企业财务会计报告条例》中，第一次对会计要素进行正式修订。在 2006 年颁布的《企业会计准则——基本准则》中，进一步完善了会计要素。会计要素本质上是指会计对象的具体化，是按照经济内容对会计对象所做的基本分类，是财务会计报表的框架，是报表最基本的项目，也是会计报表项目的底线。

在我国，会计要素分为资产、负债、所有者权益、收入、费用、利润共六项。其中资产、负债、所有者权益三要素反映了企业在某一特定时点（月末、季末、半年末、年末等）的财务状况，是资产负债表的重要组成部分和基本框架。收入、费用、利润三要素则反映了企业某一会计期间（月度、季度、半年度、年度等）的经营成果状况，是利润表的重要组成部分和基本框架。

二、会计要素的特征

我国《企业会计准则——基本准则》将会计要素分成了六项：资产、负债、所有者权益、收入、费用和利润。下面将对每项要素的定义与特征分别进行介绍。

（一）资产的定义与特征

资产是指企业过去的交易或者事项形成的、由企业拥有或者控制的、预期会给企业带来经济利益的资源。根据其定义，该会计要素主要具备以下三点特征。

1. 资产是由企业过去的交易或事项形成的

所指的企业过去的交易或者事项包括购买、生产、建造行为或其他交易或者事项。预期在未来发生的交易或者事项不形成资产。如企业签订了一项合约拟于未来的某一时间购入一项资产，但实际购买行为并未发生。这项未来可能购入的资产并不符合资产这一特征，因此也就不能确认为企业的现实资产。

2. 资产应为企业拥有或控制的资源

由企业拥有或者控制，是指企业享有某项资源的所有权，或者虽然不享有某项资源的所有权，但该资源能被企业所控制。如企业以融资租赁方式所租入的资产，虽然所有权不在企业这一方，但因为租赁期限较长，且为企业所控制，因此将其确定为企业的资产。

3. 资产预期会给企业带来经济利益

预期会给企业带来经济利益是指直接或者间接导致现金和现金等价物流入企业的潜力。如已经损毁或待报废的资产，不能为企业带来经济利益，因此在资产清查时应从企业资产中清除。

（二）负债的定义与特征

负债是指企业过去的交易或者事项形成的、预期会导致经济利益流出企业的现时义务。根据其定义，该会计要素主要具备以下三点基本特征。

1. 负债是由企业过去的交易和事项形成的

所指的企业过去的交易或者事项包括长短期借款、应付债券、应交税费、应付职工薪酬等及其他交易或者事项。预期在未来发生的交易或者事项不形成负债。

2. 负债是企业应当承担的现时义务

现时义务是指企业在现行条件下已承担的义务。未来发生的交易或者事项形成的义务，不属于现时义务，不应当确认为负债。如企业与银行签订的计划借款或与供应商签订的计划赊购等都不能将其确认为负债。

3. 负债预期会导致经济利益流出企业

预期会导致经济利益流出企业是指直接或者间接导致现金和现金等价物流出企业的可能性。如企业作为担保人所签订的贷款合同，如果借款人无法履行债务，这种情况最终就将间接导致现金和现金等价物流出企业，因此应将其确认为负债。

（三）所有者权益的定义与特征

所有者权益是指企业资产扣除负债后由所有者享有的剩余权益。公司的所有者权益又称为股东权益。

所有者权益的特征是指，首先所有者的权益一般不要求企业直接偿还，除非发生法定行为的减资、清算等事项，属于投资者对企业净资产的所有权。其次投资者有权分享企业的利润或承担经营风险，并且拥有法定管理企业或委托他人管理企业的权力，即经营成果分享权和管理权。最后一旦企业发生破产清算，根据相关法律法规的规定，所有资产应先用于偿还负债，剩余部分才能用于退还投资者投资，即剩余索取权。

（四）收入的定义与特征

收入是指企业在日常活动中形成的、会导致所有者权益增加的、与所有者投入资本无关的经济利益的总流入。根据其定义，该会计要素主要具备以下三点基本特征。

1. 收入是在企业日常活动中形成的

日常活动是指企业为完成经营目标所从事的经常性活动以及与之相关的活动，包括产品生产企业从事产品的生产和销售、安装公司提供服务等。在收入的界定中，要注意收入与利得的区分，广义的收入概念中包括利得，如偶发性事项或非日常活动所带来的净利润的流入，均纳入收入的范畴。但根据我国《企业会计准则——基本准则》对收入的定义可知，收入仅指营业收入，因此在无特别注明的情况下，本书所指的收入均为狭义概念。

2. 收入会导致所有者权益增加

收入一般表现为资产的增加、负债的减少，如销售商品、提供劳务等。收入增加，根据本章第四小节的会计等式可知，最终都会导致所有者权益的增加。

3. 收入与所有者投入资本无关

企业所有者向企业投入的资本虽然也会导致经济利益流入企业，但与企业的日常活动无关，且经济利益的流入来自投资者，因此所有者投入的资本不能确认为企业收入。

（五）费用的定义与特征

费用是指企业在日常活动中发生的、会导致所有者权益减少的、与向所有者分配利润无关的经济利益的总流出。根据其定义，该会计要素主要具备以下三点特征。

1. 费用是企业在日常活动中形成的

与企业日常活动有关的费用一般包括主营业务成本、其他业务成本或投资损失等，不属于企业日常活动有关的经济利益的流出，不能确认为费用，如自然灾害所导致的经济利益的流出、罚款支出等。

2. 费用会导致所有者权益的减少

费用一般表现为资产的减少、负债的增加，如耗用材料、支付薪酬等。费用增加，由会计等式（资产 = 负债 + 所有者权益）可知，最终都会导致所有者权益的减少。

3. 费用与向所有者分配利润无关

企业向所有者分配股利或分红，是企业以经营成果对投资者进行分配的一项活动，与企业的日常活动无关且导致的结果是企业利润的减少而非费用的增加，因此向所有者分配利润不应确认为企业费用。

企业为生产产品、提供劳务等发生的可归属于产品成本、劳务成本等的费用，应当在确认产品销售收入、劳务收入等时，将已销售产品、已提供劳务的成本等计入当期损益。企业发生的交易或者事项导致其承担了一项负债而又不确认为一项资产的，应当在发生时确认为费用，计入当期损益。

（六）利润的定义与特征

利润是指企业在一定会计期间的经营成果。利润包括收入减去费用后的净额、直接计入当期利润的利得和损失等。直接计入当期利润的利得和损失，是指应当计入当期损益、会导致所有者权益发生增减变动的、与所有者投入资本或者向所有者分配利润无关的利得或者损失。

利润的特征主要包括：①企业利润主要来自企业的经济活动。②利润是广义的收入和广义的费用相抵后的差额。③利润与所有者权益具有密切的关系。

第二节 会计要素的内容与作用

一、会计要素的组成内容

通过第一节内容的学习，我们知道会计要素分为资产、负债、所有者权益、收入、费用和利润六大类。下面我们将对六类会计要素进行更加详细的分类，进一步了解会计要素的组成内容。

（一）资产的组成内容

资产是指企业拥有和控制的能够用货币计量，并能够给企业带来经济利益的经济资源。企业的资产按其流动性不同，分为流动资产和非流动资产两大类。其中流动性是指资产变现的难易程度或资产被耗用的难易程度。越容易转化为现金或者是越容易被耗用的资产，流动性越强。

1. 流动资产

流动资产是指预计在一年或者一个正常营业周期内变现或耗用，或者主要为交易目的而持有的资产。具体包括库存现金、银行存款、交易性金融资产、应收及预付账款、应收票据、存货等。

（1）库存现金是指存放于企业财会部门准备随时支用的现款，主要用于支付企业日常经营活动中发生的小额零星支出。库存现金是企业流动性最强的资产，企业应当严格遵守国家有关现金管理制度，正确进行现金收支的核算，监督现金使用的合法性与合理性。

（2）银行存款是指企业存放在其开户银行的款项。根据我国现金管理制度的规定，每一企业都必须在中国人民银行或专业银行开立存款户，办理存款、取款和转账结算，企业的货币资金，除了在规定限额以内，可以保存少量的现金外，都必须存入银行。企业的银行存款主要包括结算户存款、信用证存款、外埠存款等。库存现金和银行存款处于货币状态，统称为货币资金。

（3）交易性金融资产是指企业以公允价值计量且变动计入当期损益的金融资产。例如，企业为赚取差价从二级市场购入的股票、债券和基金等。

（4）应收账款是指企业由于赊销产品、提供劳务等经营活动应向购买方或劳务接受方收取而暂未收到的款项。

（5）预付账款是指企业由于购买销售方的产品、接受服务方提供的劳务等，按照合同规定预先支付给对方的款项。

（6）应收票据是指企业由于销售产品或提供劳务而收到的商业汇票，包括银行承兑汇票和商业承兑汇票。

（7）存货是指企业在日常活动中持有以备出售的产成品或商品、处在生产过程中的在产品、在生产过程或提供劳务过程中耗用的材料和物料等。

2. 非流动资产

非流动资产是指企业不能在一年或者一个营业周期内变现或耗用的资产，主要包括长期股权投资、固定资产、无形资产和长期待摊费用等。

（1）长期股权投资是指投资方对被投资单位实施控制、重大影响的权益性投资，以及对其合营企业的权益性投资。重大影响，是指投资方对被投资单位的财务和经营政策有参与决策的权力，但并不能够控制或者与其他方一起共同控制这些政策的制定。

（2）固定资产是指同时具有下列特征的有形资产：①为生产商品、提供劳务、出租或经营管理而持有的。②使用寿命超过一个会计年度。使用寿命，是指企业使用固定资产的预计期间，或者该固定资产所能生产产品或提供劳务的期限。同时，与该固定资产有关的经济利益很可能流入企业且该固定资产的成本能够可靠地计量，才能予以确认。

（3）无形资产是指企业拥有或者控制的没有实物形态的可辨认非货币性资产。资产满足下列条件之一的，符合无形资产定义中的可辨认性标准：①能够从企业中分离或者划分出来，并能单独或者与相关合同、资产或负债一起，用于出售、转移、授予许可、租赁或者交换。②源自合同性权利或其他法定权利，无论这些权利是否可以从企业或其他权利和义务中转移或者分离。同时，与该无形资产有关的经济利益很可能流入企业且该无形资产的成本能够可靠地计量，才能予以确认。

（4）长期待摊费用是指企业已经发生（一般是指已经实际支付了货币资金）但应由本期和以后各期负担的，分摊期限在一年以上的各项支出。如新建企业在筹建期间发生的各种管理性质的支出，以经营租赁方式租入的固定资产发生的改良支出等。

（二）负债的组成内容

负债指企业过去的交易或者事项形成的，预期会导致经济利益流出企业的现时义务。企业负债按其流动性可分为流动负债和非流动负债两大类。

1. 流动负债

负债满足下列条件之一的，应当归类为流动负债：①预计在一个正常营业周期中清偿。②主要为交易目的而持有。③自资产负债表日起一年内到期应予以清偿。主要包括短期借款、应付票据、应付账款、预收账款、应付职工薪酬、应交税费、应付股利和其他应付款等。

（1）短期借款是指企业从银行或其他金融机构借入的偿还期在一年以内（含一年）的各种借款。企业借入短期借款的目的主要是满足临时性支出的需要。

（2）应付票据是指企业因购买商品或接受劳务等开支并承兑的交由销售方持有的商业汇票。

（3）应付账款是指企业由于购买材料、商品和接受劳务供应等经营活动应向销售方支付但暂未支付的款项。

（4）预收账款是指企业由于向购买方销售商品或提供劳务等，根据有关协议预先向对方收取的款项。

（5）应付职工薪酬是指企业根据有关规定应付给本企业职工的薪酬。

（6）应交税费是指企业按照税法规定应缴纳的各种税费。

(7) 应付股利是指股份企业应支付给股东的现金股利（在非股份制企业，应支付给投资者的利润称为应付利润）。

(8) 其他应付款是指企业除上述各种款项以外的其他各种应付和暂收款项。

2. 非流动负债

非流动负债是指企业将在一年或者超过一年的一个营业周期以上偿还的债务。主要包括长期借款、应付债券、长期应付款和预计负债等。

(1) 长期借款是指企业从银行或其他金融机构借入的期限在一年以上（不含一年）的各种借款。

(2) 应付债券是指企业采用发行债券方式筹集长期资金时发生的应付债券购买者的本金和利息。

(3) 长期应付款是指企业除长期借款和应付债券以外的其他各种长期应付款项，如应付融资租赁租入固定资产的租赁费等。

(4) 预计负债是指企业确认的对外提供担保、未决诉讼、产品质量保证等产生的预计负债。

(三) 所有者权益的组成内容

所有者权益是指企业资产扣除负债后，由所有者享有的剩余权益。企业的所有者权益包括实收资本、资本公积、盈余公积和未分配利润以及直接计入所有者权益的利得和损失。

(1) 实收资本是指所有者投入企业的资本中构成企业注册资本（或股本）部分的金额。

(2) 资本公积是指所有者投入资本超过注册资本（或股本）部分的金额，即资本（或股本）溢价。

(3) 盈余公积是指按照国家规定从净利润中提取的有特定用途的积累资金，包括法定盈余公积和任意盈余公积。

(4) 未分配利润是指企业已经实现但尚未分配而留待以后年度分配的利润。

(四) 收入的组成内容

收入是指企业在日常活动中形成的、会导致所有者权益增加的、与所有者投入资本无关的经济利益的总流入。收入有狭义和广义之分，狭义的收入主要包括主营业务收入、其他业务收入和投资收益，广义的收入还包括营业外收入，也称利得。

(1) 主营业务收入是指企业销售产品、提供劳务等主要经营活动而取得的收入。

(2) 其他业务收入是指企业除主营业务之外的其他经营活动实现的收入。

(3) 投资收益是指企业用其资金对外投资等带来的收益。

(4) 营业外收入是指企业从偶发的交易或事项中获得的经济利益流入。

(五) 费用的组成内容

费用是企业在日常活动中发生的、会导致所有者权益减少的、与向所有者分配利润无关的经济利益的总流出。费用有狭义和广义之分，狭义的费用主要包括主营业务成本、其他业务成本、税金及附加、销售费用、管理费用、财务费用和所得税费用等。广义的费用还包括营业外支出，也称损失。费用按是否计入成本，可以分成计入成本的费用和计入损益的费用。

1. 计入成本的费用

计入成本的费用，也称生产费用，按计入方式不同可分为直接费用和间接费用。

（1）直接费用是指企业为了生产产品或提供劳务所耗费的直接材料、直接人工及其他直接费用，这些费用发生时直接计入生产成本。

（2）间接费用也可以称为制造费用，是指应由产品生产成本负担的，生产车间为组织和管理生产活动而发生的共同性费用，在发生时不能直接确定归属的费用，如车间管理人员工资、车间固定资产折旧费等。间接费用月末按一定标准分配转入产品的生产成本。

2. 计入损益的费用

计入损益的费用是指不计入成本，而发生的会计期间直接计入当期损益的各项费用，又称费用，包括管理费用、财务费用和销售费用。

（1）管理费用是指企业行政管理部门为组织和管理生产经营活动而发生的各种费用。

（2）财务费用是指企业为筹集生产经营所需要的资金而发生的费用。

（3）销售费用是指企业在销售产品、自制半成品和提供劳务过程中发生的各项费用以及专设销售机构的各项费用。

（六）利润的组成内容

利润是指企业在一定会计期间的经营成果，包括收入减去费用后的净额、直接计入当期利润的利得和损失等。企业利润主要包括营业利润、利润总额和净利润。

（1）营业利润是指营业收入减去营业成本、税金及附加、销售费用、管理费用、财务费用、资产减值损失，加上投资收益（或减去投资损失）和公允价值变动收益（或减去公允价值变动损失）后的金额，是企业利润的主要来源。

（2）利润总额是指营业利润加上营业外收入，减去营业外支出后的金额。

（3）净利润是指利润总额减去所得税费用后的金额。

二、会计要素的重要作用

会计要素的划分在会计核算中具有重要作用，具体表现在以下三个方面。

首先，会计要素是对会计对象的科学分类。会计对象的内容是多种多样的、错综复杂的，为了科学、系统地对其进行反映和监督，必须对它们进行分类，然后按类设置账户并记录账簿。划分会计要素正是对会计对象进行分类。没有这种分类，就没法登记账簿，也就不能实现会计的反映职能了。

其次，会计要素是设置会计科目、会计账户的基本依据。对会计对象进行分类，必须确定分类标志，而这些标志本身就是账户的名称即会计科目。不将会计对象划分为会计要素就无法设置账户，也就无法进行会计核算。

最后，会计要素是构成会计报表的基本框架。会计报表是提供会计信息的基本手段，会计报表应该提供一系列指标，这些指标主要是由会计要素构成的，会计要素是会计报表框架的基本构成内容。从这个意义上来讲，会计要素为设计会计报表奠定了基础。

第三节　会计要素的确认与计量

一、会计要素的确认

（一）资产的确认

《企业会计准则——基本准则》第二十一条规定，符合上述规定的资产定义的资源，在同时满足以下条件时，确认为资产：①与该资源有关的经济利益很可能流入企业；②该资源的成本或者价值能够可靠地计量。同时第二十二条规定，符合资产定义和资产确认条件的项目，应当列入资产负债表；符合资产定义、但不符合资产确认条件的项目，不应当列入资产负债表。

（二）负债的确认

《企业会计准则——基本准则》第二十四条规定，符合上述规定的负债定义的义务，在同时满足以下条件时，确认为负债：①与该义务有关的经济利益很可能流出企业；②未来流出的经济利益的金额能够可靠地计量。同时第二十五条规定，符合负债定义和负债确认条件的项目，应当列入资产负债表；符合负债定义、但不符合负债确认条件的项目，不应当列入资产负债表。

（三）所有者权益的确认

所有者权益的来源包括所有者投入的资本、直接计入所有者权益的利得和损失、留存收益等。其中利得是指由企业非日常活动所形成的、会导致所有者权益增加的、与所有者投入资本无关的经济利益的流入。损失是指由企业非日常活动所发生的、会导致所有者权益减少的、与向所有者分配利润无关的经济利益的流出。而直接计入所有者权益的利得和损失，是指不应计入当期损益、会导致所有者权益发生增减变动的、与所有者投入资本或者向所有者分配利润无关的利得或者损失。同时所有者权益金额取决于资产和负债的计量。根据《企业会计准则——基本准则》第二十九条规定，所有者权益项目应当列入资产负债表。

（四）收入的确认

《企业会计准则——基本准则》第三十一条规定，收入只有在经济利益很可能流入，从而导致企业资产增加或者负债减少，且经济利益的流入额能够可靠计量时，才能予以确认。同时第三十二条规定，符合收入定义和收入确认条件的项目，应当列入利润表。

（五）费用的确认

《企业会计准则——基本准则》第三十四条规定，费用只有在经济利益很可能流出，从而导致企业资产减少或者负债增加，且经济利益的流出额能够可靠计量时，才能予以确认。同时第三十六条规定，符合费用定义和费用确认条件的项目，应当列入利润表。

（六）利润的确认

《企业会计准则——基本准则》第三十九条规定，利润金额取决于收入和费用、直接计入当期利润的利得和损失金额的计量。同时第四十条规定，利润项目应当列入利润表。

二、会计要素的计量

会计要素计量简称会计计量，是将符合确认条件的会计要素进行会计记录，继而列报于财务报告文件并确定其金额的过程。《企业会计准则——基本准则》第四十一条规定，企业在将符合确认条件的会计要素登记入账并列报于会计报表及其附注（又称财务报表，下同）时，应当按照规定的会计计量属性进行计量，确定其金额。根据规定，会计计量属性主要包括历史成本、重置成本、可变现净值、现值和公允价值共五种。

（一）历史成本

在历史成本计量下，资产按照购置时支付的现金或者现金等价物的金额，或者按照购置资产时所付出的对价的公允价值计量。负债按照因承担现时义务而实际收到的款项或者资产的金额，或者承担现时义务的合同金额，或者按照日常活动中为偿还负债预期需要支付的现金或者现金等价物的金额计量。

（二）重置成本

在重置成本计量下，资产按照现在购买相同或者相似资产所需支付的现金或者现金等价物的金额计量。负债按照现在偿付该项债务所需支付的现金或者现金等价物的金额计量。

（三）可变现净值

在可变现净值计量下，资产按照其正常对外销售所能收到现金或者现金等价物的金额扣减该资产至完工时估计将要发生的成本、估计的销售费用以及相关税费后的金额计量。

（四）现值

在现值计量下，资产按照预计从其持续使用和最终处置中所产生的未来净现金流入量的折现金额计量。负债按照预计期限内需要偿还的未来净现金流出量的折现金额计量。

（五）公允价值

在公允价值计量下，资产和负债按照市场参与者在计量日发生的有序交易中，出售资产所能收到或者转移负债所需支付的价格计量。

此外，《企业会计准则——基本准则》第四十三条规定，企业在对会计要素进行计量时，一般应当采用历史成本，采用重置成本、可变现净值、现值、公允价值计量的，应当保证所确定的会计要素金额能够取得并可靠计量。

第四节 会计等式及其变化规律

一、会计等式的概念

会计等式又称会计方程式或会计恒等式，是指反映各个会计要素之间数量关系的表达式。会计等式反映了资金运动的一般规律，是企业发生交易或事项，各会计要素之间增减变化，且资金内部各要素在数量变化中相互平衡的数量模型。

二、会计等式的内容

会计等式的基础是会计要素之间的相互关系，会计要素按性质主要可以分成两类，静态会计要素和动态会计要素，所对应的会计等式分别为静态会计等式、动态会计等式以及综合会计等式。

（一）静态会计等式

静态会计等式是指由静态会计要素——资产、负债、所有者权益组合而成的反映企业一定时点的财务状况的等式。其数学表达式为：

资产 = 负债 + 所有者权益

这一等式将资产、负债、所有者权益这三个静态会计要素用数学符号联系起来，更直观清晰地反映了三者之间的关系，也被称为会计等式中的基本等式或第一会计等式。

（二）动态会计等式

动态会计等式是指由动态会计要素——收入、费用、利润组合而成的反映企业一定会计期间经营成果的会计等式。其数学表达式为：

收入 - 费用 = 利润

这一等式将收入、费用、利润这三个动态会计要素用数学符号连接起来，更清晰简洁地反映了三者之间的内在变化关系，反映了企业在一定时期内经营成果形成的过程，且利润最终也表现为企业净资产的一部分。

（三）综合会计等式

综合会计等式是指由会计六要素——资产、负债、所有者权益、收入、费用、利润组合而成的，全面反映企业的财务状况和经营成果的会计等式。其数学表达式为：

资产 + 费用 = 负债 + 所有者权益 + 收入

综合会计等式反映了在收入、费用发生后，会计六要素之间的平衡关系，它综合地反映了企业在期初、期末某一时点上的财务状况和企业在某一特定期间内的经营成果，是静态和动态会计等式的结合。

从理论上讲，综合会计等式是将静态会计等式和动态会计等式进行综合而形成的，但采用不同的综合方法，又可形成以下两个综合会计等式：

资产 = 负债 + 所有者权益 + （收入 - 费用）

资产 = 负债 + 所有者权益 + 利润

三、交易或事项对于会计等式的影响

（一）交易或事项的四种类型

企业成立之后会从事各种各样的经济活动，这些经济活动在会计上称为会计交易或会计事项。企业日常发生的交易或事项种类繁多，且不同类型企业之间发生的主要交易或事项千差万别，所有交易或事项的发生都会引起会计要素的变动。根据会计等式可知，一项会计要素发生增减变动，会导致其他会计要素随之增减变动，不论会计要素如何发生变动，总符合会计等式中各会计要素间的平衡关系。总体来看，所有交易或事项所引起的会计要素之间的变动，可以分为以下四种类型（如图 2－2 所示）。

（1）影响会计等式两边的会计要素，使双方要素同时增加，增加金额相等；

（2）影响会计等式两边的会计要素，使双方要素同时减少，减少金额相等；

（3）只影响会计等式左边的会计要素，使这些要素有增有减，增减金额相等；

（4）只影响会计等式右边的会计要素，使这些要素有增有减，增减金额相等。

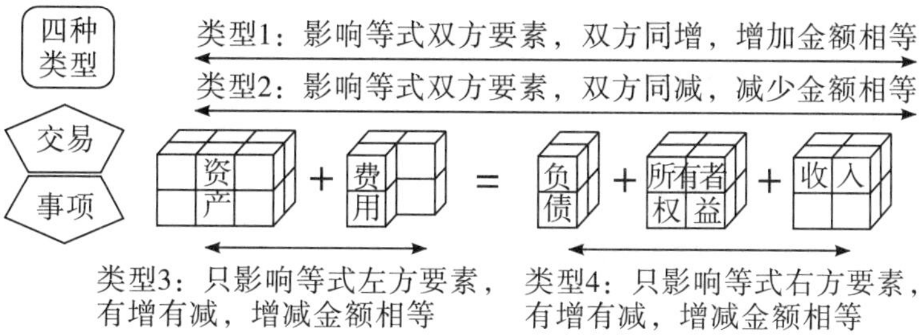

图 2－2 会计要素增减变动的四种类型

（二）交易或事项主要的九种情况

根据上述交易或事项的四种类型，以第一会计等式为例，又可以细分为以下九种交易或事项情况，如表2－1 所示。

表 2－1 交易或事项的九种情况

交易或事项	资产	负债	所有者权益
1	↑	↑	
2	↑		↑
3	↑、↓		
4	↓	↓	
5	↓		↓
6		↑	↓
7		↓	↑
8		↑、↓	
9			↑、↓

复习思考题

1. 什么叫会计要素？企业会计要素有哪些？
2. 静态会计等式是怎样组成的？如何理解静态会计等式？
3. 动态会计等式是怎样组成的？如何理解动态会计等式？
4. 请举例说明会计要素增减变动的四种类型及九种情况。
5. 为什么在交易或事项发生以后不会破坏会计等式双方的平衡相等关系？

练习题

【目的】练习资金变化类型。

【资料】某企业发生经济业务如下：

1. 用银行存款购买材料。
2. 用银行存款支付前欠 A 单位货款。
3. 从利润分配中提取盈余公积。
4. 向银行借入长期借款，存入银行。
5. 收到所有者投入的设备。
6. 向国外进口设备，款未付。
7. 用银行存款归还长期借款。
8. 企业以固定资产向外单位投资。
9. 将前欠 B 单位货款转为应付票据。
10. 经批准，以所有者乙的资本金代其偿还其应付其他单位欠款。
11. 企业所有者甲代企业归还银行长期借款，并将其转为投入资本。
12. 将盈余公积转作资本。
13. 按规定从盈余公积金中提取职工奖励和福利费准备发放。

【要求】分析上列各项经济业务的资金变化类型，填入下表。

表 2-2 经济业务的资金变化类型

类型	经济业务序号
(1) 一项资产增加，另一项资产减少	
(2) 一项负债增加，另一项负债减少	
(3) 一项所有者权益增加，另一项所有者权益减少	
(4) 一项资产增加，一项负债增加	
(5) 一项资产增加，一项所有者权益增加	
(6) 一项资产减少，一项负债减少	
(7) 一项资产减少，一项所有者权益减少	
(8) 一项负债减少，一项所有者权益增加	
(9) 一项负债增加，一项所有者权益减少	

第三章
会计科目与会计账户

本章摘要

会计方法一般是指会计记录和会计报告的方法。本章中的账户设置方法属于会计记录方法之一，也是六种会计记录方法中的首要方法。为此，本章重点讨论账户的设置依据——会计科目，账户的定义、结构和功能，以及账户的设置原则、账户体系的构成及分类方法等。

内容导图

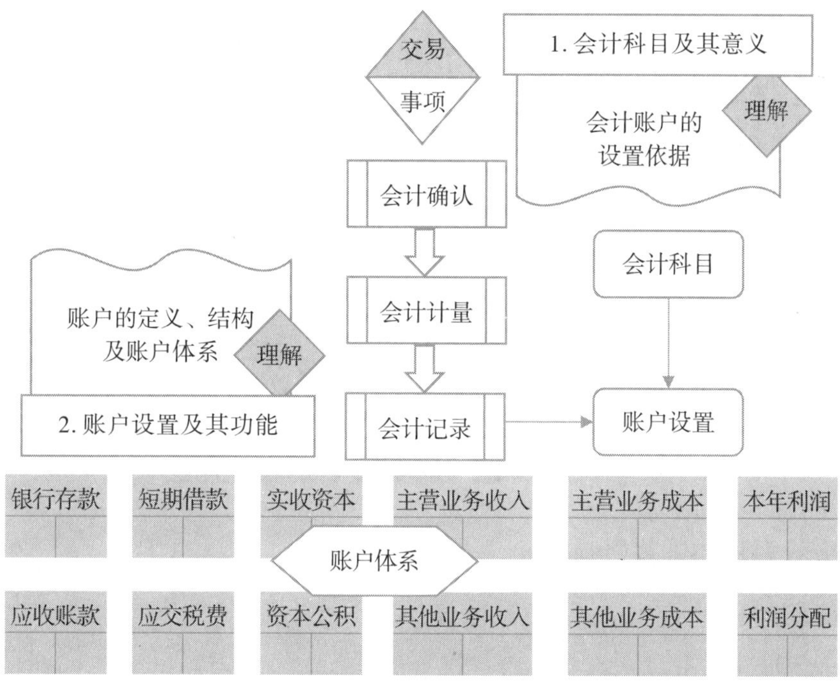

图3－1　内容导图

第一节　会计科目及其意义

一、会计科目的概念

会计对象的具体内容各有不同，管理要求也有不同。为了全面、系统、分类地核算与监督各项经济业务的发生情况，以及由此而引起的各项资产、负债、所有者权益和各项损益的增减变动，就有必要对会计要素的具体内容按照其不同的特点和经济管理要求进行科学的分类，并事先确定分类核算的项目名称，规定其核算内容。因此，会计科目是指对会计要素进行分类所形成的具体项目，是设置会计账户的依据，也是会计报表项目的主要构成内容。

会计对象、会计要素和会计科目三者的关系极为密切。会计对象抽象概括为企业的资金运动；会计要素则是对会计对象的基本分类；会计科目又是对会计要素所做的进一步分类。三者之间的关系，如图 3－2 所示。

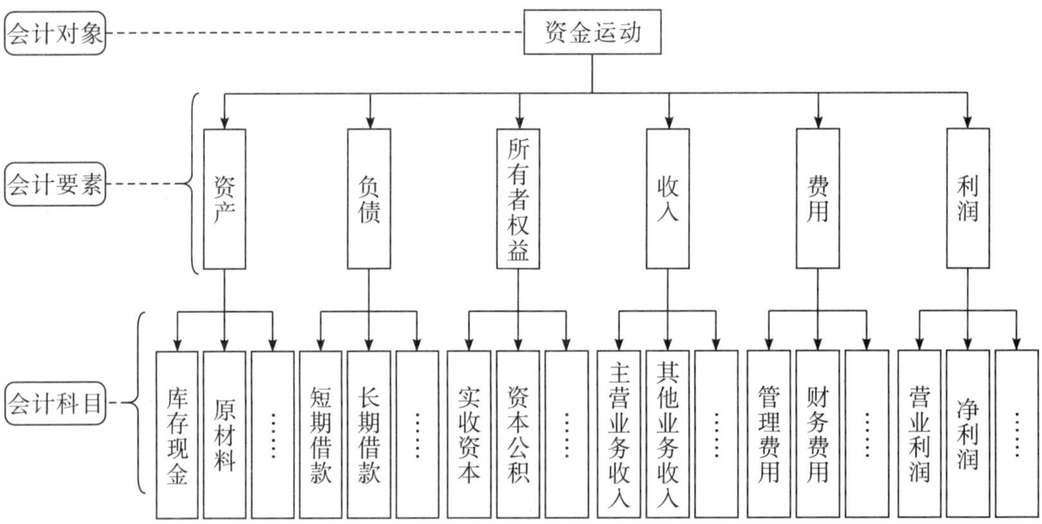

图 3－2　会计对象、会计要素、会计科目关系图

二、会计科目的设置原则

在设置会计科目时应当遵循下列原则。

（一）全面性原则

会计科目作为对会计要素具体内容进行分类核算的依据，科目的设置应能保证对各会计要素做全面的反映，形成一个完整的体系。

（二）合法性原则

合法性原则，是指所设置的会计科目应当符合国家统一的会计制度的规定。中国现行的统一会计制度中均对企业设置的会计科目做出规定，以保证不同企业对外提供的会计信息的可比性。企业应当参照会计制度中的统一规定的会计科目，根据自身的实际情况设置会计科目，但其设置的会计科目不得违反现行会计制度的规定。对于国家统一会计制度规定的会计科目，企业可以根据自身的生产经营特点，在不影响统一会计核算要求以及对外提供统一的财务报表的前提下，自行增设、减少或合并某些会计科目。

（三）相关性原则

相关性原则，是指所设置的会计科目应当为提供有关各方所需要的会计信息服务，满足对外报告与对内管理的要求。根据企业会计准则的规定，企业财务报告提供的信息必须满足对内对外各方面的需要，而设置会计科目必须服务于会计信息的提供，必须与财务报告的编制相协调、相关联。

（四）清晰性原则

会计科目作为对会计要素分类核算的项目，要求简单明确，字义相符，通俗易懂。同时，企业对每个会计科目所反映的经济内容也必须做到界限明确，既要避免不同会计科目所反映的内容重叠的现象，也要防止全部会计科目未能涵盖企业某些经济内容的现象。

（五）实用性原则

在合法性的基础上，企业应当根据组织形式、所处行业、经营内容、业务种类等自身特点，设置符合企业需要的会计科目。会计科目设置应该简单明了、通俗易懂、突出重点，对不重要的信息进行合并或删减，做到一目了然，便于理解。

三、会计科目的分类

（一）按经济内容分类

会计科目按其反映的经济内容不同分类，是最主要、最基本的分类。财政部 2006 年颁布的《企业会计准则——应用指南》将会计科目分成六大类：资产类、负债类、共同类、所有者权益类、成本类、损益类。常用会计科目如表 3－1 所示。

表 3－1　《企业会计准则——应用指南》会计科目表

顺序	编号	会计科目
一、资产类		
1	1001	库存现金☆
2	1002	银行存款☆
3	1003	存放中央银行款项
4	1011	存放同业
5	1012	其他货币资金

续上表

顺序	编号	会计科目
6	1021	结算备付金
7	1031	存出保证金
8	1101	交易性金融资产☆
9	1111	买入返售金融资产
10	1121	应收票据☆
11	1122	应收账款☆
12	1123	预付账款☆
13	1131	应收股利☆
14	1132	应收利息
15	1201	应收代位追偿款
16	1211	应收分保账款
17	1212	应收分保合同准备金
18	1221	其他应收款☆
19	1231	坏账准备
20	1301	贴现资产
21	1302	拆出资金
22	1303	贷款
23	1304	贷款损失准备
24	1311	代理兑付证券
25	1321	代理业务资产
26	1401	材料采购
27	1402	在途物资☆
28	1403	原材料☆
29	1404	材料成本差异
30	1405	库存商品☆
31	1406	发出商品
32	1407	商品进销差价
33	1408	委托加工物资
34	1411	周转材料
35	1421	消耗性生物资产
36	1431	贵金属
37	1441	抵债资产
38	1451	损余物资

续上表

顺序	编号	会计科目
39	1461	融资租赁资产
40	1471	存货跌价准备
41	1501	持有至到期投资
42	1502	持有至到期投资减值准备
43	1503	可供出售金融资产
44	1511	长期股权投资
45	1512	长期股权投资减值准备
46	1521	投资性房地产
47	1531	长期应收款
48	1532	未实现融资收益
49	1541	存出资本保证金
50	1601	固定资产☆
51	1602	累计折旧☆
52	1603	固定资产减值准备
53	1604	在建工程
54	1605	工程物资
55	1606	固定资产清理
56	1611	未担保余值
57	1621	生产性生物资产
58	1622	生产性生物资产累计折旧
59	1623	公益性生物资产
60	1631	油气资产
61	1632	累计折耗
62	1701	无形资产☆
63	1702	累计摊销
64	1703	无形资产减值准备
65	1711	商誉
66	1801	长期待摊费用
67	1811	递延所得税资产
68	1821	独立账户资产
69	1901	待处理财产损溢☆
二、负债类		
70	2001	短期借款☆
71	2002	存入保证金

续上表

顺序	编号	会计科目
72	2003	拆入资金
73	2004	向中央银行借款
74	2011	吸收存款
75	2012	同业存放
76	2021	贴现负债
77	2101	交易性金融负债
78	2111	卖出回购金融资产款
79	2201	应付票据☆
80	2202	应付账款☆
81	2203	预收账款☆
82	2211	应付职工薪酬☆
83	2221	应交税费☆
84	2231	应付利息☆
85	2232	应付股利☆
86	2241	其他应付款
87	2251	应付保单红利
88	2261	应付分保账款
89	2311	代理买卖证券款
90	2312	代理承销证券款
91	2313	代理兑付证券款
92	2314	代理业务负债
93	2401	递延收益
94	2501	长期借款☆
95	2502	应付债券
96	2601	未到期责任准备金
97	2602	保险责任准备金
98	2611	保户储金
99	2621	独立账户负债
100	2701	长期应付款
101	2702	未确认融资费用
102	2711	专项应付款
103	2801	预计负债

续上表

顺序	编号	会计科目
104	2901	递延所得税负债
三、共同类		
105	3001	清算资金往来
106	3002	货币兑换
107	3101	衍生工具
108	3201	套期工具
109	3202	被套期项目
四、所有者权益类		
110	4001	实收资本☆
111	4002	资本公积☆
112	4101	盈余公积☆
113	4102	一般风险准备
114	4103	本年利润☆
115	4104	利润分配☆
116	4201	库存股
五、成本类		
117	5001	生产成本☆
118	5101	制造费用☆
119	5201	劳务成本
120	5301	研发支出
121	5401	工程施工
122	5402	工程结算
123	5403	机械作业
六、损益类		
124	6001	主营业务收入☆
125	6011	利息收入
126	6021	手续费及佣金收入
127	6031	保费收入
128	6041	租赁收入
129	6051	其他业务收入☆
130	6061	汇兑损益
131	6101	公允价值变动损益
132	6111	投资收益

续上表

顺序	编号	会计科目
133	6201	摊回保险责任准备金
134	6202	摊回赔付支出
135	6203	摊回分保费用
136	6301	营业外收入☆
137	6401	主营业务成本☆
138	6402	其他业务成本☆
139	6403	税金及附加☆
140	6411	利息支出
141	6421	手续费及佣金支出
142	6501	提取未到期责任准备金
143	6502	提取保险责任准备金
144	6511	赔付支出
145	6521	保单红利支出
146	6531	退保金
147	6541	分出保费
148	6542	分保费用
149	6601	销售费用☆
150	6602	管理费用☆
151	6603	财务费用☆
152	6604	勘探费用
153	6701	资产减值损失
154	6702	信用减值损失
155	6711	营业外支出☆
156	6801	所得税费用☆
157	6901	以前年度损益调整☆

注："会计科目＋☆"代表"基础会计"阶段应掌握的会计科目。

（二）按提供信息的详细程度分类

《企业会计准则——应用指南》规定，会计科目和主要账务处理依据企业会计准则中确认和计量的规定制定，涵盖了各类企业的交易或者事项。企业在不违反会计准则中确认、计量和报告规定的前提下，可以根据本单位的实际情况自行增设、分拆、合并会计科目。企业不存在的交易或者事项，可不设置相关会计科目。对于明细科目，企业可以比照文件附录中的规定自行设置。会计科目编号供企业填制会计凭证、登记会计账簿、查阅会计账目、采用会计软件系统参考，企业可结合实际情况自行确定会计科目编号。因此，根据提供信息的详细程度可以将会计科目分成总分类科目和明细分类科目。

总分类科目又称一级科目或总账科目，是指对会计要素的具体内容进行总括分类的项目，如“应收账款”“应付账款”“原材料”等。明细分类科目是指根据核算与管理的需要对某些会计科目所做的进一步分类的项目。按照其分类的详细程度不同，又可分为子目和细目，如管理费用下设“差旅费”“办公费”“运输费”“招待费”“工会经费”“修理费”等。

表 3－2　总分类科目与明细分类科目关系表（以原材料账户为例）

总分类科目（一级科目）	明细分类科目	
	二级科目（子目）	三级科目（细目）
原材料	原料及主要材料	圆钢
		角钢
	辅助材料	润滑油
		油漆
	燃料	汽油
		柴油

四、会计科目设置的意义

会计需要对企业的资金运动过程和结果以及资金运动过程中所形成的经济关系进行完整、系统的反映和监督，不仅需要对会计对象做基本的分类，即确定会计要素，还应在会计要素的基础上进一步分类。比如就负债而言，还应进一步明确是什么途径形成的，是借款、发行债券，还是应付项目；如为借款是短期借款，还是长期借款；如为短期借款，还应明确是从哪个单位取得的借款。会计只有对会计要素的内容做进一步的分类，才能分门别类地组织会计核算，提供较为详细的信息以满足企业经济管理的需要。

设置会计科目，就是根据会计要素的具体内容和经济管理的需要，事先规定分类核算项目的一种专门方法。

第一，会计科目是复式记账的基础，会计科目的设置可以把各项会计要素的增减变化分门别类地归集起来，这些增减变化是复式记账的理论依据和设置基础。

第二，会计科目是编制记账凭证的基础，会计凭证是确定所发生的经济业务应记入何种科目以及分门别类登记账簿的凭据。没有会计科目的设置就无法编制会计凭证。

第三，会计科目为成本计算与财产清查提供了前提条件。通过会计科目的设置，有助于成本核算，使各种成本计算成为可能，而通过账面记录与实际结存的核对，又为财产清查、保证账实相符提供了必备的条件。

第四，会计科目为编制财务报表提供了方便。编制财务报表的过程中的许多项目与会计科目是一致的，并根据会计科目的本期发生额或余额填列。

第二节　账户设置及其功能

一、账户的概念

会计科目是对会计要素进行分类核算的科目名称或项目，并不能进行具体的会计核算。要对企业所发生的交易或事项进行会计核算，就要为每个会计项目开设账户。账户是根据会计科目设置的，具有一定结构形式，用以连续、系统、全面地记录交易或事项，反映会计要素增减变动及其结果，并为会计报告的编制提供数据资料的一种工具。

会计科目与会计账户两者既有联系又有区别，从联系上来说，会计科目与会计账户两者反映的会计对象的具体内容相同，两者口径一致，性质相同，都体现了对会计要素具体内容的分类。会计科目是会计账户的名称，会计账户是依据会计科目设置，是会计科目的具体运用。没有会计科目，会计账户便失去了开设的依据；没有会计账户，会计科目就无法发挥作用。但两者又存在一定的区别，会计科目仅是会计账户的名称，本身没有结构，会计账户则有相应的格式和结构。会计科目仅反映经济内容，会计账户不仅反映经济内容，而且系统地反映其增减变化及结余情况。会计科目的作用主要是为了开设会计账户，填制会计凭证所用，账户的作用主要是提供某一会计对象的会计资料，为编制会计报表所用。

二、会计账户的分类

所谓账户分类是指对会计账户按性质、核算内容、用途和结构进行的归类。账户分类的主要方法有三种，即按经济内容分类、按账户提供指标的详细程度分类、按账户与财务报表的关系分类。

（一）按经济内容分类

账户按经济内容分类的实质是指按照会计对象的具体内容进行的分类。账户按其经济内容分类是最基本的分类，是一切账户分类的基础。账户按经济内容的分类，直接反映了资金运动的静态和动态情况，完整地反映了资金运动的全貌，是企业编制财务会计报表的直接基础。如前所述，经济组织的会计对象就其具体内容而言，可以归结为资产、负债、所有者权益、收入、费用和利润六个会计要素。由于利润一般隐含在收入与费用的配比中，因此，从满足管理和会计信息使用者需要的角度考虑，账户按其经济内容可以分为资产类账户、负债类账户、所有者权益类账户、成本类账户和损益类账户等五类。

1. 资产类账户

资产类账户是用来核算和监督企业拥有或者控制的，能以货币计量的经济资源的增减变动及结余情况的账户。按照反映流动性快慢的不同可以分为流动资产类账户和非流动资产类账户。流动资产类账户主要有库存现金、银行存款、交易性金融资产、应收账款、原材料、库存商品等；非流动资产类账户主要有长期投资、固定资产、累计折旧、无形资产、长期待摊费用等。

2. **负债类账户**

负债类账户是用来核算和监督企业承担的能以货币计量，需以资产或劳务偿付的债务的增减变动和结余情况的账户。按照反映流动性强弱的不同可以分为流动性负债类账户和长期负债类账户。流动负债类账户主要有短期借款、应付账款、应付职工薪酬、应交税金等；长期负债类账户主要有长期借款、应付债券、长期应付款等。

3. **所有者权益类账户**

所有者权益类账户是用来核算和监督企业投资人对企业净资产所有权的增减变动和结余情况的账户。按照来源和构成的不同可以再分为投入资本类所有者权益账户和资本积累类所有者权益账户。投入资本类所有者权益账户主要有实收资本、资本公积等；资本积累类账户主要有盈余公积、利润分配等。

4. **成本类账户**

成本类账户是用来归集费用、计算成本的账户。按照是否需要分配可以再分为直接计入类成本账户和分配计入类成本账户。直接计入类成本账户主要有生产成本等；分配计入类成本账户主要有制造费用等。

5. **损益类账户**

损益类账户是指其在一定时期的发生额合计要在当期期末结转到“本年利润”的账户，用以计算确定一定时期内损益的账户。损益类账户又可分为两类，即收入类账户和费用类账户。属于收入类账户的有主营业务收入、其他业务收入、投资收益账户等；属于费用类账户的有主营业务成本、其他业务成本、税金及附加等。

（二）按账户提供指标的详细程度分类

账户是以会计科目为依据设置的，以会计要素的分类为依托，会计科目根据其反映的经济内容详细程度的不同，可分为总分类科目和明细类科目，因此账户按其提供指标的详细程度不同可以分为总分类账户和明细分类账户。

总分类账户是根据总分类科目开设的账户，又称一级账户或总账账户，简称总账，是用以记录各会计要素具体内容增减变动总括情况的账户。因此总账反映的是某一总分类账户下所有明细账户的综合情况，如“原材料”总分类账户提供的是企业全部材料的增减变化及结存情况。总分类账户只以货币计量来反映企业的交易或事项。

明细分类账户是根据所属企业明细分类科目设置的，又称明细账户，简称明细账，是对总分类账户具体化或补充说明的账户。对于明细分类账户而言，除以货币计量来反映交易或事项以外，必要时还可以采用实物计量等核算方法，从数量上或时间上进行反映，以满足经营管理的需要。

总分类账户与明细分类账户二者之间是密切相关的，总分类账户对所属明细分类账户起着控制和统驭作用，是明细分类账户的综合化；明细分类账户是对其应属的总分类账户起详细的补充说明作用，是总分类账户的具体化。对企业所发生的每项经济业务，都要以会计凭证为依据，一方面计入有关总分类账户，另一方面记入有关明细分类账户，记录时要以相同方向，相等的金额，在同一会计期间分别计入相关的总分类账户和相关明细分类账户。因此总分类账户与其所属明细分类账户在总金额上应当相等，二者结合构成了完整的账户应用体系。

（三）按账户与财务报表的关系分类

财务报表是对企业财务状况、经营成果和现金流量的结构性表述。财务报表至少应当包括下列组成部分：①资产负债表。②利润表。③现金流量表。④所有者权益（或股东权益）变动表。⑤附注。按照与财务报表的关系，账户主要可以分为资产负债表账户和利润表账户两大类。

1. 资产负债表账户

资产负债表账户主要由资产、负债和所有者权益账户构成，反映企业在某一特定日期所拥有或控制的经济资源、所承担的现时义务和所有者对净资产的要求权。如银行存款账户、固定资产账户等，是反映企业在某一特定日期财务状况的账户。

2. 利润表账户

利润表账户主要由收入、费用和利润账户构成，是反映企业在一定会计期间的经营成果的账户，主要用来反映企业经营业绩的主要来源和构成，帮助使用者判断净利润的质量及风险，从而预测净利润的持续性，做出正确决策。如主营业务收入账户、主营业务成本账户等。

三、账户的基本结构

根据会计恒等式可知，各交易或事项所引起的各会计要素之间的增减变化情况，以及各增减变动之间的平衡关系。因此账户的基本结构账户分为左方、右方两个方向，在借贷记账法下，其左方一律称为“借方”，其右方一律称为“贷方”。其中资产、成本、费用类账户借方登记增加额、贷方登记减少额；负债、所有者权益、收入类账户借方登记减少额、贷方登记增加额。账户中登记本期增加的金额，称为本期增加发生额；登记本期减少的金额，称为本期减少发生额；增减相抵后的差额称为余额，余额按照时间不同分为期初余额和期末余额。

账户的基本结构应同时具备以下内容：①账户的名称即会计科目——规定账户所要记录的经济业务内容。②日期——记载经济业务的日期。③凭证号数——说明记载账户记录的会计凭证和依据。④摘要——概括说明经济业务的内容。⑤增加方和减少方的金额及余额。如表 3－3 所示。

表 3－3　账户基本结构

会计科目：××××								
20××年		凭证		摘要	借方	贷方	借或贷	余额
××月	××日	种类	号数					

同时，为了教学和研究的方便，通常将账户的基本结构从账户中截取出来做简化处理，这一简化后的账户被称为 T 字形账户或丁字形账户。如图 3－3 所示。

借	库存现金　　　　　　　贷
期初余额：2 000	
本期增加额：（12）3 000 （21）300	本期减少额：（14）1 000 （20）100
本期借方发生额：3 300	本期贷方发生额：1 100
期末余额：4 200	

借	银行存款　　　　　　　贷
期初余额：61 480	
本期增加发生额： （1）100 000 （4）600 000 （8）26 910 （15）2 340 （28）15 000 （31）11 700 （32）10 000	本期减少额： （3）3 510 （7）7 000 （12）3 000 （13）10 000 （16）1 000 （19）5 850 （26）27 360 （29）1 500 （30）800 （33）3 300 （38）1 493. 25
本期借方发生额：765 950	本期贷方发生额：64 813. 25
期末余额：762 616. 75	

借	应收账款　　　　　　　贷
期初余额：106 800	
本期增加额：（27）11 700	本期减少额：（31）11 700
本期借方发生额：11 700	本期贷方发生额：11 700
期末余额：106 800	

图 3－3　T 字形或丁字形账户

复习思考题

1. 什么是会计科目？什么是会计账户？
2. 会计科目与会计账户有什么区别与联系？
3. 会计科目包括哪几类？其内容分别是什么？
4. 设置会计科目应遵循哪些基本要求？
5. 设置会计账户应遵循哪些基本要求？
6. 什么是账户的基本结构？主要包括哪些部分？
7. 会计账户能够提供哪些信息数据？

第四章 复式记账

本章摘要

本章将重点讨论会计核算的第二种方法——复式记账法。主要介绍复式记账的定义及理论依据，并重点介绍为当今世界各国所通用的复式记账方法——借贷记账法的原理及其应用。

内容导图

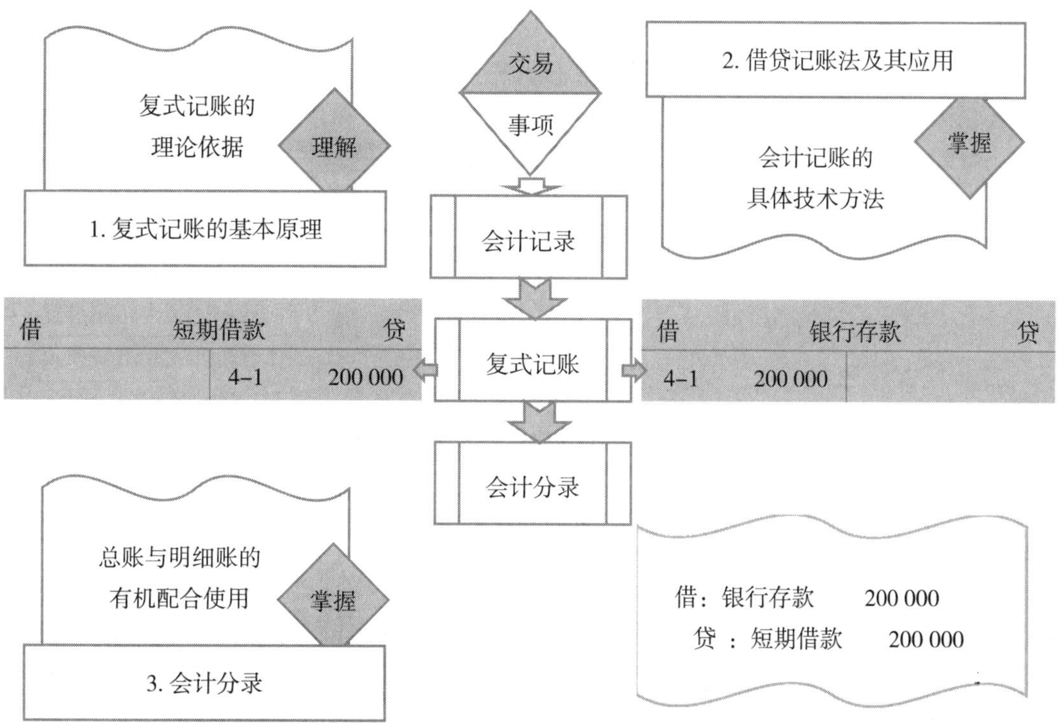

图 4－1　内容导图

第一节　复式记账的基本原理

一、复式记账的概念及理论依据

（一）复式记账的概念

复式记账法是会计核算最基本、最重要的方法之一，历史上曾提出过不少学说来诠释这一原理。1494年意大利学者卢卡·帕乔利出版的《算术、几何、比与比例概要》使复式簿记知识在欧洲乃至全世界得到了迅速传播，成为会计发展史上的里程碑。

复式记账是指对任何一笔经济业务都必须以相等的金额在对应账户中进行登记，或对每一笔经济业务的来历、去处以相等的金额在对应账户中进行登记的记账方法。

（二）复式记账的理论依据

在会计上将企业所发生每一项经济业务利用相互联系的两个或两个以上账户进行记录的做法，即复式记账，是有科学的理论依据的，这个理论依据就是交易或事项影响会计要素增减变动的内在规律性。

从第二章中关于经济业务发生影响会计等式中会计要素变动情形的分析可知，每项经济业务发生以后，起码要让两个会计要素或同一个会计要素中的两个项目之间发生变化。这种变化的规律是：第一，同时涉及会计等式左右两边的会计要素，双方的要素同时增加或同时减少，并且同增或同减的金额相等；第二，只涉及会计等式左边或右边的会计要素，使这些会计要素内部的两个项目之间有增有减，增减金额相等。不论是双方同增、双方同减，还是单方的有增有减，都表明经济业务的发生起码会使会计要素的两个方面发生变化。这样，若在会计上面全面、完整地反映一项经济业务，至少要运用相互联系的两个账户进行记录，以便将会计要素变化了的两个方面记录下来，这种记录方法就是复式记账。由此可见，经济业务所引起的会计要素的增减变化规律为复式记账提供了强有力的理论依据。

二、复式记账的作用

首先，复式记账比单式记账更完整地反映了经济业务的全貌。可以了解每一项经济业务的来龙去脉，全面了解经济活动的过程和结果。复式记账能够把所有的经济业务相互联系地、全面地记入有关账户中，从而使账户能够全面地、系统地核算和监督经济活动的过程和结果，能够提供经营管理所需要的数据和信息。

其次，复式记账可以对账户记录的结果进行试算平衡，以检查账户记录的准确性。复式记账是对每一经济业务都以相等的金额，在两个或两个以上相互联系的账户中进行登记，在账户之间形成了一种数字上的对应平衡关系，如果记账发生错误，这种平衡将被打破，因此可以通过试算平衡的方法来检查账户记录的正确性。

最后，复式记账法较好地体现了资金运动的内在规律，能够全面地、系统地反映资金增减变动的来龙去脉。

第二节　借贷记账法及其应用

一、借贷记账法的定义

借贷记账法是以“借”和“贷”作为记账符号，对每一笔经济业务在两个或两个以上的对应账户中，以相反的方向、相等的金额全面地进行记录的一种复式记账法。我国《会计准则——基本准则》第十一条规定，企业应当采用借贷记账法记账。它是各种复式记账法中应用最为广泛的复式记账法，这也是世界各国普遍采用的记账方法。

二、借贷记账法的记账符号

借贷记账法以“借”“贷”为记账符号，最初是以其本来的含义进行记账的，代表的是一种债权和债务的关系，随着商品经济的进一步发展，借贷记账法的逐步完善，“借”“贷”这两个记账符号也就失去了本来的含义，变成了一种单纯反映资金运动数量变化的符号，主要用来反映会计要素的增减变化和内在的平衡关系。记账符号的用处之一是表示“增加”和“减少”，“借”“贷”两个记账符号也是如此，但借贷记账法并不只是简单地用“借”表示增加、用“贷”表示减少。理解借贷记账法记账符号的难点在于：“借”“贷”两个记账符号具有双重含义，即既表示增加，又表示减少。按照借贷记账法记账符号含义的规定，其表示增加或减少主要取决于账户的性质。账户的性质是指账户所反映的会计要素内容的经济性质。从这个角度看，企业设置的所有账户可划分为资产类账户、负债类账户、所有者权益类账户、收入类账户、费用类账户和利润类账户六类，每一类账户都有其特定的经济性质。

三、借贷记账法的账户结构

以借贷记账法为基础，账户的基本结构主要可以分为“借方”和“贷方”，但不是简单地表示增加和减少，而是根据不同账户所具有的不同性质来界定的，因此“借方”和“贷方”都具有增加和减少双重含义，主要可以分为以下六类账户结构。

（一）资产类账户结构

资产类账户结构为：借方登记增加数，贷方登记减少数，期末余额一般在借方，表示期末资产的结存数。（见图 4 – 2）

借　　　　　资产类账户　　　　　贷

借方	贷方
期初余额 本期增加额	本期减少额
期末余额	

图 4 – 2　资产类账户结构图

（二）负债类账户结构

负债类的账户结构为：借方登记减少数，贷方登记增加数，期末余额一般在贷方，表示期末负债的结存数。（见图 4－3）

借	负债类账户	贷
本期减少额		期初余额 本期增加额
		期末余额

图 4－3　负债类账户结构图

（三）所有者权益类账户结构

所有者权益类账户的结构与负债类账户结构基本相同，借方登记减少数，贷方登记增加数，期末余额一般在贷方。（见图 4－4）

借	所有者权益类账户	贷
本期减少额		期初余额 本期增加额
		期末余额

图 4－4　所有者权益类账户结构图

（四）收入类账户结构

由于收入的增加会导致所有者权益的增加，因此收入类账户的结构类似于所有者权益类账户的结构，借方登记收入减少数以及期末结存"本年利润"账户的数额，贷方登记收入增加数，结转后期末无余额。（见图 4－5）

借	收入类账户	贷
本期减少额		本期增加额

图 4－5　收入类账户结构图

（五）费用类账户结构

由于费用的增加会导致所有者权益的减少，因此费用类账户的结构与所有者权益类账户的结构相反，借方登记费用增加数，贷方登记费用减少数以及期末结存"本年利润"账户的数额，结转后期末无余额。（见图 4－6）

借	费用类账户	贷
本期增加额		本期减少额

图 4－6　费用类账户结构图

（六）利润类账户结构

利润类账户结构为：贷方登记增加数，借方登记减少数或结存数，若期末余额在贷方，表示企业当年实现的利润；若期末余额在借方，表示企业当年产生的亏损。（见图 4－7）

借　　　　利润类账户	贷
本期减少额	期初余额 本期增加额
	期末余额

图 4－7　利润类账户结构图

综上所述，各类账户的基本结构如图 4－8 所示：

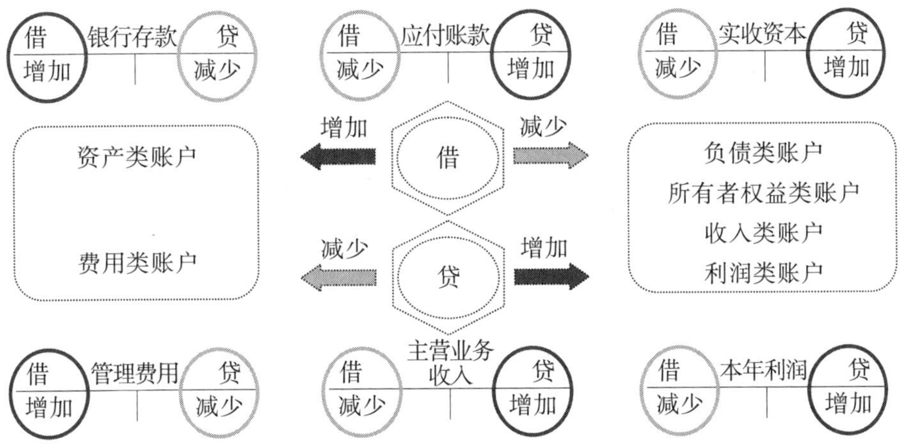

图 4－8　借贷记账法下各类账户的基本结构

四、借贷记账法的记账规则

借贷记账法的记账规则是编制企业会计分录和登记账簿应遵守的要求，根据“借”“贷”记账符号所反映的账户性质和交易或事项数量变化的规律，借贷记账法的记账规则是：“有借必有贷，借贷必相等”。

（一）有借必有贷

有借必有贷是指交易或事项在账户中的记录方向，即采用借贷记账法在两个或两个以上的账户中记录同一笔交易或事项时，如果一个或多个账户是记录在借方时，那么与其对应的另外一个或多个账户肯定记录在贷方。绝对不会发生将一笔交易或事项的发生额都记录在两个（或几个）账户借方的情况，也肯定不会发生将一笔交易或事项的发生额都记录在两个（或几个）账户贷方的情况。

（二）借贷必相等

借贷必相等是指交易或事项在账户的借贷双方所登记的金额必须是相等的，即在借贷记账法下，在两个或两个以上的账户中同时登记一笔交易或事项时，记录在一个或多个账户借方金额的总数一定和与其相对应的一个或多个账户登记在贷方的金额总数相等。

现结合以下交易和事项账户处理的账户记录进一步熟悉和理解借贷记账法的记账规则。

【例4－1】美登公司借入长期借款300 000元，存入银行。

借	长期借款（负债类） 贷	⟷	借	银行存款（资产类） 贷
	4－1　300 000		4－1　300 000	

这项交易属于影响会计等式两边的会计要素，是使两边会计要素同时增加的交易或事项的类型。以上记录过程体现了“有借必有贷，借贷必相等”的记账规则。

【例4－2】美登公司收到投资者投入货币资金200 000元，存入银行。

借	实收资本（所有者权益类） 贷	⟷	借	银行存款（资产类） 贷
	4－2　200 000		4－2　200 000	

这项交易属于影响会计等式两边的会计要素，是使两边会计要素同时增加的交易或事项的类型。以上记录过程体现了“有借必有贷，借贷必相等”的记账规则。

【例4－3】美登公司收到兴达公司偿还的前欠货款10 000元，存入银行。

借	应收账款（资产类） 贷	⟷	借	银行存款（资产类） 贷
	4－3　10 000		4－3　10 000	

这项交易属于影响会计等式左边的会计要素，是资产要素内部有增有减的交易或事项的类型。以上记录过程体现了“有借必有贷，借贷必相等”的记账规则。

【例4－4】美登公司用银行存款40 000元偿还短期借款30 000元，偿还前欠货款10 000元。

借	银行存款（资产类） 贷	⟷	借	短期借款（负债类） 贷
	4－4　40 000		4－4　30 000	
		→	借	应付账款（负债类） 贷
			4－4　10 000	

这项交易属于会计等式双方要素同减的交易或事项类型。从账户记录的结果看，这项交易在“短期借款”和“应付账款”账户的借方登记了40 000元（30 000＋10 000），在“银行存款”的贷方记录了40 000元，虽然该项交易需要在三个账户中记录，仍然体现了“有借必有贷，借贷必相等”的记账规则。

五、借贷记账法下会计分录的编制

会计分录简称为分录，是指在将交易或事项记录在有关账户之前，预先确定的应登记账户的名称、所登记账户的方向或登记金额的一种记录形式。会计分录不同于记账凭证，记账凭证要求要素齐全，并有严格的审核与编制程序，而会计分录则只是表明记账凭证中应借应贷的科目与金额，是记账凭证的最简化形式。在会计实务中一般是填制记账凭证而非会计分录，会计分录常见于为教学方便使用。

对于一项交易或事项而言，在编制会计分录时主要考虑以下三个问题：第一，该项交易或事项应登记在哪些账户之中；第二，应明确在所登记账户的借方还是贷方进行记录；第三，应登记的金额是多少。因此账户名称、记账方向以及登记金额是构成会计分录的三要素，也是确保正确编制会计分录的基础。

会计分录按所涉及账户的多少可以分为简单会计分录和复合会计分录两类。其中简单会计分录是指所涉及的账户数量只有两个，即一借一贷的会计分录。复合会计分录是指由两个以上对应账户所组成的会计分录，即一借多贷、多借一贷、多借多贷的会计分录。一般而言，简单会计分录所涉及的账户间对应关系简单明晰，便于理解和掌握，而复合会计分录中所涉及的对应关系相对复杂。

编制会计分录时，应注意以下两点：第一，先借后贷，借和贷要分行写，并且文字和金额的数字都应错开。在一借多贷或一贷多借的情况下，要求借方或贷方的文字和金额数字必须对齐。第二，贷方记账符号、账户、金额都要比借方退后一格，表明借方在左，贷方在右。

下面以美登公司一个月发生的经济业务为例，了解在借贷记账法下会计分录编制的过程。

【例 4 -5】

表 4 - 1　美登公司本月初有关总分类账户的余额

会计科目	金额	
	借方	贷方
库存现金	300	
银行存款	200 000	
原材料	4 700	
固定资产	160 000	
生产成本	15 000	
短期借款		10 000
应付账款		50 000
实收资本		320 000

该公司本月发生如下经济业务（假设不考虑增值税等因素的影响）：

（1）收到投资者投入的货币资金投资 200 000 元，已存入银行。

（2）用银行存款40 000元购入不需要安装的设备1台。

（3）购入材料一批，买价15 000元，材料已入库，货款尚未支付。

（4）从银行提取现金2 000元。

（5）借入短期借款20 000元，已存入银行。

（6）用银行存款35 000元偿还应付账款。

（7）生产产品领用材料一批，价值12 000元。

（8）用银行存款30 000元偿还短期借款。

要求：根据上述业务内容编制会计分录。

（1）借：银行存款　　200 000
　　贷：实收资本　　　200 000

（2）借：固定资产　　40 000
　　贷：银行存款　　　40 000

（3）借：原材料　　15 000
　　贷：应付账款　　　15 000

（4）借：库存现金　　2 000
　　贷：银行存款　　　2 000

（5）借：银行存款　　20 000
　　贷：短期借款　　　20 000

（6）借：应付账款　　35 000
　　贷：银行存款　　　35 000

（7）借：生产成本　　12 000
　　贷：原材料　　　12 000

（8）借：短期借款　　30 000
　　贷：银行存款　　　30 000

以上会计分录清晰反映了对发生的交易或事项应当在哪些账户中记录，记录在这些账户的借方还是贷方以及登记的金额是多少。在实际工作中，会计分录是写在记账凭证上的（具体内容将在“会计凭证”一章中予以介绍），并作为登记账户的直接依据。此前在说明借贷记账法的记账规则时，将发生的交易或事项直接记入了有关账户，在实务中是不能这样做的，因为没有记账凭证（也称会计分录凭证）作为依据是不能直接记账的。

六、试算平衡

企业在对每一会计期间所发生的大量经济业务编制会计分录时，为保证会计核算的准确性，在记账之前应对编制的会计分录的正确性进行检查。这项检查工作主要是通过试算平衡来完成的。因此，借贷记账法下的试算平衡是指根据“资产 = 负债 + 所有者权益”的平衡关系以及借贷记账法的记账规则，检查所有账户记录是否正确的一种方法。

根据会计恒等式和借贷记账法的记账规则，发生的每一笔业务的借方发生额都与贷方发生额相等，可以推出在一个会计期间内所发生的所有经济业务的借方发生额总额与贷方发生额总额必然相等。进而可以得出，在一个会计期间内所有账户的期初和期末借方余额也必然与期初和期末贷方余额相等。因此，在借贷记账法下试算平衡主要由以下三个公式组成。

1. 发生额试算平衡公式

全部账户的借方发生额合计 = 全部账户的贷方发生额合计

2. 期初余额试算平衡公式

全部账户期初借方余额 = 全部账户期初贷方余额

3. 期末余额试算平衡公式

全部账户期末借方余额 = 全部账户期末贷方余额

现以【例 4 －5】的数据为例进行试算平衡的演示，具体如下。

【例 4 －6】根据给出余额资料的账户开设并登记有关总分类账户。

库存现金

月初余额	300		
(4)	2 000		
本月合计	2 000		
月末余额	2 300		

银行存款

月初余额	200 000	(2)	40 000
(1)	200 000	(4)	2 000
(5)	20 000	(6)	35 000
		(8)	30 000
本月合计	220 000	本月合计	107 000
月末余额	313 000		

原材料

月初余额	4 700	(7)	12 000
(3)	15 000		
本月合计	15 000	本月合计	12 000
月末余额	7 700		

固定资产

月初余额	160 000		
(2)	40 000		
本月合计	40 000		
月末余额	200 000		

生产成本

月初余额	15 000		
(7)	12 000		
本月合计	12 000		
月末余额	27 000		

短期借款

(8)	30 000	月初余额	10 000
		(5)	20 000
本月合计	30 000	本月合计	20 000
		月末余额	0

应付账款

(6)	35 000	月初余额	50 000
		(3)	15 000
本月合计	35 000	本月合计	15 000
		月末余额	30 000

实收资本

		月初余额	320 000
		(1)	200 000
		本月合计	200 000
		月末余额	520 000

表 4－2　根据账户的登记结果编制的“总分类账户发生额及余额试算平衡表”

账户名称	期初余额		本期发生额		期末余额	
	借方	贷方	借方	贷方	借方	贷方
库存现金	300		2 000		2 300	
银行存款	200 000		220 000	107 000	313 000	
原材料	4 700		15 000	12 000	7 700	
固定资产	160 000		40 000		200 000	
生产成本	15 000		12 000		27 000	
短期借款		10 000	30 000	20 000		0
应付账款		50 000	35 000	15 000		30 000
实收资本		320 000		200 000		520 000
合计	380 000	380 000	354 000	354 000	550 000	550 000

通过试算平衡表来检查账簿记录是否正确时，如果借贷不平衡，就可以肯定账户的记录或计算错误，但如果借贷平衡，却不能肯定记账没有错误。因为有些错误并不影响借贷双方平衡，如重计或漏记某些经济业务、将借贷方向弄反等错误，就不能通过试算平衡发现。

复习思考题

1. 什么叫复式记账？怎样理解其含义？
2. 什么叫借贷记账法？如何理解其记账符号的含义？
3. 借贷记账法下的账户结构是怎样的？
4. 什么是借贷记账法的记账规则？请举例说明借贷记账法规则的具体应用。
5. 什么叫会计分录？
6. 什么叫试算平衡？借贷记账法的试算平衡方法有哪几种？其原理是什么？

练习题

【目的】练习借贷记账法。

【资料】

1. 某企业20××年7月资产、负债和所有者权益各账户的期初余额见表4－3。

表4－3 各账户期初余额表

资产类账户	金额	负债和所有者权益类账户	金额
库存现金	1 000	负债：	
银行存款	135 000	短期借款	62 000
应收账款	10 000	应付账款	8 000
在途物资	40 000	负债合计	70 000
原材料	120 000	所有者权益：	
库存商品	24 000	实收资本	860 000
固定资产	600 000	所有者权益合计	860 000
总计	930 000	总计	930 000

2. 该企业7月份发生下列各项经济业务。

（1）购进材料一批，计价1 300元（含增值税，税率13%），材料验收入库，货款以银行存款支付。

（2）生产车间向仓库领用材料40 000元，全部投入生产。

（3）从银行提取现金400元。

（4）以银行存款购入新汽车一辆，计价100 000元。

（5）用银行存款偿还应付供货单位材料款3 000元。

（6）生产车间向仓库领用材料25 000元。

（7）收到购货单位前欠货款3 000元，存入银行。

（8）以银行存款16 000元归还短期借款12 000元，归还应付供货单位货款4 000元。

(9) 收到其他单位投入资本 20 000 元，存入银行。

(10) 收到购货单位前欠货款 4 000 元，其中：支票 3 600 元（存入银行），现金 400 元。

【要求】

1. 根据资料 2 的各项经济业务，用借贷记账法编制会计分录。

2. 开设各账户（丁字式）登记期初余额和本期发生额，计算期末余额，并编制总分类账户发生额及余额试算平衡表。

【格式】

1. 会计分录格式见表 4－4。

表 4－4　会计分录表

顺序号	日期	摘要	账户名称	过账	借方金额	贷方金额

2. 总分类账户本期发生额对照表格式见表 4－5。

表 4－5　总分类账户本期发生额对照表

账户名称	期初余额		本期发生额		期末余额	
	借方	贷方	借方	贷方	借方	贷方

第五章 会计凭证

本章摘要

通过账户设置建立了交易或事项记录的载体，选择了复式记账这种科学的记账方法，但仍然不可随意记账，因为交易或事项的账务处理必须依据可靠的凭据进行。处理交易或事项的凭据就是本章将要讨论的内容——会计凭证。主要介绍会计凭证在会计循环中的重要地位，会计凭证的定义、种类、作用及会计凭证的填制和应用方法等。

内容导图

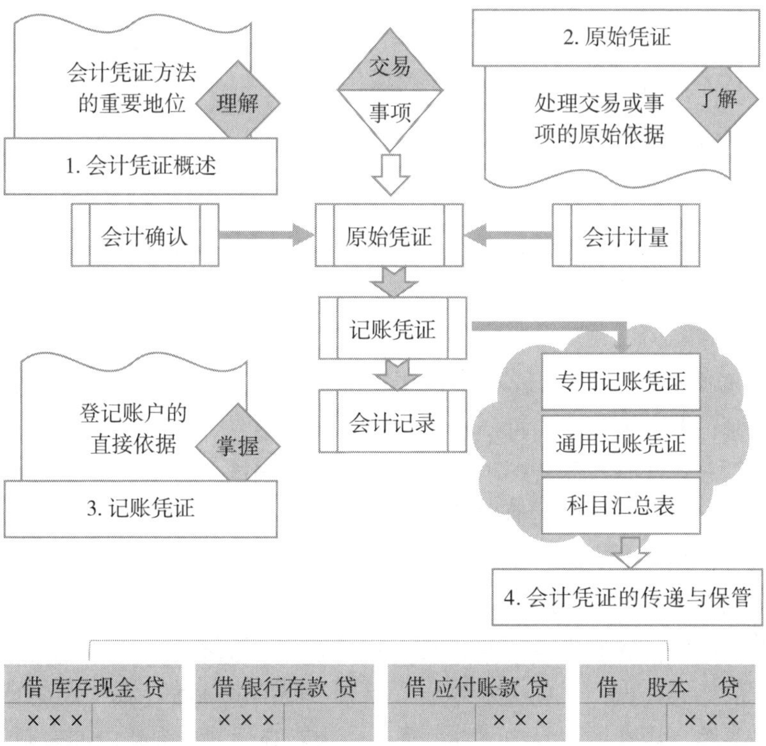

图5－1　内容导图

第一节　会计凭证概述

一、会计凭证的概念

会计凭证，简称凭证，是原始凭证和记账凭证的统称，是记录经济业务发生或者完成情况的书面证明，也是登记账簿的依据。

按照编制程序和用途不同，会计凭证可分为原始凭证和记账凭证两种。原始凭证是指业务经办人员或会计人员在交易或事项发生或完成时取得或填制的，用以记录或证明交易或事项发生和完成情况的原始凭据，是重要的会计核算资料。为满足记账要求，会计人员应根据审核无误的原始凭证填制记账凭证。记账凭证是按照交易或事项的内容归类整理，并据以确定会计分录所填制的会计凭证，它是登记账簿的直接依据。记录交易或事项的账簿主要是根据记账凭证登记的，有些账簿的登记还需要参照原始凭证。因而，会计凭证是据以登记账簿的证明文件。

任何单位在处理任何经济业务时都必须按照规定的程序和要求，由执行和完成该项经济业务的有关人员从单位外部取得或自行填制有关凭证，以书面形式记录和证明所发生经济业务的性质、内容、数量和金额等，并在凭证上签名或盖章，从而对经济业务的合法性和凭证的真实性、完整性负责，明确经济责任。任何会计凭证都需要经有关人员严格审核并确认无误后，才能作为登记账簿的依据。

二、会计凭证的作用

填制和审核会计凭证是会计核算的基本方法之一，也是会计核算工作的起点，对于如实反映经济业务的内容，有效监督经济业务的合理性和合法性，保证会计核算资料的真实性、可靠性、合法性和完整性，明确经济责任等具有重要意义。会计凭证的作用主要体现在以下三个方面。

（一）记录经济业务，提供记账依据

会计凭证是记账的依据，通过会计凭证的填制、复核，按一定方法对会计凭证进行整理、分类、汇总，及时地反映各项经济业务的完成情况，为登记账簿提供真实、可靠的依据。因此会计凭证所记录的有关信息是否真实、可靠、及时，对保证会计信息质量具有至关重要的影响。

（二）明确经济责任，强化内部控制

经济业务发生后，要取得或填制适当的会计凭证，证明经济业务已经发生或完成，同时要由有关的经办人员，在凭证上签字、盖章，明确业务责任人，对会计凭证所记录经济业务的真实性、完整性、合法性等负责，防止舞弊行为，强化内部控制。

（三）监督经济活动，控制经济运行

通过会计凭证的审核，可以检查每一项经济业务的发生是否真实，是否符合国家有关法律、法规、制度的规定，是否符合业务经营、财务收支的方针和计划、预算的规定等，以确保经济业务的合理性、合法性和有效性。监督经济业务的发生和发展，控制经济业务的有效实施，是发挥会计管理职能的重要内容。

三、会计凭证的种类

会计凭证的形式多种多样，可以按照不同的标准进行分类。会计凭证按其填制程序和用途的不同可以分为原始凭证和记账凭证两大类。

（一）原始凭证

原始凭证，又称单据，是指在经济业务发生或完成时取得或填制的，用以记录和证明经济业务发生或完成情况的凭证，是进行会计核算的原始资料和主要依据。如出差乘坐车船的车船票、银行收付款的通知单、到仓库领料的领料单等，都是原始凭证。

原始凭证按照取得的来源可分为自制原始凭证和外来原始凭证。

自制原始凭证是指在经济业务事项发生或完成时，由本单位内部经办部门或人员填制的，仅供本单位内部使用的原始凭证。如进仓单（见表5-1）、限额领料单、出库单等。

表5-1　美登公司原材料进仓单

年　　月　　日

供货单位			收货单位			
卸车地点			车号			
材料名称	规格	单位	数量	单价	金额	第一联存根
合计						
备注						

供货人：　　　　　　　　　　收料人：　　　　　　　　　　管理人：

外来原始凭证是指在经济业务发生或完成时，从其他单位或个人直接取得的原始凭证。如购买原材料取得的增值税专用发票（见图5-2）、银行收付款通知单、职工出差报销的车船票和餐饮费发票等。

广东省增值税专用发票

No. 08528423

101012649

开票日期：2020 年 1 月 3 日

全国统一发票监制章
广东
抵扣联
国家税务总局监制

<table>
<tr><td rowspan="6">国税函［2020］100号华夏集团公司</td><td>购货单位</td><td colspan="4">名　　称：宏达家用电器厂
纳税人识别号：440105200632739
地 址、电 话：广州市白云路 10 号 020 – 83345102
开户行及账号：工行白云路办 015 – 8345006</td><td>密码区</td><td colspan="3">（略）</td><td rowspan="6">第三联：抵扣联　购货方扣税凭证</td></tr>
<tr><td colspan="2">货物或应税劳务名称</td><td>规格型号</td><td>单位</td><td>数量</td><td>单价</td><td>金额</td><td>税率</td><td>税额</td></tr>
<tr><td colspan="2">甲材料</td><td></td><td>kg</td><td>850</td><td>8.5</td><td>7225.00</td><td>17%</td><td>1228.25</td></tr>
<tr><td colspan="2">价税合计（大写）</td><td colspan="7">捌仟肆佰伍拾叁元贰角伍分　　（小写）￥8453.25</td></tr>
<tr><td>销货单位</td><td colspan="4">名　　称：华夏集团公司
纳税人识别号：440108002315678
地 址 、电 话：深圳永红路 1 号 0755 – 22389631
开户行及账号：工行大布办 018 – 1026 – 8592126</td><td>备注</td><td colspan="3">华夏集团公司
440108002315678
发票专用章</td></tr>
</table>

收款人：王刚　　复核：李华　　开票人：李小丽　　销货单位：（章）

图 5 – 2　增值税专用发票

原始凭证按照格式的不同，可以分为通用凭证和专用凭证。

通用凭证是指由有关部门统一印制，在一定范围内使用的具有统一格式和使用方法的原始凭证。如某省（市）印制的在该省（市）通用的发票和收据、由中国人民银行制作的在全国通用的银行转账结算凭证、由国家税务局统一印制的全国通用的增值税专用发票等。

专用凭证是指由单位自行印制、仅在本单位内部使用的一种原始凭证。如领料单、差旅费报销单、折旧计算表、工资费用分配表等。

原始凭证按照填制的手续和内容，可分为一次凭证、累计凭证和汇总凭证。

一次凭证是指一次填制完成的，只能反映一项经济业务事项或同时发生的若干项同类经济业务事项的原始凭证，如发货票、收款收据、领料单等。

累计凭证是指在规定期限内，随着经济业务的多次、连续发生，分次填列，连续反映某一种经济业务，能够多次使用的自制原始凭证。累计凭证直到期末求出总数以后，才能最后完成凭证的填制手续，作为记账的原始依据。采用累计凭证可起到减少凭证数量、简化填制手续的作用；可以将累计数据同计划或定额数对比，以反映业务执行或完成的工作总量；它还有助于管理控制的开展。但它的使用不如一次凭证方便灵活。常用的累计凭证有限额领料单（见表 5 – 2）、费用登记表等。

表5－2　限额领料单

2021年10月　　编号：2345

领料单位：一车间　　用途：B产品　　计划产量：5 000台

材料编号：102045　　名称规格：16 m/m圆钢　　计量单位：公斤

单价：4.00元　　消耗定量：0.2公斤/台　　领用限额：1 000

2021年		请领		实发				
月	日	数量	领料单位负责人	数量	累计	发料人	领料人	限额结余
10	5	200	张三	200	200	李四	王五	800
10	10	100	张三	100	300	李四	王五	700
10	15	300	张三	300	600	李四	王五	400
10	20	100	张三	100	700	李四	王五	300
10	25	150	张三	150	850	李四	王五	150
10	31	100	张三	100	950	李四	王五	50
累计实发金额（大写）叁仟捌佰元整				￥3 800				

供应生产部门负责人（签章）　　生产计划部门负责人（签章）　　仓库负责人（签章）

汇总凭证，也称原始凭证汇总表，是用来汇总一定时期内反映同类经济业务的原始凭证。这种凭证通常根据相同的原始凭证或会计核算资料定期汇总编制。其主要特点是通过对某类经济业务的汇总，可以取得这方面的总量指标，借以了解企业经济活动的某个侧面。它合并了同类型经济业务，简化了记账工作量。常用的汇总原始凭证有工资结算汇总表（见表5－3）、发出材料汇总表、销售日报表、差旅费报销单等。

表5－3　工资结算汇总表

部门：生产（电饭煲）车间工人工资　　2021年1月

姓名	基本工资	奖金	津贴	合计	签名	备注
梁伟雄	3 950	500	410	4 860	梁伟雄	
陈明辉	3 800	300	380	4 480	陈明辉	
王海	3 800	300	350	4 450	王海	
李启明	3 800	350	350	4 500	李启明	
李丽霞	3 850	350	320	4 520	李丽霞	
黄丽	3 750	100	280	4 130	黄丽	
何斌	3 750	100	210	4 060	何斌	
合计	26 700	2 000	2 300	31 000		

主管：梁伟雄　　制表人：黄丽

（二）记账凭证

记账凭证，是指会计人员根据审核无误的原始凭证按设置的账户，运用复式记账法填制，用以确定会计分录，并作为登记账簿直接依据的凭证。编制记账凭证，就是将复杂繁多的原始凭证转化成分类有序的会计分录的过程，将普通的资金收付数据转化为经营决策者所需要的会计信息的过程。

记账凭证按其用途可以分为专用记账凭证和通用记账凭证。

1. 专用记账凭证

专用记账凭证，是指分类反映经济业务的记账凭证。这种记账凭证按其反映经济业务的内容不同，又可以分为收款凭证、付款凭证和转账凭证。收款凭证（见表5-4），是指用于记录现金和银行存款收款业务的会计凭证。付款凭证是指用于记录现金和银行存款付款业务的会计凭证。转账凭证是指用于记录不涉及现金和银行存款业务的会计凭证。

表5-4 收款凭证

借方
科目 银行存款　　　　年　月　日　　　　银收字第3号

摘要	贷方总账科目	明细科目	金额									
			千	百	十	万	千	百	十	元	角	分
收到销售甲产品货款	主营业务收入	甲产品				7	0	0	0	0	0	0
	应交税费	应交增值税（销）					9	1	0	0	0	0
合计					¥	7	9	1	0	0	0	0

财务主管：　　记账：　　出纳：　　审核：　　制单：

2. 通用记账凭证

通用记账凭证是指用来反映所有经济业务的记账凭证，为各类经济业务所共同使用，其格式与转账凭证基本相同。

记账凭证按其包括的内容分类可以分为单一记账凭证、汇总记账凭证和科目汇总表三类。

（1）单一记账凭证，是指只包括一笔会计分录的记账凭证。上述的专用记账凭证和通用记账凭证，均为单一记账凭证。

（2）汇总记账凭证，是指根据一定时期内的同类单一记账凭证加以汇总而重新编制的记账凭证。汇总记账凭证又可以分为汇总收款凭证、汇总付款凭证和汇总转账凭证。

（3）科目汇总表，亦称记账凭证汇总表、账户汇总表，是指根据一定时期内所有的记账凭证定期加以汇总而重新编制的记账凭证，其目的也是简化总分类账的登记手续。

第二节　原始凭证

一、原始凭证的基本内容

（一）基本内容

经济业务的内容是多种多样的，记录经济业务的原始凭证所包括的具体内容也各不相同。但所有的原始凭证都必须客观地、真实地载明经济业务的发生或完成情况，都必须明确经办单位和人员的经济责任。这些共同的要求，决定了各种原始凭证都必须具备以下的凭证要素：原始凭证的名称；填制凭证的日期和编号；填制凭证单位名称或者填制人姓名；对外凭证要有接受凭证单位的名称；经济业务所涉及的数量、计量单位、单价和金额；经济业务的内容摘要；经办业务部门或人员的签章。

（二）附加条件

原始凭证除了应当具备上述基本内容外，为了满足计划、统计等其他业务工作的需要，还应当符合下列附加条件。

（1）从外单位取得的原始凭证，必须盖有填制单位的公章；对外开出的原始凭证，必须加盖本单位公章；从个人处取得的原始凭证，必须有填制人员的签名或者盖章。

（2）自制的原始凭证，必须要有经办单位负责人或者由单位负责人指定的人员签名或者盖章。

（3）支付款项的原始凭证，必须要有收款单位和收款人的收款证明，不能仅以支付款项的有关凭证代替。

（4）购买实物的原始凭证，必须要有验收证明。

（5）销售货物发生退回并退还货款时，必须以退货发票、退货验收证明和对方的收款收据作为原始凭证。

（6）职工出借款填制的借款凭证，必须附在记账凭证之后。

（7）经上级有关部门批准的经济业务事项，应当将批准文件作为原始凭证的附件。如果批准文件需要单独归档，应当在凭证上注明文件的批准机关名称、日期和文件文号，以便确认经济业务的审批情况和查阅。

二、原始凭证的填制要求

原始凭证一般由业务经办人员在经济业务发生过程中或完成时填写。原始凭证必须经过财会人员审核才能登记入账。因此财会人员不仅要掌握原始凭证的内容和填制方法，而且还要向有关业务人员说明原始凭证的重要作用，帮助他们掌握正确填制原始凭证的方法。下面通过入库单（见表5－5），示例说明原始凭证的填制要求。

表5-5 入库单

单据编号：CGRKD-20200226-0029　　单据日期：2020年02月26日

供应商：江城公司　　入库仓库：总仓库

序号	货品名称	单位	数量	单价	金额	备注
1	A产品	套	1	1 990.00	1 990.00	
2	B产品	套	1	790.00	790.00	
3	C产品	套	1	590.00	590.00	
4	D产品	套	1	290.00	290.00	
5	E产品	套	1	790.00	790.00	
合计	（大写）肆仟肆佰伍拾元整		5		¥4 450.00	
送货单位：（盖章）			收货单位：（盖章）			

制单人员：　　制单时间：2020.02.26　09:59:07　库管：　　经手人：　　核单人：

（一）填制原始凭证的基本要求

原始凭证是编制记账凭证的依据，是会计核算最基础的资料。为了保证原始凭证能够真实、正确、完整、及时地反映经济业务，确保会计核算资料的质量，填制原始凭证必须符合以下要求。

1. 记录真实

原始凭证填制的日期、业务内容、数量、金额等必须与实际情况完全符合，以确保凭证内容真实可靠。不能以估算和匡算的数字填列，更不能弄虚作假，改变事实的真相。

2. 内容完整

原始凭证必须按规定的格式和内容逐项填写齐全，不能缺漏和省略；名称要写全，不能简化；品名和用途要填写明确，不能含糊不清；同时必须由经办业务部门的有关人员签字盖章，对凭证的真实性和正确性负责。

3. 手续完备

原始凭证的填制手续，必须符合内部控制的要求，以明确经济责任，确保凭证的合法性、真实性。单位自制的原始凭证，必须由经办单位负责人或者其他指定的人员签名盖章；从外单位取得的原始凭证，除火车票、汽车票等特殊的外来原始凭证外，必须盖有填制单位的公章或财务专用章；从个人处取得的原始凭证，必须由填制人员签名或签章。购买实物的原始凭证，必须有验收证明；支付款项的原始凭证，必须有收款单位和收款人的收款证明，付款人不能自己证明自己已付出款项；出纳人员在办理收款或付款业务后，应在原始凭证中加盖“收讫”或“付讫”的戳记，以避免重收重付。

4. 书写清楚、规范

原始凭证要按规定填写，文字要简要，字迹要清楚，易于辨认，不得使用未经国务院公布的简化汉字。大小写金额必须相符且填写规范，小写金额用阿拉伯数字逐个书写，不得写连笔字，合计金额前要填写人民币符号“¥”，人民币符号“¥”与阿拉伯数字之间不得留有空白，金额数字一律填写到角分，无角分的，写“00”或符号“-”，有角无分的，分位写“0”，不得用符号“-”；大写金额用汉字壹、贰、叁、肆、伍、陆、柒、捌、玖、拾、佰、仟、万、亿、元、角、分、零、整等，一律用正楷或行书字体书写，大写金额前未印有“人民币”字样的，应加写“人民币”三个字，“人民币”字样和大写金额之间不得留有空白，大写金额到元为止的，后面要写“整”或“正”字，有分的，不写“整”或“正”字。如小写金额为￥1 008.00，大写金额应写成“壹仟零捌元整”。

5. 编号连续

各种凭证要连续编号，以便查考。如果原始凭证已预先印定编号，如发票、支票等重要凭证，在写坏作废时，应加盖“作废”戳记，妥善保管，不得撕毁。

6. 不得涂改、刮擦、挖补

原始凭证所记载的各项内容均不得涂改。随意涂改的原始凭证即为无效凭证，不能作为填制记账凭证或登记会计账簿的依据。原始凭证记载内容有错误的，应当由开具单位重开或更正，并在更正处加盖出具凭证单位印章；原始凭证金额出现错误的，由原始凭证开具单位重新开具，不得在原始凭证上更正。

7. 填制及时

原始凭证应在经济业务发生或完成时及时填制，并按规定的程序和手续送交有关部门，以便及时办理后续业务，进行会计审核和记账。

（二）自制原始凭证的填制要求

不同的自制原始凭证填制要求有所不同。

1. 一次凭证的填制

一次凭证的填制手续应在经济业务发生或完成时，由相关人员一次填制完成，一般只能反映一项经济业务，或者同时反映若干项同一性质的经济业务。下面以“收料单”为例介绍一次凭证的填制方法。

“收料单”是企业购进材料验收入库时，由仓库保管人员根据购入材料的实际验收情况，填制的一次性原始凭证。企业外购材料，都应履行入库手续，由仓库保管人员根据供应单位开来的发票账单，严格审核，对运达入库的材料认真计量，并按实收数量认真填制“收料单”。其填制方法见表5－6。

【例5－1】 2021年5月5日，美美登公司从光明公司购入甲材料2 000 kg，买价40 000元，增值税进项税额5 200元；购入乙材料1 000 kg，单价15元，计15 000元，增值税进项税额1 950元。对方代垫运杂费600元，按材料重量分摊。企业开出一张商业汇票，材料已验收入库。

表5－6　收料单

供货单位：光明公司　　　　　　　　　　　　　　　　　第001号

发票编号：0001　　　　　　2021年5月5日　　　　　　收料仓库：2号库

材料编号	材料规格及名称	计量单位	数量		金额（元）		
			应收	实收	单价	运费	合计
01	甲材料	kg	2 000	2 000	20	400	40 400
02	乙材料	kg	1 000	1 000	15	200	15 200
备注						合计	55 600

第　联

仓库负责人：　　　　记账：　　　　仓库保管：　　　　收料：

收料单一式三联，一联留仓库，据以登记材料物资明细账和材料卡片；一联随发票账单到会计部门报账；一联交采购人员存查。

2．**累计凭证的填制**

累计凭证是在一定时期不断重复地反映同类经济业务的完成情况，它是由经办人在每次经济业务完成后在其上面重复填制而成的。下面以“限额领料单”为例说明累计凭证的填制方法。

“限额领料单”是多次使用的累计领发料凭证。在有效期间内（一般为一个月），只要领用数量不超过限额就可以连续使用。仓库发料时，根据材料的品名、规格在限额内发料，同时将实发数量及限额余额填写在限额领料单内，领、发料双方在单内签章。其填制方法见表 5 –7。

【例 5 –2】2020 年 3 月，一车间生产 A 产品，年度计划生产 8 000 件，每件 A 产品消耗甲材料20 kg，全月甲材料的领用限额为 1 000 kg，甲材料每千克的单价为 20. 20 元。该月份生产 A 产品，由生产计划部门下达“限额领料单”，记录车间在该月份之内领用甲材料情况。

表 5 –7　限额领料单

领料部门：一车间　　　　　　　　　　　　　　　　第 001 号

用途：生产 A 产品　　　　　　2020 年 3 月　　　　　　发料仓库：1 号库

材料编号	材料名称规格	计量单位	计划投产量	单位消耗定额	领用限额	实发																		
						数量	单价								金额									
							百	十	万	百	十	元	角	分	千	百	十	万	千	百	十	元	角	分
01	甲材料	kg	8 000	20	1 000	900					2	0	2	0				1	8	1	8	0	0	0

日期	领用			退料			限额结余数量
	数量	领料人	发料人	数量	退料人	收料人	
10	500	张敏	李媛				500
20	200	张敏	李媛				300
28	200	张敏	李媛				100
合计	900	张敏	李媛				100

生产计划部门：　　　　　　　　供销部门：　　　　　　　　仓库：

3．**汇总凭证的填制**

汇总原始凭证，是指在会计的实际工作日，为了简化记账凭证的填制工作，将一定时期若干份记录同类经济业务的原始凭证汇总编制一张汇总凭证，用以集中反映某项经济业务的完成情况。汇总原始凭证是有关责任者根据经济管理的需要定期编制的，如收料凭证汇总表、发出材料汇总表、差旅费报销单等。现以“发料凭证汇总表”为例说明汇总凭证的编制方法。其编制方法见表 5 –8。

【例5－3】2020年3月31日，汇总仓库发出甲材料23 230元。其中18 180元用于生产A产品，3 030元用于生产车间一般耗用，2 020元用于行政管理部门耗用。

表5－8　发料凭证汇总表

2020年3月31日

会计科目	领料部门	原材料	辅助材料	合计
		甲材料		
生产成本	一车间	18 180	1 500	19 680
制造费用	一车间	3 030	500	3 530
管理费用	行政部门	2 020	—	2 020
合计	—	23 230	2 000	25 230

会计负责人：　　　　　　　　复核：　　　　　　　　制表：

“发料凭证汇总表”是由材料会计根据各部门到仓库领用材料时填制的领料单定期汇总编制而成的，每月编制一份，送交会计部门做账务处理。

（三）外来原始凭证的填制要求

外来原始凭证是在企业同外单位发生经济业务时，由外单位的经办人员填制的。外来原始凭证一般由税务局等部门统一印制，或经税务部门批准由经济单位印制，在填制时加盖出具凭证单位公章才有效，对于一式多联的原始凭证必须用复写纸套写或打印机套打。

三、原始凭证的审核

原始凭证是填制记账凭证的依据，为了充分发挥会计的监督职能，保证原始凭证内容的真实性和合法性，防止不符合填制要求的原始凭证影响会计信息的质量，必须由会计部门对一切外来的和自制的原始凭证进行严格的审核。审核的内容包括以下五个方面。

（一）合法性和真实性审核

审核原始凭证所反映的经济业务是否符合国家有关政策、法规、制度的规定，是否有违反财经制度的现象和贪污腐败的行为等；审核原始凭证有无弄虚作假的情况，包括凭证日期是否真实、摘要是否真实、业务内容是否真实、数据是否真实等。如审核原始凭证后，确有发生多计或少计收入、费用，擅自扩大开支范围、提高开支标准，巧立名目、虚报冒领、滥发奖金或津贴等违反财经制度和财经纪律的情况，不能作为合法、真实的原始凭证。

（二）合理性审核

审核原始凭证是否符合生产经营活动的需要，是否符合有关计划、预算和合同的规定。如经审核原始凭证后，确定有使用预算结余购买不需要的物品，有对陈旧过时设备进行大修理等违反上述原则的情况，不能作为合理的原始凭证。

（三）完整性审核

审核原始凭证是否具备基本内容，是否有应填未填或填写不清楚的现象。如经审核原始凭证后，确定有未填写接受凭证单位名称，无填证单位或制证人员签章，业务内容与附件不符等情况，不能作为内容完整的原始凭证。

（四）正确性审核

审核原始凭证各项金额在计算和填写时是否存在失误，如阿拉伯数字不得连写，大小写金额是否相符，有无刮擦、涂改和挖补现象等。

（五）及时性审核

审核时应注意审核凭证的填制日期，尤其是支票、银行汇票、银行本票等，时效性较强的原始凭证更应仔细验证其签发日期。

原始凭证经审核后，对于完全符合要求的原始凭证，要及时据以编制记账凭证，并登记入账。对于内容不完整、填写有错误的原始凭证，应退回有关经办部门或人员，补办手续或更正；对于不真实、不合法的原始凭证，应拒绝受理，并向单位负责人报告。

第三节　记账凭证

一、记账凭证的基本内容

记账凭证是以原始凭证为编制依据，运用账户和复式记账法的原理，编制会计分录，并且据以登记账簿的会计凭证。记账凭证有多种形式，但不论哪一种记账凭证，都必须具备以下基本内容：记账凭证的名称及填制单位名称；填制记账凭证的日期；记账凭证的编号；交易或事项的内容摘要；交易或事项所涉及的会计科目及其记账方向；交易或事项的金额；记账标记；所附原始凭证张数；会计主管、记账、审核、出纳、制单等有关人员的签章等。

二、记账凭证的填制要求

（一）记账凭证的基本要求

为简化记账凭证工作、保证会计核算工作的质量，会计人员要对原始凭证进行整理和分类，并按照复式记账的要求，确定会计分录。填制记账凭证时，除了要严格按照规定的格式和内容进行填制外，还应当符合下列要求。

（1）记账凭证各项内容必须完整。

（2）记账凭证的书写应清楚、规范。相关要求同原始凭证。

（3）记账凭证必须以审核无误的原始凭证为依据。除结账和更正错账的记账凭证可以不附原始凭证外，其他记账凭证必须附有原始凭证，并如实填写所附原始凭证的张数。一张原始凭证如果涉及几张记账凭证的，则可以将原始凭证附在一张主要的记账凭证后面，在该主要记账凭证摘要栏内注明“本凭证附件包括××号记账凭证业务”的字样，在其他记账凭证上注明“原始凭证附在××号记账凭证后面”的字样；没有原始凭证，而只有复印件的，不能作为填制记账凭证的依据；如果一张原始凭证所列的支出需要几个单位共同负担的，应当由保存原始凭证的单位开给其他应负担支出的单位原始凭证分割单，进行结算。

（4）填制记账凭证时，可以根据一张原始凭证填制记账凭证，也可以根据若干张同类原始凭证汇总填制记账凭证，还可以根据原始凭证汇总表填制记账凭证。

（5）填制记账凭证时，应当连续编号。为了分清会计事项处理的先后顺序，便于记账凭证与会计账簿核对，确保记账凭证完整无缺，应由主管该项业务的会计人员，按业务发生的顺序和不同种类的记账凭证，对记账凭证进行连续编号。每一会计期间，都必须按月编制序号，即每月从第一号编起，按顺序编至月末。如果一笔经济业务需要填制两张以上（含两张）记账凭证，可以采用“分数编号法”编号。例如，一笔经济业务需要填制 3 张记账凭证，凭证顺序号为 16 号，那么这 3 张记账凭证的编号应是 $16\frac{1}{3}$、$16\frac{2}{3}$、$16\frac{3}{3}$，分母 3 表示这笔业务需 3 张记账凭证，分子 1、2、3 分别表示第一张、第二张和第三张。

（6）记账凭证上，必须有填制人员、审核人员、记账人员和会计主管的签名或盖章。对于发生的收款和付款业务必须坚持先审核后办理的原则，出纳人员要在有关收款凭证和付款凭证上签章，以明确经济责任。对已办妥的收款凭证或付款凭证及所附的原始凭证，出纳要当即加盖“收讫”或“付讫”戳记，以避免重收重付或漏收漏付发生。

（二）专用凭证的填制要求

1．收款凭证的填制要求

收款凭证是由出纳人员根据审核无误的原始凭证收款后填制的。收款凭证左上角的“借方科目”按收款的性质填写“库存现金”或“银行存款”，日期填写的是编制该凭证的日期，右上角填写编制收款凭证的顺序号，“摘要”填写对所记录的经济业务的简要说明，“贷方科目”填写与库存现金或银行存款相对应的会计科目，“记账”是指该凭证已登记账簿的标记，防止经济业务事项重记或漏记，“金额”是指该项经济业务事项的发生额，该凭证右边“附件××张”是指本记账凭证所附原始凭证的张数；最下边分别由有关人员签章，以明确经济责任。如美登公司 2020 年 9 月 1 日，收到 A 投资者投入资本 40 000 元，已存入银行。编制收款凭证见表 5－9。

表 5－9 收款凭证

借方科目：银行存款　　　　2020 年 9 月 1 日　　　　编号：银收第 1 号

摘要	贷方科目		金额										记账	
	一级科目	二级科目	千	百	十	万	千	百	十	元	角	分		
收到资本金	实收资本	A 投资者				4	0	0	0	0	0	0	√	附件×张
合计					¥	4	0	0	0	0	0	0		

会计主管：张三　　出纳：李四　　审核：王五　　制单：赵六

2. **付款凭证的填制要求**

付款凭证是根据审核无误的有关库存现金和银行存款的付款业务的原始凭证填制的。付款凭证的编制方法与收款凭证基本相同，只是左上角由“借方科目”换为“贷方科目”，凭证中间的“贷方科目”换为“借方科目”。对于涉及“库存现金”和“银行存款”之间的经济业务，为避免重复一般只编制付款凭证，不编收款凭证。如美登公司2020年9月5日，购入不需要安装的机器一台，买价20 000元，增值税2 600元，运输费600元，款项以银行存款支付。编制付款凭证见表5－10。

表5－10　付款凭证

贷方科目：银行存款　　　　2020年9月5日　　　　编号：银付第1号

摘要	借方科目		金额										记账
	一级科目	二级科目	千	百	十	万	千	百	十	元	角	分	
购买设备	固定资产	设备				2	0	6	0	0	0	0	√
	应交税费	应交增值税（进项税额）					2	6	0	0	0	0	√
合计					¥	2	3	2	0	0	0	0	

附件×张

会计主管：张三　　　记账：章八　　　出纳：刘七　　　制单：赵六

3. **转账凭证的填制要求**

转账凭证将经济业务事项中所涉及全部会计科目，按照先借后贷的顺序记入“会计科目”栏中的“一级科目”和“二级及明细科目”，并按应借、应贷方向分别记入“借方金额”或“贷方金额”栏。其他项目的填列与收、付款凭证相同。如美登公司2020年7月10日领用生产A产品所用原材料5 000元。编制转账凭证见表5－11。

表5－11　转账凭证

2020年7月10日　　　　编号：转字5号

摘要	一级科目	二级科目	借方金额								贷方金额								记账
			十	万	千	百	十	元	角	分	十	万	千	百	十	元	角	分	
生产领用材料	生产成本	A产品			5	0	0	0	0	0									√
	原材料												5	0	0	0	0	0	√
合计				¥	5	0	0	0	0	0		¥	5	0	0	0	0	0	

附件×张

会计主管：张三　　　记账：李四　　　审核：王五　　　制单：赵六

（三）通用凭证的填制要求

通用记账凭证是适合于所有经济业务的格式统一的记账凭证。采用通用记账凭证的经济单位，不再根据经济业务的内容分别填制收款凭证、付款凭证和转账凭证，其格式及填制方法与转账凭证完全相同。

三、记账凭证的审核

为了保证会计信息的质量，所有填制好的记账凭证，都必须经过稽核人员认真严格的审核。记账凭证的审核主要包括以下内容。

1. **内容是否真实**

记账凭证是否附有原始凭证，所附原始凭证的张数是否与记账凭证上填写的附件张数一致，经济内容是否与所附原始凭证的内容相同，记账凭证上的金额与原始凭证上的金额是否相符。

2. **会计分录是否正确**

记账凭证使用的会计科目是否正确，应借应贷的会计科目（包括二级或明细科目）的对应关系是否清晰、金额是否正确。

3. **项目是否完整**

记账凭证中的项目是否填制完整，摘要是否清楚，有关人员的签章是否齐全。

4. **书写是否规范**

凭证中的文字是否工整、数字是否清晰规范等。

5. **手续是否完备**

记账凭证应根据审核无误的原始凭证登记，如果原始凭证手续不完备，应补办完整。对于出纳人员办理的收款、付款业务，要审核是否已在原始凭证上加盖“收讫”或“付讫”的戳记。

在审核记账凭证的过程中，如发现记账凭证填制有误，应当按照规定的方法及时加以更正。只有经过审核无误后的记账凭证，才能作为登记账簿的依据。

四、记账凭证与原始凭证的区别

记账凭证和原始凭证同属于会计凭证，但二者存在着以下差别。

1. **填制人员不同**

原始凭证应由经办人员填制，而记账凭证一律由本单位会计人员填制。

2. **填制依据不同**

原始凭证根据发生或完成的经济业务填制，而记账凭证是根据审核后的原始凭证填制。

3. **填制方式不同**

原始凭证仅用以记录、证明经济业务已经发生或完成，而记账凭证则使用会计科目对已经发生或完成的经济业务进行归类、整理。

4. **发挥作用不同**

原始凭证是记账凭证的附件，是填制记账凭证的依据，而记账凭证是登记账簿的直接依据。

第四节 会计凭证的传递与保管

一、会计凭证的传递

（一）会计凭证传递的概念

会计凭证的传递，是指从会计凭证的取得或填制时起，经过审核、记账、装订到归档保管为止，在单位内部有关部门和人员之间按规定的时间、路线办理业务手续和进行处理的过程。会计凭证的传递，应满足内部控制制度的要求，使传递程序合理有效，同时要尽量节约传递时间，减少传递的工作量。

会计凭证的传递主要包括凭证的传递时间、传递手续和传递流程。会计凭证的传递时间，是指各种会计凭证在各个经办环节停留的时间。要求做到既要保证会计凭证及时传递，提高工作效率，又要做到不影响正常业务手续的完成。会计凭证的手续，是指在凭证传递过程中的衔接手续，应该既要完备严密，又要简便易行。会计凭证的收发、交接都应按规定的手续制度办理，以保证会计凭证的安全、完整。会计凭证的传递流程，是指各单位要根据经济业务的特点、机构设置以及人员分工情况，明确规定会计凭证的联次及流程。既要使会计凭证经过必要的环节进行审核和处理，又要避免会计凭证在不必要的环节停留，从而保证会计凭证沿着最简洁、最合理的路线传递。为加强企业内部管理、提高会计信息的质量，会计凭证的传递应根据实际情况的变化及时加以修改，以确保会计凭证传递的科学、严密和有效。

（二）会计凭证传递的作用

为了能够利用会计凭证及时反映各项经济业务，提供会计信息，发挥会计监督的作用，必须正确、及时地进行会计凭证的传递，不得积压，以确保会计核算能够及时、正常进行。正确组织会计凭证的传递，对于及时处理和登记经济业务，明确经济责任，实行会计监督，具有以下重要作用。

1. 有利于完善经济责任制度

经济业务的发生、完成及记录，是由若干责任人共同负责，分工完成的。会计凭证作为记录经济业务、明确经济责任的书面证明，体现了经济责任制度的执行情况。单位会计制度可以通过会计凭证传递程序和传递时间的规定，进一步完善经济责任制度，使各项业务的处理顺利进行。

2. 有利于及时进行会计记录

从经济业务的发生到账簿登记有一定的时间间隔，通过会计凭证的传递，使会计部门尽早了解经济业务发生和完成情况，并通过会计部门内部的凭证传递，及时记录经济业务，进行会计核算，实行会计监督。

二、会计凭证的保管

（一）会计凭证的保管概念

会计凭证的保管是指会计凭证记账后的整理、装订、归档和存查工作。会计凭证作为记账的依据，是重要的会计档案和经济资料。任何单位在完成经济业务手续和记账后，必须将会计凭证按规定的立卷归档制度形成会计档案资料，妥善保管，以便日后随时查阅。

（二）会计凭证的保管要求

对会计凭证的保管，既要做到安全和完整无缺，又要便于凭证的事后翻阅和查找。其主要要求如下。

（1）会计凭证应定期装订成册，防止散失。从外单位取得的原始凭证遗失时，应取得原签发单位盖有公章的证明，并注明原始凭证的号码、金额、内容等，由经办单位会计机构负责人、会计主管人员和单位负责人批准后，才能代作原始凭证。若确实无法取得证明的，如车票丢失，则应由当事人写明详细情况，由经办单位会计机构负责人、会计主管人员和单位负责人批准后，代作原始凭证。

（2）会计凭证封面要注明单位名称、凭证种类、凭证张数、起止号数、年度、月份、会计主管人员、装订人员等有关事项，会计主管人员和保管人员应在封面上签章。

（3）会计凭证应加贴封条，防止抽换凭证。根据财政部制定的规定：原始凭证不得外借，如因特殊原因需要使用原始凭证时，经本单位领导批准后，可以复制。

（4）原始凭证较多时可单独装订，但应在凭证封面注明所属记账凭证的日期、编号和种类，同时在所属的记账凭证上应注明“附件另订”及原始凭证的名称和编号，以便查阅。

（5）每年装订成册的会计凭证，在年度终了时可暂由单位会计机构保管一年，期满后应当移交本单位档案机构统一保管；未设立档案机构的，应当在会计机构内部指定专人保管。出纳人员不得兼管会计档案。

（6）严格遵守会计凭证的保管期限要求，期满前不得任意销毁。

下面通过会计凭证封面（见表5－12），示例说明会计凭证保管的要求。

表5－12　会计凭证封面

<table>
<tr><td colspan="4">单位名称：江城公司</td></tr>
<tr><td colspan="4">日期：自2020年12月1日起至2020年12月31日止</td></tr>
<tr><td colspan="2">凭证号数：自1号至20号</td><td colspan="2">凭证类别：记账凭证</td></tr>
<tr><td>册数：3</td><td>本月共：3册</td><td colspan="2">本册是第1册</td></tr>
<tr><td colspan="4">原始凭证、汇总凭证张数：共100张</td></tr>
<tr><td>全宗号：1</td><td>目录号：2</td><td colspan="2">案卷号：3</td></tr>
<tr><td>会计：张三</td><td>复核：王五</td><td>装订人：张三</td><td>2020年12月31日装订</td></tr>
</table>

（三）会计凭证的保管期限

1．保管期限

会计凭证的保管期限一般为30年。保管期未满，任何人都不得随意销毁会计凭证。

保管期满但未结清的债权、债务的原始凭证和涉及其他未了事项的原始凭证，不得销毁，应当单独抽出立卷，保管到未了事项完结时为止。

2. **会计凭证的销毁**

对超过所规定期限的会计凭证，要严格依照有关程序销毁。任何单位不得擅自销毁会计凭证，须永久保留的有关会计凭证，不能销毁。

复习思考题

1. 什么是会计凭证？准确填制和严格审查会计凭证有什么意义？
2. 会计凭证分为哪几类？它们有什么区别？
3. 对原始凭证的填写和审核有哪些要求和内容？
4. 对记账凭证的填写和审核有哪些要求和内容？
5. 正确、合理地组织会计凭证的传递有什么作用？

练习题

【目的】练习专用记账凭证的填制方法。

【资料】假定鸿达公司某年10月发生如下交易或事项：

(1) 10月3日，收到投资者投入的货币资金200 000元，已存入银行。原始凭证为银行存款通知单1张。

(2) 10月5日，用银行存款40 000元购入不需要安装设备一台（假定不考虑应交税费）。原始凭证为银行存款转账支票存根1张，销售设备企业发票1张。

(3) 10月10日，发出甲材料一批，实际成本12 000元，用于产品生产。原始凭证为领料单1张。

(4) 10月15日，从银行提取现金2 000元。原始凭证为现金支票存根1张，银行付款通知单1张。

(5) 10月17日，借入短期借款20 000元，已存入银行。原始凭证为借款合同1份，银行收款通知单1张。

(6) 10月18日，用银行存款35 000元偿还应付账款。原始凭证为银行存款转账支票存根1张，银行付款通知单1张。

(7) 10月22日，用银行存款30 000元偿还短期借款。原始凭证为银行存款转账支票存根1张，银行付款通知单1张。

(8) 10月24日，从立发公司购入乙材料一批，实际成本20 000元，货款已用银行存款支付（假定暂不考虑已交税费）。材料暂未入库。原始凭证为银行存款转账支票存根1张，销售材料企业发票1张。

(9) 10月28日，用现金1 000元购买企业管理部门使用的办公用品。原始凭证为销售商店发票1张。

(10) 10月30日，用银行存款20 000元偿还应付账款。原始凭证为银行存款转账支票存根1张，银行付款通知单1张。

【要求】根据所给交易或事项逐笔确定应当填制的专用记账凭证名称。

第六章
会计账簿

本章摘要

本章阐述了设置和登记会计账簿的基础知识。学习本章，学生应了解设置和登记会计账簿的意义和种类，明确各类账簿的格式和内容，掌握和运用登记账簿的方法和规则，以及对账和结账的要求和方法等方面的知识和技能。

内容导图

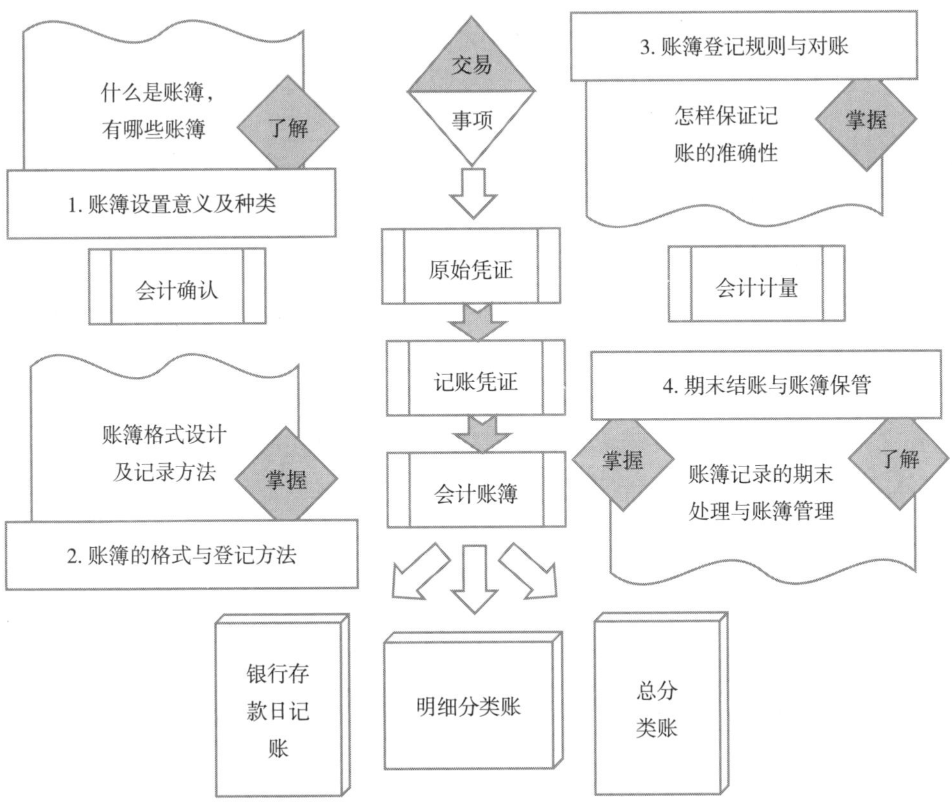

图 6－1　内容导图

第一节　会计账簿概述

一、会计账簿的概念

会计账簿，简称“账簿”，是指由具有一定格式、相互联系的账页所组成的，以经过审核的会计凭证为依据，用来序时、分类地全面记录一个企业、单位经济业务事项的会计簿籍。各单位应当按照国家统一的会计制度的规定和会计业务的需要设置会计账簿。

二、会计账簿的作用

设置和登记会计账簿，是编制财务报表的基础，是重要的会计核算基础工作，是连接会计凭证和会计报表的中间环节。科学地设置账簿和正确地登记账簿，对于全面完成会计核算工作具有以下重要意义。

（一）记载、储存会计信息

将会计凭证所记录的经济业务记入有关账簿，可以全面反映会计主体在一定时期内所发生的各项资金运动，储存所需要的各项会计信息。

（二）分类、汇总会计信息

账簿由不同的相互关联的账户所构成。通过账簿记录，一方面可以分门别类地反映各项会计信息，提供一定时期内经济活动的详细情况；另一方面可以通过发生额、余额计算，提供各方面所需要的总括会计信息，反映财务状况及经营成果。

（三）检查、校正会计信息

账簿记录是会计凭证信息的进一步整理。通过将账簿提供的账面数与实存数相核对，来检查账实是否相符，保护企业财产物资的安全、完整。

（四）编表、输出会计信息

为了反映一定日期的财务状况及一定时期的经营成果，应定期进行结账工作，进行有关账簿之间的核对，计算出本期发生额和余额，据以编制会计报表，向有关各方提供所需要的会计信息。

三、会计账簿的分类

会计账簿多种多样，不同类别的会计账簿，可以提供不同的信息，满足不同的需要，其用途、形式、内容和登记方法也都各不相同。会计账簿可以按其用途、账页格式和外形特征等不同标准进行分类。

（一）按用途分类

会计账簿按用途不同，可以分为序时账簿、分类账簿和备查账簿三种。

1. **序时账簿**

序时账簿，又称日记账，是按照经济业务发生或完成时间的先后顺序逐日逐笔进行登记的账簿。序时账簿是会计部门按照收到会计凭证号码的先后顺序进行登记的。序时账簿按其记录内容的不同，又分为普通日记账和特种日记账两种。

普通日记账是将企业每天发生的所有经济业务，不论其性质如何，按其先后顺序，编成会计分录记入账簿；特种日记账是按经济业务性质单独设置的账簿，它只把特定项目按经济业务顺序记入账簿，反映其详细情况，如库存现金日记账和银行存款日记账。特种日记账的设置，应根据业务特点和管理需要而定，特别是那些发生烦琐、需严加控制的项目，应予以设置。如：普通日记账、现金日记账、银行存款日记账。在实际工作中，因经济业务的复杂性，一般很少采用普通日记账，应用较为广泛的是特种日记账。在我国大多数单位，一般只设库存现金日记账和银行存款日记账，而不设置转账日记账和普通日记账。

2. **分类账簿**

分类账簿是对全部经济业务事项按照会计要素的具体类别而设置分类账户进行登记的账簿。在会计核算中，分类账簿是必须设置的主要账簿，它所提供的核算资料是编制会计报表的主要依据。分类账簿按其提供核算指标的详细程度不同，又分为总分类账和明细分类账。

总分类账，简称总账，是根据总分类科目（一级科目）开设账户，用来登记全部经济业务，进行总分类核算，提供总括核算资料的分类账簿。明细分类账，简称明细账，是根据总分类科目所属的明细科目开设账户，用来登记某一类经济业务，进行明细分类核算，提供明细核算资料的分类账簿。总分类账对明细分类账具有统驭和控制作用，明细分类账对总分类账具有辅助和补充说明的作用。

3. **备查账簿**

备查账簿，又称辅助账簿，是对某些在序时账簿和分类账簿等主要账簿中都不予登记或登记不够详细的经济业务事项进行补充登记时使用的账簿。它可以对某些经济业务的内容提供必要的参考资料。如租入固定资产登记簿、应收（付）票据登记簿、代销商品登记簿等。备查账簿没有固定格式，各单位可以依据实际情况设置。

（二）按账页格式分类

会计账簿按账页格式不同，可分为三栏式账簿、多栏式账簿、数量金额式账簿等。

1. **三栏式账簿**

三栏式账簿，是指设有借方、贷方和余额三个金额栏目的账簿。适用于只进行金额核算的资本、债权、债务的总账、明细账。如“应收账款”“应付账款”“实收资本”等账户的明细分类核算。三栏式账页的格式见表 6－1。

表6-1 三栏式账页

会计科目： 字 第 号

年		凭证		摘要	借方	贷方	借或贷	余额
月	日	字	号					

2. **多栏式账簿**

多栏式账簿，是指在账簿的两个基本栏目（借方或贷方）按照需要分设若干个专栏的账簿，用于登记明细项目多，记账方向又比较单一的交易或事项。适用于收入、成本、费用、利润和利润分配明细账。如“生产成本”“管理费用”“营业外收入”“本年利润”等账户的明细分类核算。多栏式账页的格式见表6-2。

表6-2 生产成本明细账

产品名称：

年		凭证		摘要	借方			合计
月	日	字	号		直接材料	直接人工	制造费用	

3. **数量金额式账簿**

数量金额式账簿，是指在借方、贷方和余额三个栏目内，都分设数量、单价和金额三小栏，以反映财产物资的实物数量和价值量。如：原材料、库存商品、产成品、固定资产明细账。数量金额式账页的格式见表6-3。

表6-3 原材料明细账

类别： 存放地点：

品名或规格： 计量单位：

年		凭证		摘要	收入			发出			结存		
月	日	字	号		数量	单价	金额	数量	单价	金额	数量	单价	金额

（三）按外形特征分类

会计账簿按外形特征不同，可分为订本式账簿、活页式账簿和卡片式账簿。

1. **订本式账簿**

订本式账簿，简称订本账，是在启用前将编有顺序页码的一定数量账页装订成册的账簿。优点是可以避免账页散失，防止账页被抽换，安全；缺点是同一账簿在同一时间只能由一人登记，这样不便于会计人员分工协作记账。在实际工作中，一般适用于重要的和具有统驭性的总分类账、现金日记账和银行存款日记账。（特种日记账，如库存现金日记账和银行存款日记账，以及总分类账必须采用订本式账簿形式）

2. **活页式账簿**

活页式账簿，简称活页账，是指将一定数量的账页置于活页夹内，可根据记账内容的变化而随时增加或减少部分账页的账簿。优点是可以根据实际需要增添账页，不会浪费账页，使用灵活，并且便于同时分工记账；缺点是账页容易散失和被抽换。在实际工作中，活页式账簿一般适用于明细分类账。

3. **卡片式账簿**

卡片式账簿，简称卡片账，是将一定数量的卡片式账页存放于专设的卡片箱中，账页可以根据需要随时增添的账簿。卡片式账簿一般适用于低值易耗品、固定资产等的明细核算，而在我国一般只对固定资产明细账采用卡片账形式。

四、会计账簿与账户的关系

账户是根据会计科目开设的，账户存在于账簿之中，账簿中的每一账页就是账户的存在形式和载体，没有账簿，账户就无法存在；账簿序时、分类地记载经济业务，是在个别账户中完成的。因此，账簿只是一个外在形式，账户才是它的真实内容。账簿与账户的关系，是形式和内容的关系。

第二节　会计账簿的内容、启用与登记要求

一、会计账簿的基本内容

各单位均应按照会计核算的基本要求和会计规范的有关规定，结合本单位经济业务的特点和经营管理的需要，设置必要的账簿，并认真做好记账工作。各种账簿的形式和格式多种多样，但均应具备下列组成内容。

（一）封面

主要标明账簿的名称，如总分类账簿、现金日记账、银行存款日记账等。

（二）扉页

扉页上主要载明账簿启用登记和经管人员一览表及账户目录。账簿启用登记和经管人员一览表应填列的主要内容包括单位名称、账簿名称、起止页数、启用日期、单位领导人、会计主管人员、记账人员、移交人员和移交日期、接管人员和接管日期等。账户

目录注明各个账户所在页次。现金日记账使用登记表如表6－4所示，账户目录如表6－5所示。

表6－4　现金日记账使用登记表

设计单位：北京市财政局

<table>
<tr><td colspan="4">使用者名称</td><td colspan="2">北京市××公司</td><td colspan="2">印鉴</td></tr>
<tr><td colspan="4">账簿编号</td><td colspan="2">1</td><td colspan="2" rowspan="7"></td></tr>
<tr><td colspan="4">账簿页数</td><td colspan="2">本账簿共使用　页</td></tr>
<tr><td colspan="4">启用日期</td><td colspan="2">年　月　日</td></tr>
<tr><td colspan="4">截止日期</td><td colspan="2">年　月　日</td></tr>
<tr><td rowspan="3">责任者盖章</td><td colspan="2">出纳</td><td>审核</td><td>主管</td><td>部门领导</td></tr>
<tr><td colspan="2">李四</td><td>王五</td><td>张三</td><td></td></tr>
<tr><td colspan="2"></td><td></td><td></td><td></td></tr>
<tr><td colspan="8">交接记录</td></tr>
<tr><td colspan="2">姓名</td><td colspan="3">交接日期</td><td>交接盖章</td><td colspan="2">监交人员</td></tr>
<tr><td colspan="2" rowspan="2"></td><td colspan="3">经管　年　月　日</td><td></td><td>职务</td><td>姓名</td></tr>
<tr><td colspan="3">交出　年　月　日</td><td></td><td></td><td></td></tr>
<tr><td colspan="2" rowspan="2"></td><td colspan="3">经管　年　月　日</td><td></td><td></td><td></td></tr>
<tr><td colspan="3">交出　年　月　日</td><td></td><td></td><td></td></tr>
<tr><td colspan="2" rowspan="2"></td><td colspan="3">经管　年　月　日</td><td></td><td></td><td></td></tr>
<tr><td colspan="3">交出　年　月　日</td><td></td><td></td><td></td></tr>
<tr><td>印花税票</td><td colspan="7"></td></tr>
</table>

表6－5　账户目录

账号	科目名称	页码	账号	科目名称	页码

（三）账页

账簿是用来记录经济业务事项的载体，其格式因反映经济业务内容的不同而有所不同。但账页上载明的内容应当包括账户的名称、日期栏、凭证号栏、摘要栏、借贷方科目栏和金额栏。

（四）封底

封底一般没有具体内容，但它与封面共同起着保护整个账簿记录完整的重要作用。

二、会计账簿的启用

新的会计年度开始，每个会计主体都应该启用新的会计账簿。启用会计账簿时，应当在账簿的有关位置记录以下相关信息。

（一）设置账簿的封面和封底

除订本账不另设封面以外，各种活页账都应设置封面和封底，并登记单位名称、账簿名称和所属会计年度。

（二）登记账簿启用及经管人员一览表

在启用新会计账簿时，应首先填写在扉页上印制的“账簿启用及交接表”中的启用说明，其中包括单位名称、账簿名称、账簿编号、起止日期、单位负责人、主管会计、审计人员和记账人员等项目，并加盖单位公章。在会计人员发生变更时，应办理交接手续并填写“账簿启用及交接表”中的交接说明。

（三）填写账户目录

总账应按照会计科目的编号顺序填写科目名称及启用页码。在启用活页式明细分类账时，应按照所属会计科目填写科目名称和页码，在年度结账后，撤去空白账页，填写使用页码。

三、会计账簿的登记要求

为了保证账簿记录真实、准确，必须根据审核无误的会计凭证登记入账，并符合有关法律、行政法规和国家统一的会计准则制度的规定。对于企业发生的各项经济业务，都要根据会计凭证记入有关账簿。会计账簿登记主要有以下要求。

（一）准确完整

登记会计账簿时，应当将会计凭证日期、编号、业务内容摘要、金额和其他有关资料逐项记入账内，做到数字准确、摘要清楚、登记及时、字迹工整。每一项会计事项，一方面要记入有关的总账，另一方面要记入该总账所属的明细账。账簿记录中的日期，应该填写记账凭证上的日期。

（二）注明记账符号

登记完毕后，要在记账凭证注明已经登账的符号，表示已经记账。在记账凭证上设有专门的栏目供注明记账的符号，避免重记或漏记。

（三）文字和数字必须整洁清晰，准确无误

摘要文字紧靠左线；数字要写在金额栏内，不得越格错位、参差不齐；文字、数字字体大小适中，紧靠下线书写，上面要留有适当空距，一般应占格宽的1/2，以备按规定的方法改错。记录金额时，如为没有角分的整数，应分别在角分栏内写上“0”，不得省略不写，或以“—”号代替。阿拉伯数字一般可自左向右适当倾斜，以使账簿记录整齐、清晰。为防止字迹模糊，墨迹未干时不要翻动账页。

（四）正常记账使用蓝黑墨水

登记账簿要用蓝黑墨水或者碳素墨水书写，不得使用圆珠笔或者铅笔书写。在账簿记录中，红字表示对蓝字的冲销、冲减数或表示负数。因此，只有在下列情况下，才可以用红字记账。

（1）按照红字冲账的记账凭证，冲销错误记录；

（2）在不设借贷等栏的多栏式账页中，登记减少数；

（3）在三栏式账户的余额栏前，如未印明余额方向的，在余额栏内登记负数余额；

（4）根据国家统一会计制度的规定可以用红字登记的其他方面。

（五）账页连续登记

各种账簿按页次顺序连续登记，不得跳行、隔页，更不得随便更换账页和撤出账页，作废的账页也要留在账簿中。如果发生跳行、隔页，应当将空行、空页划线注销，并注明“此行空白”“此页空白”字样，由记账人员签名或者盖章。

（六）结出余额

凡需要结出余额的账户，结出余额后，应当在“借或贷”等栏内写明“借”或者“贷”等字样。没有余额的账户，应当在“借或贷”等栏内写“平”字，并在余额栏内用“0”表示，并在其上划一条波浪线或斜线，表示没有余额。现金日记账和银行存款日记账必须逐日结出余额。

（七）过次承前

每一账页登记完毕结转下页时，应当结出本页合计数及余额，写在本页最后一行和下页第一行有关栏内，并在摘要栏内注明“过次页”和“承前页”字样。

（八）登记发生错误时

登记发生错误时，必须根据差错的具体情况采用划线更正法、红字更正法、补充登记法等方法更正，严禁刮、擦、挖、补或使用化学药物清除字迹。

第三节 会计账簿的格式与登记方法

一、日记账（序时账簿）的格式与登记方法

日记账又称序时账簿，是按经济业务发生和完成时间的先后顺序逐日逐笔进行登记的账簿。为了加强对货币资金的管理，使经济业务的时间顺序清晰地反映在账簿记录中，各单位都应当设置库存现金日记账和银行存款日记账，用以逐日核算和监督库存现金与银行存款的收入、支出和结存情况。日记账按其所核算和监督经济业务的范围，可分为普通日记账和特种日记账。

（一）普通日记账的格式和登记方法

普通日记账，也称两栏式日记账或分录日记账，一般只设借方和贷方两个金额栏，以便分别记入各项经济业务所确定的账户名称及借方和贷方的金额。其特点是将所有经济业务所涉及的会计科目，以会计分录的形式，按照所发生经济业务的先后顺序记入普通日记账，月末根据普通日记账的记录登记总分类账。登记普通日记账前不需要填制记账凭证，而是根据原始凭证和汇总原始凭证，直接登记普通日记账，其格式和内容见表6－6。

表6－6 普通日记账

2020年		原始凭证	摘要	对应账户	分类账页	借方	贷方
月	日						
12	1	转账支票	收到某单位所欠货款	银行存款		20 000	
				应收账款			20 000
12	2	发货票	购买办公用品	管理费用		1 000	
		转账支票		银行存款			1 000

（二）特种日记账的格式和登记方法

特种日记账是核算和监督某一特定种类的经济业务的发生和完成情况的账簿，包括现金日记账、银行存款日记账、转账日记账等。在我国，一般单位都应当设置库存现金日记账和银行存款日记账，用来序时登记现金和银行存款的收入、支出及结存情况，借以加强对货币资金的管理。

1. 库存现金日记账的格式和登记方法

库存现金日记账是用来核算和监督库存现金每天的收入、支出和结存情况的账簿，

其格式主要为三栏式日记账，且必须使用订本账。三栏式库存现金日记账的格式和内容见表6－7。

表6－7　库存现金日记账

2020年		凭证		摘要	对方科目	借方	贷方	余额
月	日	字	号					
12	1			月初余额				4 000
	2	现付	1	支付采购材料装卸费	在途物资		320	
	2	银付	1	从银行提取现金备发工资	银行存款	50 000		
	2	现付	2	张三预借差旅费	其他应收款		2 000	
	2	现收	1	李四报销差旅费退回余款	其他应收款	160		
	2			本日合计		50 160	2 320	51 840
……		……	……	……	……	……	……	……
	31			本日合计		6 400	8 200	3 050
	31			本月合计		143 100	144 050	3 050

现金日记账由出纳人员根据同现金收付有关的记账凭证，按时间顺序逐日逐笔进行登记，并根据“上日余额＋本日收入－本日支出＝本日余额”的公式，逐日结出现金余额，与库存现金实存数核对，以检查每日现金收付是否有误。

库存现金日记账（三栏式日记账）的具体登记方法如下：

（1）日期栏：登记记账凭证的日期，应与库存现金实际收付日期一致。

（2）凭证栏：登记入账的收、付款凭证的种类和编号，“库存现金收（付）款凭证”，简写为“现收（付）”；“银行存款付款凭证”，简写为“银付”。凭证栏还应登记凭证的编号数，以便查账和核对。

（3）摘要栏：简要说明登记入账的经济业务的内容。

（4）对方科目栏：登记现金收入或支出的对方科目名称。如从银行提取现金，其对方科目为“银行存款”。对方科目栏的作用在于了解经济业务的来龙去脉。

（5）借方、贷方及余额栏：登记库存现金实际收付的金额。每日终了，应分别计算库存现金收入和支出的合计数，并结出余额。同时，将余额与出纳员保管的库存现金实存数核对，即通常说的“日清”，以检查每日库存现金收付是否有误。如账款不符，应查明原因，并记录备案。月终，同样要计算出全月库存现金收入、支出合计数和结存数，通常称为“月结”。

2．银行存款日记账的格式和登记方法

银行存款日记账是用来核算和监督银行存款每日的收入、支出和结余情况的账簿。银行存款日记账应按企业在银行开立的账户和币种分别设置，每个银行账户设置一本日记账。银行存款日记账的格式和登记方法与现金日记账相同。三栏式银行存款日记账的格式和内容见表6－8。

表 6－8　银行存款日记账

2020 年		凭证		摘要	现金支票号码	转账支票号码	对方科目	借方	贷方	余额
月	日	字	号							
12	1			月初余额						30 000
	2	银付	1	提取现金	0968		库存现金		5 000	
	2	银付	2	支付购物款		1 736	在途物资		4 680	
	2	银收	1	收回销货款			应收账款	2 340		
	2			本日合计				2 340	9 680	22 660
	……	……	……	……	……	……	……	……	……	……
	31			本日合计				5 200	2 400	31 680
	31			本月合计				90 860	89 180	31 680

（1）日期栏：登记记账凭证的日期，应与银行存款实际收付日期一致。

（2）凭证栏：登记入账的收、付款凭证的种类和编号（与库存现金日记账的登记方法一致）。

（3）摘要栏：简要说明登记入账的经济业务的内容。

（4）现金支票号码和转账支票号码栏：如果所记录的经济业务是以支票付款结算的，应在这两栏内填写相应的支票号码，以便与开户银行对账。

（5）对方科目栏：登记银行存款收入或支出的对方科目名称。如开出一张支票用于支付购物款，其对方科目为“在途物资”。

（6）借方、贷方、余额栏：登记银行存款实际收付的金额。每日终了，分别计算银行存款的收入和支出的合计数，并结出余额，做到日清；月终，应计算出银行存款全月收入、支出合计数和结存数，做到月结。

二、总分类账的格式与登记方法

（一）总分类账的格式

总分类账是按照总分类账户分类登记以提供总括会计信息的账簿。在总分类账中，应按照总账科目的编码顺序分别开设账户。由于总分类账一般都采用订本式账簿，所以应事先为每个账户预留若干账页。由于总分类账能够全面、总括地反映经济活动情况，并为编制会计报表提供资料，因而任何单位都要设置总分类账。总分类账的格式一般有三栏式和多栏式两种，大多数总分类账一般采用借方、贷方、余额三栏式的订本账。

（二）总分类账的登记方法

总分类账可以根据各种记账凭证逐笔登记，也可以将一定时期的各种记账凭证先汇总编制成科目汇总表或汇总记账凭证，再据以登记总账。三栏式总分类账的格式见表6－9。

表6－9　应收账款总账

2020年		汇总表号	起止凭证号	借方	贷方	借贷	余额
月	日						
1	1		期初余额			借	1 765 538.00
1	31	1	1－46	264 365.00	787 278.00	借	1 242 625.00
1	31		本月合计	264 365.00	787 278.00	借	1 242 625.00
			本年累计	264 365.00	787 278.00	借	1 242 625.00
2	29	2	47－74	751 310.00	55 848.00	借	1 938 087.00
2	29		本月合计	751 310.00	55 848.00	借	1 938 087.00
2	29		本年累计	1 015 675.00	843 126.00	借	1 938 087.00

三、明细分类账的格式与登记方法

（一）明细分类账的格式

明细分类账是根据二级账户或明细账户开设账页，分类、连续地登记经济业务以提供明细核算资料的账簿，可根据管理需要设置，依据记账凭证、原始凭证或汇总原始凭证进行登记。其格式主要有三栏式、多栏式、数量金额式等。

1．三栏式明细分类账

三栏式明细分类账是设有借方、贷方和余额三个栏目，用以分类核算各项经济业务，提供详细核算资料的账簿，其格式与三栏式总账格式相同，适用于只进行金额核算的资本、债权、债务明细账，如“应收账款”“短期借款”“实收资本”“资本公积”等账户所属的明细分类账。三栏式明细分类账的账页格式和内容见表6－10。

表 6－10　应收账款明细账

明细科目：江城公司　　　　　　　　　　　　本户页次____ 总页____

2020 年		凭证		摘要	借方	贷方	借或贷	余额
月	日	字	号					
3	1			月初余额			借	50 000
	2	银收	1	收回赊销货款		50 000	平	0
	5	转	8	赊销产品	27 000		借	27 000
	31			本月合计	27 000	50 000	借	27 000

2. **多栏式明细分类账**

多栏式明细分类账是将属于同一个总账科目的各个明细科目合并在一张账页上进行登记，适用于收入、成本、费用类科目的明细核算，如“生产成本”“管理费用”“主营业务收入”等账户的明细分类核算。多栏式生产成本明细分类账格式见表 6－11。

表 6－11　生产成本明细账

产品名称：甲产品　　　　　　　　　　　　本户页次____ 总页____

2020 年		凭证		摘要	借方发生额	借方			余额
月	日	字	号			直接材料	直接人工	制造费用	
12	1			月初余额		28 000	14 000	12 000	54 000
12	31	转	12	生产耗用材料	113 000	113 000			
	31	转	14	分配直接人工费	40 000		40 000		
	31	转	20	分配制造费用	36 000			36 000	
12	31	转	30	结转完工产品成本	243 000	141 000	54 000	48 000	0

注：月末结转时用红字登记

3. **数量金额式明细分类账**

数量金额式明细分类账其借方（收入）、贷方（发出）和余额（结存）都分别设有数量、单价和金额三个专栏，适用于既要进行金额核算，又要进行实物数量核算的各种财产物资明细账，如“原材料”“库存商品”等账户所属的明细分类账。数量金额式明细分类账的账页格式和内容见表 6－12。

表 6－12　原材料明细表

类别：　　　　　　　　　　　　　　　　　　　编号：0216
计量单位：千克　　　　名称及规格：A 材料　　　　最高储备量：
存放地点：2 号库　　　储备定额：　　　　　　　　最低储备量：

2020 年		凭证		摘要	收入			发出			结存		
月	日	字	号		数量	单价	金额	数量	单价	金额	数量	单价	金额
3	1			月初余额							40	1 500	60 000
	5	转	14	验收入库	70	1 480	103 600				110		
	7	转	27	生产产品领用				60			50		

（二）明细分类账的登记方法

不同类型经济业务的明细分类账，可根据专用记账凭证、通用记账凭证及原始凭证，按照交易或事项发生的时间顺序逐笔登记。需要提醒注意的是：对明细分类账簿不能采用汇总登记的方法。

对于只设有借方的多栏式明细分类账，平时在借方登记“制造费用”“管理费用”“主营业务收入”等账户的发生额，贷方登记月末将借方发生额一次转出的数额，所以平时如果发生贷方发生额，应该用红字在多栏式账页的借方栏中登记表示冲减。对于只设有贷方的多栏式明细分类账，平时在贷方登记“主营业务收入”“营业外收入”等账户的发生额，借方登记月末将贷方发生额一次转出的数额，所以平时如果发生借方发生额，应该用红字在多栏式账页的贷方栏中登记表示冲减。明细分类账一般应于会计期末结算出当期发生额及期末余额。

四、总分类账户与明细分类账户的关系及平行登记

（一）总分类账户与明细分类账户的关系

1. 总分类账户对明细分类账户具有统驭控制作用

总分类账户提供的总括核算资料是对有关明细分类账户资料的综合；明细分类账户所提供的明细核算资料是对其总分类账户核算资料的具体化。总分类账是按照总分类账户分类登记经济业务的账簿，是所属明细分类账户的统驭账户，对所属明细分类账户起着控制作用。

2. 明细分类账户对总分类账户具有补充说明作用

总分类账户是对会计要素各项目增减变化的总括反映，提供总括的资料；而明细分

类账户反映的是会计要素各项目增减变化的详细情况，提供某一具体方面的详细资料，有些明细分类账户还可以提供实物数量指标和劳动量指标等。明细分类账是按照明细分类账户分类登记经济业务的账簿，是总分类账户的从属账户，对其所隶属的总分类账户起着辅助作用。

3. 总分类账户与其所属明细分类账户在总金额上应当相等

由于总分类账户与其所属明细分类账户是根据相同的依据来进行平行登记，所反映的经济内容是相同的，其总金额必然相等。

（二）总分类账户与明细分类账户的平行登记

总分类账户及其所属明细分类账户的核算对象是相同的，它们所提供的核算资料互相补充，只有把二者结合起来，才能既总括又详细地反映同一核算内容。因此，总分类账户和明细分类账户必须平行登记。

所谓总分类账户与明细分类账户的平行登记，是指对所发生的每项经济业务都要以会计凭证为依据，一方面计入有关总分类账户，另一方面也要计入有关总分类账户所属的明细分类账户的方法。平行登记便于账户核对和检查，纠正错误和遗漏。采用平行登记规则，应注意以下要点。

1. 登记的依据相同

对于发生的每一项经济业务，都应根据审核无误后的同一记账凭证及所附原始凭证，一方面记入有关总分类账户；另一方面记入该总分类账户所属的各有关明细分类账户。

2. 登记的内容相同

凡是在总分类账户下设有明细账户的，当每一项经济业务发生后，一方面要登记有关的总分类账户，另一方面要登记这些总分类账户所属的明细分类账户。

3. 登记的方向一致（借贷方向相同）

即如果登记总账时是记借方，则登记其所属的明细账也是记借方；如果登记总账时是记贷方，则登记其所属的明细账也是记贷方。

4. 登记的金额相等

计入总分类账户的金额与计入其所属明细分类账户的合计金额相等。

一般情况下，根据上述平行登记规则记账之后，总分类账与明细分类账之间会产生下列数量关系。

（1）总分类账有关账户本期发生额与其所属各明细分类账户本期发生额合计数相等。

（2）总分类账有关账户期末余额与其所属各明细分类账户期末余额之和相等。

第四节　对账与结账

一、对账

（一）对账的概念

对账，即核对账目，是指在本期内对账簿记录进行核对。对账工作的开展，是为了保证各种账簿记录完整和正确，为编制财务会计报告提供真实可靠的数据资料。

（二）对账的内容

对账工作一般在月末进行，即在记账之后、结账之前进行。对账是把会计账簿记录的有关数据与库存实物、货币资金、有价证券等的相关资料和情况进行核对，包括与往来单位或者个人进行的相关核对。对账一般可以分为账证核对、账账核对和账实核对。

1．账证核对

账证核对，是指将会计账簿记录与原始凭证、记账凭证进行核对，包括核对时间、凭证字号、内容摘要、金额是否一致，记账方向是否相同，以保证过账的准确性。账簿是根据经过审核之后的会计凭证登记的，但实际工作中仍然可能发生账证不符的情况。因此，在日常编制凭证和记账过程中及到了会计期末，要将账簿记录与会计凭证进行核对，做到账证相符。

2．账账核对

账账核对，是指将各种账簿之间的有关记录进行核对。具体内容主要包括以下几个方面。

（1）总分类账与其明细分类账核对。主要核对总分类账各账户借方期末余额合计数与贷方期末余额合计数是否相等，借方本期发生额合计数与贷方本期发生额合计数是否相等，以检查总分类账户的登记是否正确。

（2）总分类账与其明细分类账核对。主要核对总分类账各账户的期末余额与所属各明细分类账户的期末余额之和是否相等，总分类账各账户的本期发生额与所属各明细分类账户的本期发生额之和是否相等，以检查各明细分类账的登记是否正确。

（3）总分类账与日记账核对。主要核对总分类账中“库存现金”和“银行存款”账户的期末余额与相对应的日记账的期末余额是否相等，以检查日记账的登记是否正确。

（4）会计部门的财产物资明细账与财产物资保管和使用部门的有关明细账核对。主要核对会计部门的各种财产物资明细账期末余额与财产物资保管和使用部门的有关财产物资明细账期末余额是否相等，以检查双方的记录是否正确。

3．账实核对

账实核对，是指各项财产物资、债权债务等账面余额与实存数额之间的核对。具体内容主要包括以下几个方面。

（1）库存现金日记账账面余额与实地盘点的库存现金实有数相核对。

（2）银行存款日记账账面余额与开户银行账目（银行对账单）余额相核对。

（3）各种财产物资明细分类账账面余额与其清查盘点后的实存数相核对。

（4）各种应收、应付款明细分类账账面余额与有关债务、债权单位的账目余额相核对。

二、结账

（一）结账的概念

结账，是指在将本期内所发生的经济业务全部登记入账的基础上，在会计期末按照规定的方法结算出每个账户的本期发生额和期末余额，并将期末余额转入下期或下年新账。结账的内容通常包括两个方面：一是结清各种损益类账户，据以计算确定本期利润；二是结出各资产、负债和所有者权益账户的本期发生额合计数和期末余额。

（二）结账的程序

（1）结账前，必须将本期内发生的各项经济业务全部登记入账。若发现漏记、重记和错记，应及时补记、冲销或更正。

（2）按权责发生制的要求，进行账项调整的账务处理，并在此基础上，进行其他有关转账业务的账务处理，以计算确定本期的成本、费用、收入和利润。

（3）结账时，应结出库存现金日记账、银行存款日记账以及总分类账和明细分类账各账户的本期发生额和期末余额，并将期末余额结转下期。

（4）将损益类账户转入“本年利润”账户，结平损益类账户。

（5）结算出资产、负债和所有者权益账户的本期发生额和余额，并结转至下期。

需要说明的是：不能为了赶制财务会计报告而提前结账，不能将本期发生的经济业务延至下期登账，也不能先编制财务会计报告而后结账。

（三）结账的方法

会计人员应按照规定，对库存现金、银行存款日记账按日结账，对其他账户按月、季、年结账。结账时，应结出每个账户的期末余额。需要结出当月、当季发生额和本年累计发生额的（如各项损益类账户），应在摘要栏内注明“本月合计”“本季合计”和“本年累计”字样。

1. 月结

每月结账时，应在各账户本月份最后一笔经济业务下面划一条通栏单红线，表示“本月记录到此结束”；在下一行的“摘要”栏中注明“本月合计”或“本月发生额及余额”字样；在“借方”栏、“贷方”栏或“余额”栏分别填入本月合计数和月末余额，同时在“借或贷”栏内注明借贷方向。然后，在“本月合计”行下面再划一条通栏单红线，以便与下月发生额划清。

2. 季结

办理季结时，应在各账户本季度最后一个月的月结下面一行的摘要栏内注明“本季合计”或“本季发生额及余额”字样，并结算出本季发生额及季末余额；然后，在该栏下面划一条通栏单红线，表示完成季结工作。

3. **年结**

年终结账时，所有总账账户都应在12月份月结下面（须办理季结的，应在第四季度的季结下面）结出全年发生额和年末余额。在摘要栏内注明“本年合计”或“年度发生额及余额”字样，并在“合计”栏下划通栏双红线。

第五节 错账查找与更正的方法

一、错账查找方法

在对账过程中，可能发生各种各样的差错。产生差错的原因可能是重记、漏记、数字颠倒、数字错位、数字记错、科目记错和借贷方向记反等，为保证会计信息的准确性，应及时找出差错，并予以更正。错账查找的方法很多，一般分为全面检查和局部抽查两种。

（一）全面检查

全面检查是对一定时期内的账目逐笔核对的方法。按照查找的顺序与记账程序的方向是否相同，又可分为顺查法和逆查法。

1. **顺查法**

顺查法是指按照记账的顺序，从原始凭证到记账凭证，再到账簿顺次查找的方法。顺查法按照记账的先后顺序查找，有利于全面检查账簿记录的正确性，但查找的工作量大，适用于错账较多，难以确定查找方向与重点范围的情况。

2. **逆查法**

逆差法是指与记账顺序相反，从错账的位置开始，逆向查找错误原因的方法。这种方法能减少查找的工作量，实际工作中使用较多。

（二）局部检查

局部抽查是针对错误的数字抽查账目的方法。局部抽查包括差数法、尾数法、除2法、除9法等具体方法。

1. **差数法**

差数法是按照错账的差数查找错账的方法。这种方法主要用以查明是否有重记或漏记，在记账过程中只登记了会计分录的借方或贷方，漏记了另一方，从而使得试算平衡中借方合计与贷方合计不等的情况。

例如，会计凭证上记录的是：

借：应交税费——应交消费税　　32 500
　　　　　　——城市维护建设税　　2 275
　　　　　　——教育费附加　　975
　贷：银行存款　　35 750

若会计人员在登记明细账时漏记了城市维护建设税 2 275 元，那么在进行应交税费总账和明细账核对时，就会出现总账借方余额比明细账借方余额多 2 275 元的现象。对于这样的差错，可由会计人员通过回忆和相关金额的记账核对来查找。

2. 尾数法

尾数法是指对于发生的角、分的差错，可以只查找小数部分，以提高查错的效率。例如，只差 0.07 元，只需看一下尾数有“0.07”的金额，看是否已将其登记入账。

3. 除 2 法

除 2 法是指以差数除以 2 来查找错账的方法。当账账、账证或账实不符，且差数为偶数时，应首先检查记账方向是否发生错误。在记账时，有时由于会计人员疏忽，错将借方金额登记到贷方或将贷方金额登记到了借方，这必然会出现一方合计数增多，而另一方合计数减少的情况，其差额恰是记错方向数字的 1 倍，且差数是偶数。对于这种错误的检查，可用差错数除以 2，得出的商数就是方向记反的那笔数字，然后再到账目中去寻找差错的数字就有了一定的目标。

例如，会计凭证上记录的是：

借：其他应收款——总务科　　　　　　500

　贷：库存现金　　　　　　　　　　　　500

登记明细账时，错把“其他应收款”登记入贷方，总账与明细账核对时，余额就会出现 1 000 元的差数，将 1 000 元除以 2，正好是贷方记错的 500 元。

4. 除 9 法

除 9 法是指用对账差额除以 9 来查找差错的一种方法，主要适用于下列两种错误的查找。

（1）数字错位。查找错误时，如果差错的数额较大，就应该检查一下是否在记账时发生了数字错位。在登记账目时，会计人员有时会看错位数，把十位数看成百位数，百位数看成了千位数；也可能把百位数看成十位数，千位数看成百位数。在这种情况下，差错数额一般比较大，可以用除 9 法进行检查。例如，将 50 元看成了 500 元并登记入账，此时在对账时就会出现余额差 500 - 50 = 450（元），用 450 元除以 9，商为 50 元，50 元就是应该记录的正确的数额，即商数为差错数。

（2）相邻数字颠倒错误的查找。记账时，有时易将相邻的两位数或三位数的数字登记颠倒了。例如，将 76 记成 67，415 记成了 514，它们的差值分别是 9 和 99，都可以被 9 整除，以此判断错误可能出现在哪些业务上。

二、错账更正方法

如果账簿记录发生错误，应按规定的方法予以更正，不准涂改、刮擦、挖补或用修正液消除字迹，更不能重新抄写。错账的更正方法通常有划线更正法、红字更正法和补充登记法。

（一）划线更正法

划线更正法又称红线更正法。在结账以前，如果发现账簿记录有错误，而记账凭证没有错误，仅属于记账时文字或数字上的笔误，应采用划线更正法。更正的方法是：先将错误的文字或数字用一条红色横线划去，表示注销；再在划线的上方用蓝色字迹写上正确的文字或数字，并在划线处由更正人盖章，以明确责任。但要注意划掉错误数字时，应将整笔数字划掉，不能只划掉其中一个或几个写错的数字，并保持被划去的字迹仍可清晰辨认。划线更正法更正错账的方法见表6－13。

表6－13　库存现金日记账

年		凭证		摘要	对方科目	借方	贷方	借或贷	余额
月	日	字	号	期初余额					50 000.00
				略		100 ~~3 000.00~~			50 100.00

（二）红字更正法

红字更正法是指由于记账凭证错误而使账簿记录发生错误，用红字冲销原记账凭证，以更正账簿记录的一种方法。红字更正法适用于以下两种情况。

（1）记账以后，如果发现账簿记录的错误，是因记账凭证中的应借、应贷会计科目或记账方向有错误而引起的，应用红字更正法进行更正。更正的方法是：先用红字金额填写一张会计科目与原错误记账凭证完全相同的记账凭证，在“摘要”栏中写明“冲销错账”，并据以用红字登记入账，以冲销原来错误的账簿记录；然后，再用蓝字或黑字填写一张正确的记账凭证，在“摘要”栏中写明“更正错账”，并据以用蓝字或黑字登记入账。

【例6－1】美登公司购入行政管理部门用办公用品4 700元，用银行存款支付。在填制记账凭证时，误记入“库存现金”科目，并已据以登记入账，其错误记账凭证所反映的会计分录是：

借：管理费用　　4 700

　贷：库存现金　　4 700

该项业务的会计分录应贷记“银行存款”科目。在更正时，应用红字金额填制一张记账凭证冲销原会计分录，并据以登记入账，冲销原错误的账簿记录。

借：管理费用　　4 700

　贷：库存现金　　4 700

然后再用蓝字或黑字填制一张正确的记账凭证，并据以登记入账。

借：管理费用　　4 700

　贷：银行存款　　4 700

（2）记账以后，如果发现记账凭证和账簿记录的金额有错误（所记金额大于应记的正确金额），而应借、应贷的会计科目没有错误，应用红字更正法进行更正。更正的方法是：将多记的金额用红字填制一张记账凭证，而应借、应贷会计科目与原错误记账凭证相同，在“摘要”栏写明“冲销多记金额”，并据以登记入账，以冲销多记的金额。

【例6－2】美登公司的生产车间领用一批原材料，价值800元。在填制记账凭证时，误记金额为8 000元，但会计科目、借贷方向均没有错误，并已据以登记入账。其错误记账凭证所反映的会计分录是：

借：生产成本　　8 000
　贷：原材料　　8 000

更正时，应将多记的金额7 200元用红字编制如下的记账凭证，并登记入账。

借：生产成本　　7 200
　贷：原材料　　7 200

（三）补充登记法

记账以后，如果发现记账凭证和账簿记录的金额有错误（所记金额小于应记的正确金额），而应借、应贷的会计科目没有错误，应用补充登记法进行更正。更正的方法是：将少记的金额用蓝字或黑字填制一张应借、应贷会计科目与原错误记账凭证相同的记账凭证，在“摘要”栏中写明“补充少记金额”，并据以登记入账，以补充登记少额。

【例6－3】美登公司接受外单位投入资金180 000元，已存入银行。在填制记账凭证时，误将其金额写为150 000元，并已登记入账。

借：银行存款　　150 000
　贷：实收资本　　150 000

发现错误后，应将少记的金额（30 000元）用蓝字编制一张与原记账凭证应借、应贷科目完全相同的记账凭证，并据以登记入账。

借：银行存款　　30 000
　贷：实收资本　　30 000

第六节　会计账簿的更换与保管

一、会计账簿的更换

会计账簿的更换是指会计年度终了，将上年旧账更换为次年新账，通常在新会计年度建账时进行。更换新账的程序是：年度终了，在本年有余额的账户“摘要”栏内注明“结转下年”字样。在更换新账时，注明各账户的年份，在第一行“日期”栏内写明1月1日；“凭证种类号数”栏空置不填；在新账“摘要”栏内注明“上年结转”字样，将各账户的年末余额直接抄写入新账余额栏内，并注明余额的借贷方向。过入新账的有关账簿余额的结转事项，不需要编制记账凭证。

在新的会计年度建账并不是所有账簿都更换为新的。一般来说，现金日记账、银行存款日记账、总分类账、大多数明细分类账应每年更换一次。但是，有些财产物资明细账和债权债务明细账，由于材料品种、规格和往来单位较多，更换新账，重抄一遍，工作量较大，因此，可以跨年度使用，不必每年更换一次。第二年使用时，可直接在上年终了的双红线下面记账。固定资产明细账由于一年内变化不大可以连续使用，各种备查账簿也可以连续使用。

二、会计账簿的保管

会计账簿是各单位重要的经济资料，必须建立管理制度，妥善保管。账簿管理分为平时管理和归档保管两部分。

（一）账簿平时管理的具体要求

各种账簿要分工明确，指定专人管理，账簿经管人员既要负责记账、对账、结账等工作，又要负责保证账簿安全。会计账簿未经领导和会计负责人或者有关人员批准，非经管人员不能随意翻阅查看会计账簿。会计账簿除需要与外单位核对外，一般不能携带外出，对携带外出的账簿，一般应由经管人员或会计主管人指定专人负责。会计账簿不能随意交与其他人员管理，以保证账簿安全和防止任意涂改账簿等问题发生。

（二）旧账归档保管

年度终了更换并启用新账后，对更换下来的旧账要整理装订，造册归档。归档前旧账的整理工作包括：检查和补齐应办的手续，如改错盖章、注销空行及空页、结转余额等。活页账应撤出未使用的空白账页，再装订成册，并注明各账页号数。旧账装订时应注意：活页账一般按账户分类装订成册，一个账户装订成一册或数册；某些账户账页较少，也可以合并装订成一册。装订时应检查账簿扉页的内容是否填写齐全。装订后应由经办人员及装订人员、会计主管人员在封口处签名或盖章。旧账装订完毕应编制目录和编写移交清单，然后按期移交档案部门保管。各种账簿同会计凭证和会计报表一样，都是重要的经济档案，必须按照制度统一规定的保存年限妥善保管，不得丢失和任意销毁。根据《会计档案管理办法》的规定，总分类账、明细分类账、辅助账、日记账均应保存15 年。其中，库存现金、银行存款日记账要保存 25 年，涉外和对私改造账簿应永久保存。保管期满后，应按照规定的审批程序报经批准后才能销毁。

复习思考题

1. 会计账簿有什么作用？
2. 总账、明细账、日记账和辅助账簿有什么区别？其各自的作用是什么？
3. 活页账与订本账各有什么特点？卡片账适用于哪几类账户？
4. 明细分类账页有哪几种格式？
5. 登记账簿有哪些规则？如何更正错账？
6. 账簿的更换和保管要注意哪些方面？
7. 为什么要对账？应从哪几方面进行对账？
8. 月度结账与年度结账的方法有什么区别？

练习题

习题一

【目的】练习登记银行存款和现金日记账。

【资料】某厂20××年7月31日银行存款日记账余额为300 000元、现金日记账余额为3 000元。该厂8月上旬发生下列银行存款和现金收付业务（假定不考虑增值税）。

1. 8月1日，投资者投入现金25 000元，存入银行（银收801号）。
2. 8月1日，以银行存款10 000元归还短期借款（银付801号）。
3. 8月2日，以银行存款20 000元偿付应付账款（银付802号）。
4. 8月2日，将现金1 000元存入银行（现付801号）。
5. 8月3日，用现金支付职工预借差旅费800元（现付802号）。
6. 8月3日，从银行提取现金2 000元备用（银付803号）。
7. 8月4日，收到应收账款50 000元，存入银行（银收802号）。
8. 8月5日，以银行存款40 000元支付购买材料款（银付804号）。
9. 8月5日，以银行存款10 000元支付购入材料运费（银付805号）。
10. 8月6日，从银行提取现金18 000元，准备发放工资（银付806号）。
11. 8月6日，用现金18 000元发放职工工资（现付803号）。
12. 8月7日，以银行存款支付本月电费1 800元（银付807号）。
13. 8月8日，销售产品一批，收到货款51 750元，存入银行（银收803号）。
14. 8月9日，用银行存款支付销售费用410元（银付808号）。
15. 8月10日，用银行存款缴纳税金及附加3 500元（银付809号）。

【要求】登记银行存款日记账和现金日记账。

习题二

【目的】练习错账更正方法。

【资料】某工业生产企业将账簿记录与记账凭证进行核对时，发现下列经济业务内容的账簿记录有误。

1. 开出现金支票600元，支付企业管理部门日常零星开支。原编记账凭证的会计分录如下：

借：管理费用　　　　600
　贷：库存现金　　　　600

2. 签发转账支票48 000元，预付办公用房修理费。分2年摊销。原编记账凭证的会计分录如下：

借：管理费用　　　　48 000
　贷：银行存款　　　　48 000

3. 结转本月实际完工产品的生产成本49 000元。原编记账凭证的会计分录如下：

借：库存商品　　　　94 000
　贷：生产成本　　　　94 000

4. 收到购货单位偿还上月所欠货款7 600元。原编记账凭证的会计分录如下：

借：银行存款　　　　6 700

贷：应收账款　　6 700

5. 计提本月管理部门固定资产折旧费 4 100 元。原编记账凭证的会计分录如下：

借：管理费用　　1 400

　贷：银行存款　　1 400

6. 结算本月应付职工工资，其中：生产工人工资为 14 000 元，管理人员工资为 3 400 元。原编记账凭证的会计分录如下：

借：生产成本　　14 000

　　管理费用　　3 400

　贷：应付职工薪酬　　17 400

登记该转账凭证时，其“管理费用”账户借方金额误记为 4 300 元。

7. 结转本期主营业务收入 480 000 元。原编记账凭证的会计分录如下：

借：本年利润　　450 000

　贷：主营业务收入　　450 000

8. 用银行存款支付所欠供货单位货款 7 600 元。原编记账凭证的会计分录如下：

借：应付账款　　9 600

　贷：银行存款　　9 600

9. 以现金支付办公人员预借差旅费 2 000 元。原编记账凭证的会计分录如下：

借：其他应付款　　2 000

　贷：库存现金　　2 000

10. 车间管理人员出差回来报销差旅费 1 900 元，交回现金 100 元，予以转账。原编记账凭证的会计分录如下：

借：管理费用　　1 900

　　库存现金　　100

　贷：其他应收款　　2 000

【要求】将上列各项经济业务的错误记录，分别以适当的更正错账方法予以更正。

第七章 企业主要经济业务的账务处理

本章摘要

本章将运用在前六章中所学的会计基本理论和会计方法知识，结合一般企业筹资活动、经营活动以及经营成果的形成与分配等主要交易或事项的实际，全面探讨其账务处理的基本方法，以便达到熟练应用这些理论和方法的目的。本章主要介绍一般企业的性质及其各类交易或事项的账务处理方法。

内容导图

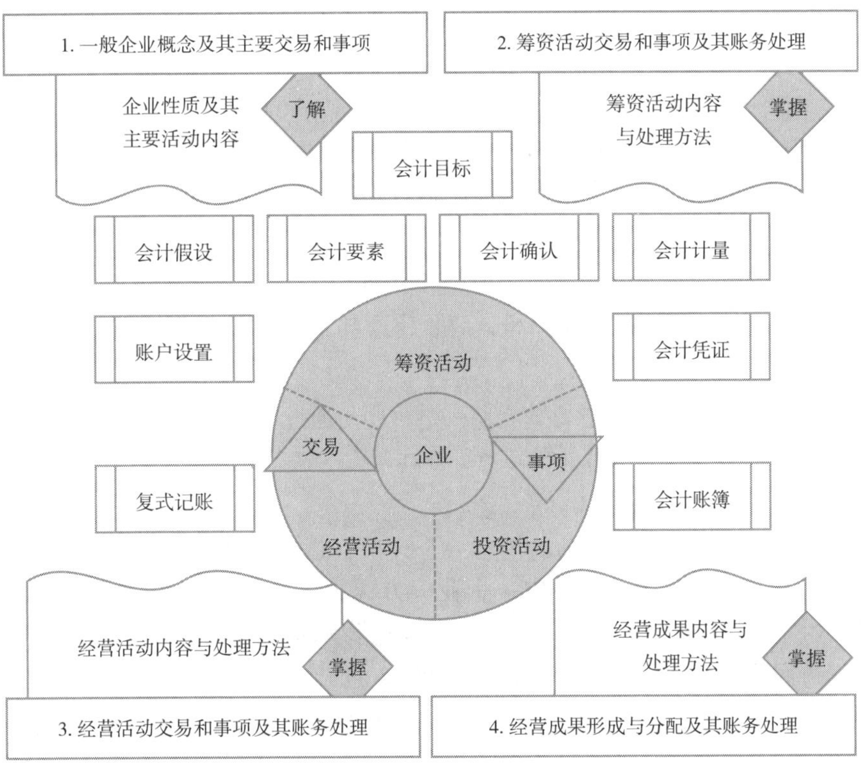

图 7－1　内容导图

第一节　企业的主要经济业务

一、经济业务的概念

经济业务又称会计事项，是指在经济活动中使会计要素发生增减变动的交易或者事项，可分为对外经济业务和对内经济业务两类。

对外经济业务是指企业与其他企业或单位发生交易行为而产生的经济事项。比如，向投资者筹集资金、向供货方购货、向银行归还借款、向购货方销货等。

对内经济业务是指企业内部成本、费用的耗用，以及因各会计要素之间的调整而产生的经济事项。比如，生产经营过程中耗用的材料、机器设备的折旧、工资的分配及收入与费用的结转等。

二、企业的主要经济业务

不同企业的经济业务各有特点，其生产经营业务流程也不尽相同。工业企业生产经营活动过程是以产品生产为中心的生产准备过程、产品生产过程和产品销售过程的统一。企业的财务活动分为三大过程，即筹集资金、使用资金、分配资金。针对企业生产经营过程中发生的资金筹集、设备购置、材料采购、产品生产、商品销售和利润分配等经济业务，账务处理的主要内容包括以下几种。

（一）资金筹集业务的账务处理

企业要独立地进行生产经营活动，自负盈亏，就必须拥有与生产经营规模相适应的资金。企业所需资金主要有两个筹集渠道，一是出资者（所有者）依法向企业投入资本，形成企业的资本金；二是由债权人提供，形成企业的负债。

（二）材料采购业务的账务处理

材料采购是工业企业供应过程的主要经济业务。为了保证生产任务的正常进行，企业需要购进生产产品所需的各种原材料，以备生产和管理领用。

（三）生产业务的账务处理

生产业务是工业企业经营的核心，在这一过程中，通过各种生产要素的归集制造出各种产品。产品生产过程就是生产费用消耗过程。因此，生产过程核算的主要内容是生产费用。

（四）销售业务的账务处理

销售环节是企业生产经营活动的最后一个环节，是企业从产成品验收入库起到销售给购货方为止的过程。在这一过程中，企业一方面将生产出来的产品销售给购货单位；另一方面，按照销售价从购货单位取得货币资金，以满足企业进行再生产资金的需要。

（五）利润形成与分配业务的账务处理

利润是企业得以维持再生产的基础，利润的大小很大程度上反映了企业的经营业绩。因此，利润往往是评价企业管理层业绩的一项重要指标，也是投资者等财务会计报告使用者进行决策时的重要参考依据，因此企业必须正确计算利润。

第二节　资金筹集业务的账务处理

筹集资金是企业资金运动的起点。企业的资金筹集业务按其资金来源通常分为所有者权益筹资和负债筹资。所有者权益筹资形成所有者的权益（通常称为权益资本），包括投资者的投资及其增值，这部分资本的所有者既享有企业的经营收益，也承担企业的经营风险；负债筹资形成债权人的权益（通常称为债务资本），主要包括企业向债权人借入的资金和结算形成的负债资金等，这部分资本的所有者享有按约收回本金和利息的权利。

一、所有者权益筹资业务

（一）所有者投入资产的构成

投资者向企业投入资本，即形成企业的资本金。它是企业得以创立的一个基本条件，是企业赖以生存和发展的基础，也是所有者权益的主要组成部分。所有者投入资本按照投资主体的不同，可以分为国家资本金、法人资本金、个人资本金和外商资本金等。所有者投入的资本主要包括实收资本（或股本）和资本公积。实收资本（或股本）是指企业的投资者按照企业章程、合同或协议的约定，实际投入企业的资本金以及按照有关规定由资本公积、盈余公积等转增资本的资金。资本公积是企业收到投资者投入的超出其在企业注册资本（或股本）中所占份额的投资，以及直接计入所有者权益的利得和损失等。资本公积作为企业所有者权益的重要组成部分，主要用于转增资本。

（二）账户设置

企业通常设置以下账户对所有者权益筹资业务进行核算。

1. “实收资本（或股本）”账户

“实收资本”账户（股份有限公司一般设置“股本”账户）属于所有者权益类账户，用以核算企业投资者投入资本的增减变动及其结余情况。

该账户贷方登记所有者投入企业资本金的增加额，借方登记所有者投入企业资本金的减少额。期末余额在贷方，反映企业期末实收资本（或股本）总额。账户结构如图7－2所示。

借方　　　　　　　　实收资本（股本）	贷方
按照规定减少的注册资金 按照协议期满退还的资本金	企业实际收到投资者投入的注册资金 资本公积、盈余公积转增资本金
	余额：企业实有的注册资本数额

图7－2　“实收资本”账户结构图

该账户可按投资者的不同设置明细账户，进行明细核算。

2. **“资本公积”账户**

“资本公积”账户属于所有者权益类账户，用以核算企业收到的投资者出资额超过其在注册资本或股本中所占份额的部分，以及直接计入所有者权益的利得和损失等。

该账户借方登记资本公积的减少额，贷方登记资本公积的增加额。期末余额在贷方，反映企业期末资本公积的结余数额。账户结构如图7－3所示。

借方　　　　资本公积	贷方
资本公积转增资本金	投资者投资产生的资本溢价（股本溢价）
	余额：企业资本公积的累积数

图7－3　“资本公积”账户结构图

该账户可按资本公积的来源不同，分别设置“资本溢价（或股本溢价）”“其他资本公积”进行明细核算。

3. **“银行存款”账户**

“银行存款”账户属于资产类账户，用以核算企业存入银行或其他金融机构的各种款项，但是银行汇票存款、银行本票存款、信用卡存款、信用证保证金存款、存出投资款、外埠存款等，通过“其他货币资金”账户核算。

该账户借方登记存入的款项，贷方登记提取或支出的存款。期末余额在借方，反映企业存在银行或其他金融机构的各种款项。账户结构如图7－4所示。

借方　　　　银行存款	贷方
企业增加的银行存款	企业减少的银行存款
余额：银行存款的实有数额	

图7－4　“银行存款”账户结构图

该账户应当按照开户银行、存款种类等分别进行明细核算。

4. **“固定资产”账户**

“固定资产”账户属于资产类账户，用以核算企业固定资产原始价值（原值）的增减变动和结存情况。

该账户借方反映增加的固定资产原值，贷方反映固定资产减少的原值，借方余额反映银行期末各种固定资产的原值总额。账户结构如图7－5所示。

借方　　　　固定资产	贷方
固定资产原始价值的增加数	固定资产原始价值的减少数
余额：现有固定资产的原值	

图7－5　“固定资产”账户结构图

该账户可按固定资产的类别和项目进行明细分类核算。

5. **“无形资产”账户**

“无形资产”账户属于资产类账户，用以核算企业无形资产成本的增减变动和结存情况。

该账户借方登记无形资产取得的价值，贷方登记业务发生后转出的价值及逐期摊销的价值，余额在借方，表示无形的净值。账户结构如图 7－6 所示。

借方　　　　　　无形资产	贷方
无形资产的增加数	无形资产的减少数
余额：无形资产的实有数额	

图 7－6　“无形资产”账户结构图

该账户可按无形资产的类别和项目进行明细分类核算。

（三）账务处理

企业接受投资者投入的资本，借记“银行存款”“固定资产”“无形资产”等科目；按其在注册资本或股本中所占份额，贷记“实收资本（或股本）”科目；按其差额，贷记“资本公积——资本溢价（或股本溢价）”科目。

基本账务处理如下所示：

借：银行存款等相关账户　　　　×××

　贷：实收资本/股本——×××投资者　　　　×××

　　资本公积——资本溢价/股本溢价　　　　×××

1. **投资者以货币资金形式投入资本金的核算**

【例 7－1】江城公司收到国家投入资金 100 000 元，款项已存入银行。

分析：江城公司接受国家投入资金，获得一笔银行存款，故“银行存款”增加，记借方；同时，本公司接受投资者投入的资本增加，即“实收资本”增加，记贷方。其账务处理如下：

借：银行存款　　　　100 000

　贷：实收资本——国家投入　　　　100 000

【例 7－2】江城公司收到阳光公司投入资金 50 000 元，占本公司注册资本的 20%，本公司注册资本为 200 000 元，款项已存入银行。

分析：接受阳光公司投入货币资金，获得一笔银行存款，故“银行存款”增加，记借方；同时，本公司接受投资者投入的资本增加，按其在注册资本中所占份额记“实收资本”贷方；其差额为资本溢价部分，应贷记“资本公积”账户。其账务处理如下：

借：银行存款　　　　50 000

　贷：实收资本——阳光公司　　　　40 000

　　资本公积——资本溢价　　　　10 000

2. **投资者以实物形式投入资本金的核算**

【例7-3】江城公司收到光明公司投入的设备一套，投资方提供的增值税专用发票列示其价值为20 000元，增值税进项税额为2 600元。

分析：江城公司接受投资者投入设备，“固定资产”增加，记借方；增值税进项税额增加，也记借方；同时，江城公司接受投资者投入的资本增加，即“实收资本”增加，记贷方。其账务处理如下：

借：固定资产　　20 000

　　应交税费——应交增值税（进项税额）　　2 600

　贷：实收资本——光明公司　　22 600

3. **投资者以无形资产形式投入资本金的核算**

【例7-4】江城公司收到日月公司投入的一项专利权，经评估确认其价值为30 000元。

分析：江城公司接受投资者投入的专利权，即“无形资产”增加，记借方；同时，江城公司接受投资者投入的资本增加，即“实收资本”增加，记贷方。其账务处理如下：

借：无形资产　　30 000

　贷：实收资本——日月公司　　30 000

4. **资本公积、盈余公积转增资本金的核算**

【例7-5】经批准，将资本公积15 000元转增资本金。

分析：江城公司将资本公积15 000元转增资本金，一方面“资本公积”减少，记借方；另一方面，江城公司的资本金增加，即“实收资本”增加，记贷方。其账务处理如下：

借：资本公积　　15 000

　贷：实收资本　　15 000

二、负债筹资业务

（一）负债筹资的构成

负债筹资主要包括短期借款、长期借款以及结算形成的负债等。短期借款是指企业为了满足其生产经营对资金的临时性需要而向银行或其他金融机构等借入的偿还期限在1年以内（含1年）的各种借款。长期借款是指企业向银行或其他金融机构等借入的偿还期限在1年以上（不含1年）的各种借款。结算形成的负债主要有应付账款、应付职工薪酬、应交税费等。

（二）账户设置

企业通常设置以下账户对负债筹资业务进行会计核算。

1. **“短期借款”账户**

“短期借款”账户属于负债类账户，用以核算企业向银行或其他金融机构等借入的期限在1年以内（含1年）的各种借款的借入和偿还情况。

该账户贷方登记短期借款本金的增加额，借方登记短期借款本金的减少额。期末余额在贷方，反映企业期末尚未归还的短期借款。账户结构如图7-7所示。

借方	短期借款　　　　　　　　贷方
企业归还的短期借款数额	企业借入的短期借款数额
	余额：企业尚未归还的短期借款

图 7 - 7　“短期借款”账户结构图

该账户可按借款种类、贷款人和币种进行明细核算。

2. **“长期借款”账户**

“长期借款”账户属于负债类账户，用来核算企业向银行或其他金融机构等借入的期限在 1 年以上的各种借款。

该账户贷方登记企业借入的长期借款本金，借方登记归还的本金和利息。期末余额在贷方，反映企业期末尚未偿还的长期借款。账户结构如图 7 - 8 所示。

借方	长期借款　　　　　　　　贷方
企业归还的长期借款数额	企业借入的长期借款数额
	余额：企业尚未归还的长期借款

图 7 - 8　“长期借款”账户结构图

该账户可按贷款单位和贷款种类，分别按“本金”“应计利息”等进行明细核算。

3. **“应付利息”账户**

“应付利息”账户属于负债类账户，用以核算企业按照合同约定应支付的利息，包括分次付息到期还本的长期借款、企业债券等应支付的利息。

该账户贷方登记企业按合同利率计算确定的应付未付利息，借方登记归还的利息。期末余额在贷方，反映企业应付未付的利息。账户结构如图 7 - 9 所示。

借方	应付利息　　　　　　　　贷方
企业实际归还的利息	企业应付未付的利息
	余额：企业尚未支付的利息

图 7 - 9　“应付利息”账户结构图

该账户可按存款人或债权人进行明细核算。

4. **“财务费用”账户**

“财务费用”账户属于损益类账户，用以核算企业为筹集生产经营所需资金等而发生的筹资费用，包括利息支出（减利息收入）、汇兑损益以及相关的手续费等。为购建或生产满足资本化条件的资产发生的应予资本化的借款费用，通过“在建工程”等账户核算。

该账户借方登记手续费、利息费用等的增加额，贷方登记应冲减财务费用的利息收入等。期末结转后，该账户无余额。账户结构如图 7 - 10 所示。

借方	财务费用 贷方
发生的利息支出、汇兑损失及相关手续费	利息收入、汇兑收益 期末转入“本年利润”数额

图 7－10 “财务费用”账户结构图

该账户可按费用项目进行明细核算。

（三）账务处理

1．短期借款的账务处理

企业借入的各种短期借款，借记“银行存款”科目，贷记“短期借款”科目；归还借款时做相反的会计分录。资产负债表日，应按计算确定的短期借款利息费用，借记“财务费用”科目，贷记“银行存款”“应付利息”等科目。

【例 7－6】江城公司从某银行借入临时借款 150 000 元，期限 3 个月，存入银行。

分析：江城公司从银行借入资金后，银行存款增加，应借记“银行存款”账户；同时，江城公司增加了一项负债，且期限为 3 个月，即“短期借款”增加，应贷记“短期借款”账户。其账务处理如下：

借：银行存款　　150 000

　贷：短期借款——某银行　　150 000

【例 7－7】江城公司接银行通知，短期借款利息为 4 500 元，暂未支付。

分析：江城公司借入的短期借款产生利息支出，财务费用增加，应借记“财务费用”账户；同时，利息暂未支付给银行，应付利息增加，应贷记“应付利息”账户。其账务处理如下：

借：财务费用　　4 500

　贷：应付利息　　4 500

【例 7－8】江城公司以银行存款偿还到期的短期借款 100 000 元，并支付利息 4 500 元。

分析：江城公司以银行存款偿还到期的短期借款，故银行存款减少，应贷记“银行存款”账户；同时企业负债减少，应借记“短期借款”账户，并支付了利息费用，应冲减“应付利息”账户。其账务处理如下：

借：短期借款　　100 000

　　应付利息　　4 500

　贷：银行存款　　104 500

2．长期借款的账务处理

企业借入长期借款，应按实际收到的金额借记“银行存款”科目，按借款本金贷记“长期借款——本金”科目。资产负债表日，应按确定的长期借款的利息费用，借记“在建工程”“财务费用”“研发支出”等科目；按确定的应付未付利息，贷记“应付利息”，“长期借款——应计利息”等科目。

【例 7－9】因建造厂房，江城公司从某银行借入三年期借款 500 000 元，款项存入银行。

分析：企业借入资金，则银行存款增加，应借记“银行存款”账户；同时，企业也增加了一笔负债，且期限为三年，故应贷记“长期借款”账户。其账务处理如下：

借：银行存款　　500 000

　贷：长期借款——本金　　500 000

【例7－10】江城公司之前借入的一笔到期一次还本付息的长期借款到期，用银行存款偿还本金500 000元，支付利息90 000元。

分析：企业用银行存款偿还长期借款本金及利息，则银行存款减少，应贷记“银行存款”账户；同时，企业长期借款减少，应借记“长期借款”账户。其账务处理如下：

借：长期借款——本金　　500 000

　　　　　——应计利息　　90 000

　贷：银行存款　　590 000

第三节　材料采购业务的账务处理

一、材料的采购成本

材料是产品生产企业必不可少的物质条件。其特点是：已经投入产品生产或被其他方面耗用，便会改变其原有实物形态，其价值也随之转化为产品的成本或直接转化为有关费用。材料采购成本是企业为采购一定种类和数量的材料而发生的各种耗费之和。

（一）材料采购成本的构成

材料采购成本主要由以下两个部分构成：第一，买价。即由供应商开具的增值税专用发票上开列的购买材料的价格，应根据购买材料的单价和数量计算确定。买价中不包含增值税专用发票上开列的进项税额。第二，采购费用。采购费用是指企业将材料运达企业，以及验收入库过程中发生的有关费用，包括运输费、装卸费、包装费、保险费和运输途中的合理损耗，以及入库前的挑选和整理费用等。

（二）材料采购成本的计算

在计算材料采购成本时，凡是能直接归属的采购费用，应直接计入相关材料的采购成本；几种材料共同发生的采购费用，则应采用适当的分配标准分配计入各种材料的采购成本。一般采用材料的重量或买价作为分配标准。分配采购费用时，应先计算采购费用分配率，再计算各种材料应负担的采购费用。分配计算公式如下：

采购费用分配率＝采购费用总额÷各种材料的重量（或买价）之和

某种材料应负担的采购费用＝该种材料的重量（或买价）×采购费用分配率

【例7－11】某企业购入甲、乙两种材料。甲材料800 kg，单价50元，计40 000元；乙材料1 600 kg，单价100元，计160 000元。共支付运杂费9 600元。计算甲、乙两种材料应分别负担的采购费用。

假设本例采用重量作为分配标准进行分配，则：

采购费用分配率 = 9 600 ÷ （800 + 1 600） = 4 （元/kg）

甲材料应负担的采购费用 = 800 × 4 = 3 200 （元）

乙材料应负担的采购费用 = 1 600 × 4 = 6 400 （元）

二、账户设置

（一）“在途物资”账户

“在途物资”账户属于资产类账户，用以核算企业在途材料的采购成本。其中，在途材料是指企业购入的材料尚在途中，或虽已运达但尚未验收入库的材料。

该账户借方登记企业购入的在途物资的实际成本，贷方登记验收入库的在途物资的实际成本。期末余额在借方，反映企业已付款或已开出承兑商业汇票，但尚未到达或尚未验收入库的在途材料、商品的实际采购成本。账户结构如图 7 – 11 所示。

借方　　　　　在途物资	贷方
购入材料的采购成本	已验收入库材料的采购成本
余额：尚未运达企业或已运达但尚未入库的在途材料的采购成本	

图 7 – 11　“在途物资”账户结构图

该账户应当按照供应单位或材料的品种、规格进行明细分类核算。

（二）“原材料”账户

“原材料”账户属于资产类账户，用以核算企业库存的各种材料（包括原料及主要材料、辅助材料、外购半成品、修理用备件、包装材料和燃料等）的实际成本。

该账户借方登记入库材料的实际成本，贷方登记发出材料的实际成本。期末余额在借方，反映企业库存材料的实际成本。账户结构如图 7 – 12 所示。

借方　　　　　原材料	贷方
已验收入库原材料的实际成本	发出材料的实际成本
余额：库存原材料的实际成本	

图 7 – 12　“原材料”账户结构图

该账户应当按照材料的保管地点（仓库）、材料的类别、品种规格等进行明细分类核算。

（三）“应付账款”账户

“应付账款”账户属于负债类账户，用以核算企业购买材料、商品和接受劳务供应等应支付的款项以及款项清偿情况。

该账户贷方登记企业因购入材料、商品和接受劳务等尚未支付的款项，借方登记已支付的应付账款。期末余额一般在贷方，反映企业尚未支付的应付账款。账户结构如图7－13所示。

借方　　　　　　　　应付账款	贷方
应付账款的偿还额	应付未付账款的发生额
余额：企业预付的款项	余额：企业尚未偿还的款项

图7－13　“应付账款”账户结构图

该账户应按供应单位名称（债权人）进行明细分类核算。

（四）“预付账款”账户

“预付账款”账户属于资产类账户，用以核算企业因购买材料、商品或接受劳务而按购货合同规定预付给供应单位的款项。

该账户借方登记预付款项和收货后补付的款项，贷方登记实际收到所购货物的应付金额和对方退回多付的款项。期末如为借方余额，表示企业预付的款项；期末如为贷方余额，则表示对方退回的多付的款项。账户结构如图7－14所示。

借方　　　　　　　　预付账款	贷方
预付及补付的款项	购进货物所须支出的款项和收到退回的多余款项
余额：企业期末尚未结算的预付款项	余额：对方退回的多付款项

图7－14　“预付账款”账户结构图

该账户应按供应单位进行明细分类核算。

（五）“应付票据”账户

“应付票据”账户属于负债类账户，用以核算企业因购买材料、商品和接受劳务供应等开出、承兑的商业汇票，包括银行承兑汇票和商业承兑汇票。

该账户贷方登记开出、承兑汇票的面值，借方登记支付票据的金额。余额在贷方，反映企业尚未到期的商业汇票的票面金额。账户结构如图7－15所示。

借方　　　　　　　　应付票据	贷方
应付票据的已偿付额	企业开出、承兑的应付票据的金额
	余额：企业尚未偿付的应付票据款

图7－15　“应付票据”账户结构图

企业应设置“应付票据备查簿”，详细登记每一应付票据的种类、号数、签发日期、到期日、票面金额和票面利率等相关资料。应付票据到期结清时，应当在备查簿内逐笔注销。

三、账务处理

（一）付款和材料验收入库同一天完成

基本账务处理如下所示：

借：原材料——材料的品名规格　×××
　　应交税费——应交增值税（进项税额）　×××
　贷：银行存款等相关账户　×××

【例7－12】江城公司从阳光公司购入甲材料1 000 kg，单价20元，计20 000元，增值税进项税额2 600元，对方代垫运杂费600元，均以银行存款支付，材料已验收入库。

分析：公司购入材料，并已验收入库，即库存材料增加，借记“原材料”账户；支付的进项税额借记“应交税费——应交增值税”；同时，以银行存款支付，贷记“银行存款”账户。其账务处理如下：

借：原材料——甲材料　20 600
　　应交税费——应交增值税（进项税额）　2 600
　贷：银行存款　23 200

【例7－13】江城公司从日月公司购入甲材料2 000 kg，买价40 000元，增值税进项税额5 200元；购入乙材料1 000 kg，单价15元，计15 000元，增值税进项税额1 950元。对方代垫运杂费600元（运杂费按甲、乙两种材料的重量进行分摊），企业开出一张承兑的商业汇票，材料已验收入库。

分析：公司购入材料，并已验收入库，即库存材料增加，记入“原材料”账户，其成本由买价和运杂费构成。运杂费由甲、乙两种材料共同负担，应先在两种材料之间进行运杂费的分配，进而确定甲、乙两种材料的采购成本；支付的进项税额借记“应交税费——应交增值税”；开出的商业汇票形成一项负债，贷记“应付票据”。其账务处理如下：

（1）计算分配率

分配率＝600÷（2 000＋1 000）＝0.2（元/kg）

（2）计算应分配的运杂费

甲材料应负担的运杂费＝2 000×0.2＝400（元）

乙材料应负担的运杂费＝1 000×0.2＝200（元）

（3）计算材料采购成本

甲材料采购成本＝40 000＋400＝40 400（元）

乙材料采购成本＝15 000＋200＝15 200（元）

借：原材料——甲材料　40 400
　　　　　——乙材料　15 200
　　应交税费——应交增值税（进项税额）　7 150
　贷：应付票据——日月公司　62 750

（二）先付款，后验收材料入库

基本账务处理如下所示。

1. 材料物资的采购业务处理

借：在途物资——×材料　　×××
　　应交税费——应交增值税（进项税额）　　×××
　贷：银行存款等相关账户　　×××

2. 材料物资的入库业务处理

借：原材料——×材料　　×××
　贷：在途物资——×材料　　×××

【例7－14】以【例7－12】的资料为例来说明。

（1）假设上述购入材料尚未入库，且货款暂欠。

分析：江城公司购入材料而暂未入库，所以“在途物资”增加，记借方。同时货款暂欠，增加了一笔负债，即“应付账款”增加，记贷方。其账务处理如下：

借：在途物资——甲材料　　20 600
　　应交税费——应交增值税（进项税额）　　2 600
　贷：应付账款——阳光公司　　23 200

（2）材料验收入库。

分析：材料验收入库，则企业库存材料（资产）增加，借记“原材料”账户；而在途材料（资产）减少，贷记“在途物资”账户。其账务处理如下：

借：原材料——甲材料　　20 600
　贷：在途物资——甲材料　　20 600

（3）以银行存款偿付货款。

分析：企业以银行存款支付上述货款时，企业银行存款减少，贷记“银行存款”账户；负债减少，借记“应付账款”账户。其账务处理如下：

借：应付账款——阳光公司　　23 200
　贷：银行存款　　23 200

（三）以预付账款方式购进

基本账务处理如下所示：

1. 预付款时

借：预付账款——××公司　　×××
　贷：银行存款　　×××

2. 收到材料时

借：原材料——品种规格　　×××
　　应交税费——应交增值税（进项税额）　　×××
　贷：预付账款——××公司　　×××

3. 补付货款或收到退回的多余款项时

（1）补付货款。

借：预付账款——××公司　　×××

贷：银行存款　　　　　　　　　　　　　　　　　×××

（2）收到退回的余款。

借：银行存款　　　　　　　　　　　　　　　×××

贷：预付账款——××公司　　　　　　　　　　×××

【例7－15】开出一张50 000元的支票，预付从阳光公司购入甲材料货款。

分析：开出支票则银行存款减少，贷记“银行存款”账户；预付给阳光公司形成债权，借记“预付账款”账户。其账务处理如下：

借：预付账款——阳光公司　　　　　　　　　50 000

贷：银行存款　　　　　　　　　　　　　　　50 000

收到从阳光公司购进的甲材料2 000 kg，单价20元，计40 000元，增值税进项税额5 200元。材料已验收入库。则企业库存材料增加，借记“原材料”账户、支付的进项税额增加，借记“应交税费——应交增值税”账户；预付账款减少，贷记“预付账款——×××”账户。其账务处理如下：

借：原材料——甲材料　　　　　　　　　　　40 000

应交税费——应交增值税（进项税额）　　　　5 200

贷：预付账款——阳光公司　　　　　　　　　45 200

收到退回的多余款项4 800元。则企业银行存款增加，借记“银行存款”；预付账款减少，贷记“预付账款”账户。其账务处理如下：

借：银行存款　　　　　　　　　　　　　　　4 800

贷：预付账款——阳光公司　　　　　　　　　4 800

第四节　生产业务的账务处理

企业产品的生产过程同时也是生产资料的耗费过程。企业在生产过程中发生的各项生产费用，是企业为获得收入而预先垫支并需要得到补偿的资金耗费。这些费用最终都要归集、分配给特定的产品，形成产品的成本。

产品成本的核算是指把一定时期内企业生产过程中所发生的费用，按其性质和发生地点，分类归集、汇总、核算，计算出该时期内生产费用发生总额，并按适当方法分别计算出各种产品的实际成本和单位成本等。

一、生产费用的构成

生产费用是指与企业生产经营活动有关的费用，按其经济用途可分为直接材料、直接人工和制造费用。

（一）直接材料

直接材料是指构成产品实体的原材料以及有助于产品形成的主要材料和辅助材料。

（二）直接人工

直接人工是指企业支付给直接参加产品生产的职工的工资，以及支付给生产人员的福利费等。

（三）制造费用

制造费用是指与产品生产密切相关，但在发生后不能直接计入产品成本，须在会计期末采用分配方法计入产品生产成本的耗费，包括企业为生产产品和提供劳务而发生的各项间接费用，如生产车间管理人员的工资等职工薪酬、固定资产折旧费、办公费、水电费、机物料消耗、劳动保护费等。

二、账户设置

企业通常设置以下账户对生产费用业务进行会计核算。

（一）“生产成本”账户

“生产成本”账户属于成本类账户，用以核算企业生产的各种产成品、自制半成品、自制材料、自制工具、自制设备等发生的各项生产成本。

该账户借方登记应计入产品生产成本的各项费用，包括直接计入产品生产成本的直接材料费、直接人工费和其他直接支出以及期末按照一定的方法分配计入生产成本的制造费用，贷方登记完工入库库存商品应结转的生产成本。期末余额在借方，反映企业期末尚未加工完成的在产品成本。账户结构如图 7－16 所示。

借方　　生产成本　　贷方

借方	贷方
直接材料、直接人工、制造费用	生产完工验收入库的实际成本
余额：未完工产品的成本	

图 7－16　“生产成本”账户结构图

该账户可按基本生产成本和辅助生产成本进行明细分类核算。

（二）“制造费用”账户

“制造费用”账户属于成本类账户，用以核算企业生产车间部门为生产产品和提供劳务而发生的各项间接费用。

该账户借方登记实际发生的各项制造费用，贷方登记期末按照一定标准分配转入“生产成本”账户借方的应计入产品成本的制造费用。期末结转后该账户一般无余额。该账户结构如图 7－17 所示。

借方　　制造费用　　贷方

借方	贷方
生产过程中车间（分厂）发生的各种间接费用	期末分配转入生产成本的金额

图 7－17　“制造费用”账户结构图

该账户可按不同的生产车间、部门和费用项目进行明细核算。

（三）“库存商品”账户

“库存商品”账户属于资产类账户，用以核算企业库存的各种商品成本的增减变动及结存情况。

该账户借方登记验收入库的库存商品成本，贷方登记发出的库存商品成本。期末余额在借方，反映企业期末结存的各种商品的实际成本。账户结构如图 7－18 所示。

借方　　　　库存商品	贷方
完工入库产品的生产成本	已销产品转出的生产成本
余额：库存产品的成本	

图 7－18　“库存商品”账户结构图

该账户可按库存商品的种类、品种和规格等进行明细核算。

（四）“应付职工薪酬”账户

“应付职工薪酬”账户属于负债类账户，用以核算企业根据有关规定应付给职工的各种薪酬。

该账户借方登记本月实际支付的职工薪酬数额，贷方登记本月计算的应付职工薪酬总额包括各种工资、奖金、津贴和福利等。期末余额在贷方，反映企业应付未付的职工薪酬。账户结构如图 7－19 所示。

借方　　　　应付职工薪酬	贷方
实际支付给职工的工资	应付给职工的工资
	余额：应付未付的工资

图 7－19　“应付职工薪酬”账户结构图

该账户可按“工资”“职工福利”“社会保险费”“住房公积金”“工会经费”“职工教育经费”等进行明细核算。

（五）“累计折旧”账户

“累计折旧”账户属于资产类账户（备抵账户），用以核算企业固定资产累计提取的折旧额的增减变动。固定资产的折旧，是指固定资产由于损耗而逐渐转移到产品成本费用中去的那部分价值。“累计折旧”是一个结构较为特殊的资产类账户，该账户反映的内容实质上是固定资产价值的减少。“累计折旧”账户余额对“固定资产”账户余额具有一定的调整作用，将两个账户的余额进行对比，可以求得固定资产的净值。因此，“累计折旧”账户也称为调整账户，“固定资产”账户则称为被调整账户。

该账户贷方登记按月计提的折旧额，即累计折旧的增加额，借方登记因减少固定资产而转出的累计折旧。期末余额在贷方，反映期末固定资产的累计折旧额。账户结构如图 7－20 所示。

借方	累计折旧	贷方
固定资产折旧的减少数	固定资产折旧的增加数（计提数）	
	余额：现有固定资产已计提折旧累积数	

图 7－20　“累计折旧”账户结构图

该账户按照固定资产的类别或者项目进行明细核算。

三、账务处理

（一）材料费用的归集与分配

在确定材料费用时，应根据领料凭证区分车间、部门和不同用途后，按照确定的结果，将发出材料的成本借记“生产成本”“制造费用”“管理费用”等科目，贷记“原材料”等科目。

对于直接用于某种产品生产的材料费用，应直接计入有关产品成本；对于为提供生产条件等间接消耗的各种材料费用，应先通过“制造费用”科目进行归集，期末再同其他间接费用一起按照一定的标准分配计入有关产品成本；对于行政管理部门领用的材料费用，应记入“管理费用”科目。

基本账务处理如下所示：

借：生产成本/制造费用/管理费用　　×××

　贷：原材料　　×××

【例 7－16】 仓库发出甲材料 100 000 元，其中 80 000 元用于生产 A 产品，20 000 元用于生产 B 产品；发出乙材料 80 000 元，其中 75 000 元用于生产 B 产品，3 000 元用于生产车间一般耗用，2 000 元用于行政管理部门耗用。

分析： 该业务使企业库存材料减少 100 000 元，应贷记“原材料”账户。相应地，直接用于生产产品的借记“生产成本”账户；车间一般耗用的借记“制造费用”账户；行政管理部门耗用的则记入“管理费用”的借方。其账务处理如下：

借：生产成本——A 产品　　80 000

　　　　　　——B 产品　　95 000

　　制造费用　　3 000

　　管理费用　　2 000

　贷：原材料——甲材料　　100 000

　　　　　　——乙材料　　80 000

【例 7－17】 生产车间领用甲材料 20 000 元，其中生产 A 产品领用 10 000 元，生产 B 产品领用 4 000 元，生产车间一般耗用 1 000 元，管理部门领用 5 000 元。

借：生产成本——A 产品　　10 000

　　　　　　——B 产品　　4 000

　　制造费用　　1 000

　　管理费用　　5 000

　贷：原材料——甲材料　　20 000

（二）职工薪酬的归集与分配

职工薪酬是指企业为获得职工提供的服务或解除劳动关系而给予各种形式的报酬或补偿，具体包括短期职工薪酬、离职后福利、辞退福利和其他长期职工福利。企业提供给职工配偶、子女、受赡养人、已故员工遗属及其他受益人等的福利，也属于职工薪酬。

对于短期职工薪酬，企业应当在职工为其提供服务的会计期间，按实际发生额确认为负债，并计入当期损益或相关资产成本。企业应当根据职工提供服务的受益对象，分别处理下列情况：

（1）由生产产品、提供劳务产生的短期职工薪酬，应计入产品成本或劳务成本。其中，生产工人的短期职工薪酬应借记“生产成本”科目，贷记“应付职工薪酬”科目；生产车间管理人员的短期职工薪酬属于间接费用，应借记“制造费用”科目，贷记“应付职工薪酬”科目。

（2）应由在建工程、无形资产负担的短期职工薪酬，计入建造固定资产或无形资产成本。

除上述两种情况之外的其他短期职工薪酬应计入当期损益。如企业行政管理部门人员和专设销售机构销售人员的短期职工薪酬均属于期间费用，应分别借记“管理费用”“销售费用”等科目，贷记“应付职工薪酬”科目。

基本账务处理如下所示：

借：生产成本/制造费用/管理费用　　×××
　贷：应付职工薪酬　　×××

【例7－18】月末分配结转本月应付职工薪酬36 000元，其中生产A产品的工人薪酬为10 000元；生产B产品的工人薪酬为15 000元；车间管理人员薪酬为3 000元；行政管理人员薪酬8 000元。

分析：该业务使企业的负债增加，应贷记“应付职工薪酬”账户；同时企业费用增加，其中车间生产工人的薪酬应借记“生产成本”账户、车间管理人员的薪酬应借记“制造费用”账户、行政管理人员的薪酬应借记“管理费用”账户。其账务处理如下：

借：生产成本——A产品　　10 000
　　　　　　——B产品　　15 000
　　制造费用　　3 000
　　管理费用　　8 000
　贷：应付职工薪酬——工资　　36 000

（三）制造费用的归集与分配

企业发生的制造费用，应当按照合理的分配标准按月分配计入各成本核算对象的生产成本。企业可以采取的分配标准包括机器工时、人工工时、生产工人工资等。

企业发生制造费用时，借记“制造费用”科目，贷记“累计折旧”“银行存款”“应付职工薪酬”等科目；结转或分摊时，借记“生产成本”等科目，贷记“制造费用”科目。

基本账务处理如下所示：

借：制造费用　　×××
　贷：累计折旧/银行存款/应付职工薪酬　　×××

借：生产成本——产品名称　　　　×××
　贷：制造费用　　　　×××

【例7-19】企业本月用银行存款支付生产车间发生的水电费2 000元。

借：制造费用　　　　2 000
　贷：银行存款　　　　2 000

【例7-20】企业月末计提固定资产折旧5 000元，其中车间负担3 000元，管理部分负担2 000元。

借：制造费用　　　　3 000
　　管理费用　　　　2 000
　贷：累计折旧　　　　5 000

【例7-21】企业本月发生制造费用11 000元，按生产工时比例进行计算分配A、B两种产品应负担的制造费用。A产品生产工时3 000个，B产品生产工时2 000个。

本例中制造费用的分配步骤如下所示。

（1）计算分配率。

分配率＝制造费用总额/生产工人薪酬总额＝11 000/（3 000＋2 000）＝2.2（元/个）

（2）计算A、B产品应分配的制造费用。

A产品应分配的制造费用＝3 000×2.2＝6 600（元）

B产品应分配的制造费用＝2 000×2.2＝4 400（元）

分析：该业务使企业的生产成本共增加11 000元，其中，A产品成本增加6 600元、B产品成本增加4 400元，应借记“生产成本”账户；同时制造费用减少11 000元，应贷记“制造费用”账户。其账务处理如下：

借：生产成本——A产品　　　　6 600
　　　　　　——B产品　　　　4 400
　贷：制造费用　　　　11 000

（四）完工产品生产成本的计算与结转

产品生产成本计算，是指将企业生产过程中为制造产品所发生的各种费用按照成本计算对象进行归集和分配，以便计算各种产品的总成本和单位成本。有关产品成本信息是进行库存商品计价和确定销售成本的依据，产品生产成本计算是会计核算的一项重要内容。

企业应设置产品生产成本明细账，用来归集应计入各种产品的生产费用。通过对材料费用、职工薪酬和制造费用的归集和分配，企业各月生产产品所发生的生产费用已记入“生产成本”科目中。

如果月末某种产品全部完工，该种产品生产成本明细账所归集的费用总额，就是该种完工产品的总成本，用完工产品总成本除以该种产品的完工总产量即可计算出该种产品的单位成本。如果月末某种产品全部未完工，该种产品生产成本明细账所归集的费用总额就是该种产品在产品的总成本。

如果月末某种产品一部分完工，一部分未完工，这时归集在产品成本明细账中的费用总额还要采取适当的分配方法在完工产品和在产品之间进行分配，然后才能计算出完工产品的总成本和单位成本。完工产品成本的基本计算公式为：

完工产品生产成本 = 期初在产品成本 + 本期发生的生产费用 - 期末在产品成本

当产品生产完成并验收入库时，借记“库存商品”科目，贷记“生产成本”科目。

基本账务处理如下所示：

借：库存商品——×产品　　×××

　贷：生产成本——×产品　　×××

【例7-22】若企业生产的A、B产品月初无在产品，月末全部完工。计算并结转本月完工产品成本，其中A产品的完工产品成本为96 600元，B产品的完工产品成本为114 400元。

分析：产品完工入库，使企业库存商品增加211 000元，其中A产品96 600元，B产品114 400元，应借记“库存商品”账户；同时生产成本减少211 000元，应贷记“生产成本”账户。其账务处理如下：

借：库存商品——A产品　　96 600

　　　　　　——B产品　　114 400

　贷：生产成本——A产品　　96 600

　　　　　　　——B产品　　114 400

第五节　销售业务的账务处理

销售业务的账务处理涉及商品销售、其他销售等的业务收入、成本、费用和相关税费的确认与计量等内容。

一、商品销售收入的确认与计量

企业销售商品收入的确认，必须同时符合以下条件：

第一，企业已将商品所有权上的主要风险和报酬转移给购货方；

第二，企业既没有保留与商品所有权相联系的继续管理权，也没有对已售出的商品实施控制；

第三，收入的金额能够可靠地计量；

第四，相关的经济利益很可能流入企业；

第五，相关的已发生或将发生的成本能够可靠地计量。

二、账户设置

企业通常设置以下账户对销售业务进行会计核算：

（一）“主营业务收入”账户

“主营业务收入”账户属于损益类账户，用以核算企业确认的销售商品、提供劳务等主营业务的收入。

该账户贷方登记企业实现的主营业务收入，即主营业务收入的增加额；借方登记期末转入“本年利润”账户的主营业务收入（按净额结转），以及发生销售退回和销售折让时应冲减本期的主营业务收入。期末结转后，该账户无余额。账户结构如图 7－21 所示。

借方　　　　　主营业务收入	贷方
期末转入“本年利润”的数额	本期实现的销售收入

图 7－21　“主营业务收入”账户结构图

该账户应按照主营业务的种类设置明细账户，进行明细分类核算。

（二）“其他业务收入”账户

“其他业务收入”账户属于损益类账户，用以核算企业确认的除主营业务活动以外的其他经营活动实现的收入，包括出租固定资产、出租无形资产、出租包装物和商品、销售材料等活动。

该账户贷方登记企业实现的其他业务收入，即其他业务收入的增加额；借方登记期末转入“本年利润”账户的其他业务收入。期末结转后，该账户无余额。账户结构如图 7－22 所示。

借方　　　　　其他业务收入	贷方
期末转入“本年利润”的数额	本期实现的各项其他业务收入

图 7－22　“其他业务收入”账户结构图

该账户可按其他业务的种类设置明细账户，进行明细分类核算。

（三）“应收账款”账户

“应收账款”账户属于资产类账户，用以核算企业因销售商品、提供劳务等经营活动应收取的款项。

该账户借方登记由于销售商品以及提供劳务等发生的应收账款，包括应收取的价款、税款和代垫款等；贷方登记已经收回的应收账款。期末余额通常在借方，反映企业尚未收回的应收账款；期末余额如果在贷方，反映企业预收的账款。账户结构如图 7－23 所示。

借方　　　　　应收账款	贷方
发生的应收款项	实际收回的应收款项
余额：尚未收回的应收款项	

图 7－23　“应收账款”账户结构图

该账户应按不同的债务人进行明细分类核算。

（四）“应收票据”账户

“应收票据”账户属于资产类账户，用以核算企业因销售商品、提供劳务等而收到的商业汇票。

该账户借方登记企业收到应收票据的票面金额，贷方登记票据到期收回应收票据的票面金额；期末余额在借方，反映企业持有的商业汇票的票面金额。账户结构如图 7－24 所示。

借方　　　　应收票据	贷方
企业收到应收票据的票面金额	票据到期收回应收票据的票面金额
余额：企业持有的商业汇票的票面金额	

图 7－24　“应收票据”账户结构图

该账户可按开出、承兑商业汇票的单位进行明细核算。

（五）“预收账款”账户

“预收账款”账户属于负债类账户，用以核算企业按照合同规定预收的款项。预收账款情况不多的，也可以不设置本账户，将预收的款项直接记入“应收账款”账户。

该账户贷方登记企业向购货单位预收的款项等，借方登记销售实现时按实现的收入转销的预收款项等。期末余额在贷方，反映企业预收的款项；期末余额在借方，反映企业已转销但尚未收取的款项。账户结构如图 7－25 所示。

借方　　　　预收账款	贷方
销售实现时与购货单位结算的款项	企业收到的预收款项
余额：购货单位应补付的款项	余额：预收款项的结余

图 7－25　“预收账款”账户结构图

该账户可按购货单位进行明细核算。

（六）“主营业务成本”账户

“主营业务成本”账户属于损益类账户，用以核算企业确认销售商品、提供劳务等主营业务收入时应结转的相关成本。

该账户借方登记已销商品的实际成本，贷方登记期末转入“本年利润”账户的主营业务成本。期末结转后，该账户无余额。账户结构如图 7－26 所示。

借方　　　　主营业务成本	贷方
本期已销售商品的生产成本	期末转入“本年利润”的数额

图 7－26　“主营业务成本”账户结构图

该账户可按主营业务的种类设置明细账户，进行明细分类核算。

（七）“其他业务成本”账户

“其他业务成本”账户属于损益类账户，用以核算企业确认的除主营业务活动以外的其他经营活动所发生的成本，包括销售材料的成本、出租固定资产的折旧额、出租无形资产的摊销额、出租包装物的成本或摊销额等。

该账户借方登记其他经营活动发生的成本额，贷方登记期末转入“本年利润”账户的其他业务支出额。期末结转后，该账户无余额。账户结构如图7－27所示。

借方	其他业务成本　　　　贷方
本期发生的其他业务成本	期末转入“本年利润”的数额

图7－27　“其他业务成本”账户结构图

该账户可按其他业务的种类设置明细账户，进行明细分类核算。

（八）“税金及附加”账户

“税金及附加”账户属于损益类账户，用以核算企业经营活动发生的消费税、城市维护建设税、资源税和教育费附加等相关税费。

该账户借方登记企业应按规定计算确定的与经营活动相关的税费，贷方登记期末转入“本年利润”账户的与经营活动相关的税费。期末结转后，该账户无余额。账户结构如图7－28所示。

借方	税金及附加　　　　贷方
本期经营活动发生的各种税金及附加	期末转入“本年利润”的数额

图7－28　“税金及附加”账户结构图

该账户可按主营业务的种类或销售产品品种进行明细分类核算。

三、账务处理

（一）主营业务收入的账务处理

企业销售商品或提供劳务实现的收入，应按实际收到、应收或者预收的金额，借记“银行存款”“应收账款”“应收票据”“预收账款”等科目，按确认的营业收入，贷记“主营业务收入”科目。

对于增值税销项税额，一般纳税人应贷记“应交税费——应交增值税（销项税额）”科目。

基本账务处理如下所示：

借：银行存款等相关账户　　×××

　贷：主营业务收入——×产品　　×××

　　　应交税费——应交增值税（销项税额）　　×××

【例7-23】企业向甲公司销售A产品800件，单价300元；按13%计算应交增值税，货款及增值税已全部收回，存入银行。

分析： A产品实现的销售收入 = 300 × 800 = 240 000（元）。按现行税法规定，增值税销项税额的计算公式：增值税销项税额 = 不含税的销售额 × 增值税税率。该笔业务的增值税销项税额 = 240 000 × 13% = 31 200（元）。

这项经济业务的发生，涉及“银行存款”“主营业务收入”和“应交税费——应交增值税”三个账户。现销货物时，一方面企业的银行存款增加，记入“银行存款”账户的借方；另一方面企业的主营业务收入和应交税费增加，记入这两个账户的贷方。这项经济业务的账务处理如下：

借：银行存款　　　　271 200
　贷：主营业务收入——A产品　　　　240 000
　　　应交税费——应交增值税（销项税额）　　　　31 200

（二）主营业务成本的账务处理

期（月）末，企业应根据本期（月）销售各种商品、提供各种劳务等实际成本，计算应结转的主营业务成本，借记“主营业务成本”科目，贷记“库存商品”等科目。

基本账务处理如下所示：

借：主营业务成本——×产品　　　　×××
　贷：库存商品——×产品　　　　×××

【例7-24】结转【例7-23】销售业务的销售成本，其中A产品单位成本200元。A产品销售成本 = 200 × 800 = 160 000（元）。

分析： 此项经济业务的发生，涉及“主营业务成本”和“库存商品”两个账户。结转已售产品成本时，一方面企业的销售成本增加，记入“主营业务成本”账户的借方；另一方面企业的库存商品减少，记入“库存商品”账户的贷方。这项经济业务的账务处理如下：

借：主营业务成本——A产品　　　　160 000
　贷：库存商品——A产品　　　　160 000

（三）其他业务收入与成本的账务处理

主营业务和其他业务的划分并不是绝对的，一个企业的主营业务可能是另一个企业的其他业务，即便在同一个企业，不同期间的主营业务和其他业务的内容也不是固定不变的。

当企业发生其他业务收入时，按已收取或应收款项，借记“银行存款”“应收账款”“应收票据”等科目，按确定的收入金额，贷记“其他业务收入”科目，同时确认相关税金。在结转其他业务收入的同一会计期间，企业应根据本期应结转的其他业务成本金额，借记“其他业务成本”科目，贷记“原材料”“累计折旧”“应付职工薪酬”等科目。

基本账务处理如下所示。

1. 实现收入的账务处理

借：银行存款等相关账户　　　　×××

　　贷：其他业务收入　　　　　　　　　　　　×××
　　　　应交税费——应交增值税（销项税额）　　×××

2. **结转成本的账务处理**

借：其他业务成本　　　　　　　　　　　　×××
　　贷：原材料等相关账户　　　　　　　　　　×××

【例7-25】 江城公司将闲置的丙材料出售，价款10 000元，按13%计算应交增值税1 300元，款项已存入银行。

分析： 这项经济业务的发生，涉及“银行存款”“其他业务收入”和“应交税费——应交增值税”三个账户。一方面企业的银行存款增加，记入“银行存款”账户的借方；另一方面销售材料属于企业的其他业务，“其他业务收入”和“应交增值税”增加，记入这两个账户的贷方。这项经济业务的账务处理如下：

借：银行存款　　　　　　　　　　　　11 300
　　贷：其他业务收入　　　　　　　　　　　10 000
　　　　应交税费——应交增值税（销项税额）　　1 300

【例7-26】 企业结转售出丙材料的成本7 500元。

分析： 企业出售材料的收入属于其他业务收入。相应的售出材料的成本应记入“其他业务成本”账户。企业库存材料成本是由“原材料”账户核算，月终，应由该账户转入“其他业务成本”账户。这项经济业务的账务处理如下：

借：其他业务成本　　　　　　　　　　7 500
　　贷：原材料——丙材料　　　　　　　　　7 500

第六节　利润形成与分配业务的账务处理

一、利润形成的账务处理

（一）利润的形成

利润是指企业在一定会计期间的经营成果，包括收入减去费用后的净额、直接计入当期损益的利得和损失等。利润由营业利润、利润总额和净利润三个层次构成。

1. **营业利润**

营业利润是企业进行生产经营活动产生的利润，分为主营业务利润和其他业务利润。这一指标能够比较恰当地反映企业管理者的经营业绩，其计算公式如下：

营业利润＝营业收入－营业成本－税金及附加－销售费用－管理费用－财务费用－信用减值损失－资产减值损失＋公允价值变动收益（－公允价值变动损失）＋投资收益（－投资损失）＋其他收益＋资产处置收益（－资产处置损失）

其中，营业收入＝主营业务收入＋其他业务收入，营业成本＝主营业务成本＋其他业务成本。信用减值损失和资产减值损失是指企业计提各项资产减值准备所形成的损失。公允价值变动收益（或损失）是指企业交易性金融资产等公允价值变动形成的应计入当期损益的利得（或损失）。投资收益（或投资损失）是指企业以各种方式对外投资所取得的收益（或发生的损失）。

2. 利润总额

利润总额，又称税前利润，是营业利润加上营业外收入减去营业外支出后的金额，其计算公式如下：

利润总额＝营业利润＋（营业外收入－营业外支出）

其中，营业外收入是指企业发生的与其生产经营活动无直接关系的各项收入，包括固定资产盘盈、处置固定资产净收益、处置无形资产净收益、罚款净收入、捐赠利得等。营业外支出是指企业发生的与其生产经营活动无直接关系的各项支出，包括固定资产盘亏、处置固定资产净损失、处置无形资产净损失、罚款支出、公益性捐赠支出、非常损失等。

3. 净利润

净利润，又称税后利润，是利润总额扣除所得税费用后的净额，其计算公式如下：

净利润＝利润总额－所得税费用

所得税费用是指企业按照税法规定，就其生产经营所得和其他所得计算缴纳的一种税金，并将其计入当期损益所产生的费用。其计算方法是将企业所取得的利润总额，按税法规定进行调整后，乘以适用税率。企业所得税的税率一般为25%。亏损企业或享有免税政策的企业，可不计提企业所得税。

（二）账户设置

企业通常设置以下账户对利润形成业务进行会计核算。

1. “本年利润”账户

“本年利润”账户属于所有者权益类账户，用以核算企业当期实现的净利润（或发生的净亏损）。企业期（月）末结转利润时，应将各损益类账户的金额转入本账户，结平各损益类账户。

该账户贷方登记企业期（月）末转入的主营业务收入、其他业务收入、营业外收入和投资收益等，借方登记企业期（月）末转入的主营业务成本、税金及附加、其他业务成本、管理费用、财务费用、销售费用、营业外支出、投资损失和所得税费用等。上述结转完成后，余额如在贷方，即为当期实现的净利润；余额如在借方，即为当期发生的净亏损。年度终了，应将本年收入和支出相抵后结出的本年实现的净利润（或发生的净亏损）转入“利润分配——未分配利润”账户贷方（或借方），结转后本账户无余额。账户结构如图7－29所示。

借方　　　　　　本年利润	贷方
本期各损益类（支出）账户转入数	本期各损益类（收入）账户转入数
余额：本期发生的净亏损数	余额：本期实现的净利润数

图7－29　“本年利润”账户结构图

该账户一般不设明细账户。

2. “投资收益”账户

“投资收益”账户属于损益类账户，用以核算企业确认的投资收益或投资损失。

该账户贷方登记实现的投资收益和期末转入“本年利润”账户的投资净损失，借方登记发生的投资损失和期末转入“本年利润”账户的投资净收益。期末结转后，该账户无余额。账户结构如图 7－30 所示。

借方　　　　投资收益	贷方
投资损失 投资净收益转入“本年利润”的数额	投资收入 投资净损失转入“本年利润”的数额

图 7－30　“投资收益”账户结构图

该账户可按投资项目设置明细账户，进行明细分类核算。

3. “营业外收入”账户

“营业外收入”账户属于损益类账户，用以核算企业发生的各项营业外收入，主要包括非流动资产处置利得、非货币性资产交换利得、债务重组利得、政府补助、盘盈利得、捐赠利得等。

该账户贷方登记营业外收入的实现，即营业外收入的增加额，借方登记会计期末转入“本年利润”账户的营业外收入额。期末结转后，该账户无余额。账户结构如图 7－31 所示。

借方　　　　营业外收入	贷方
期末转入“本年利润”的金额	本期发生的营业外收入

图 7－31　“营业外收入”账户结构图

该账户可按营业外收入项目设置明细账户，进行明细分类核算。

4. “营业外支出”账户

“营业外支出”账户属于损益类账户，用以核算企业发生的各项营业外支出，包括非流动资产处置损失、非货币性资产交换损失、债务重组损失、公益性捐赠支出、非常损失、盘亏损失等。

该账户借方登记营业外支出的发生即营业外支出的增加额，贷方登记期末转入“本年利润”账户的营业外支出额。期末结转后，该账户无余额。账户结构如图 7－32 所示。

借方　　　　营业外支出	贷方
本期发生的营业外支出	期末转入“本年利润”的金额

图 7－32　“营业外支出”账户结构图

该账户可按支出项目设置明细账户，进行明细分类核算。

5. “所得税费用”账户

“所得税费用”账户属于损益类账户，用以核算企业确认的应从当期利润总额中扣除的所得税费用。

该账户借方登记企业应计入当期损益的所得税，贷方登记企业期末转入“本年利润”账户的所得税。期末结转后，该账户无余额。账户结构如图 7－33 所示。

借方	所得税费用 贷方
计算的应交所得税费	期末转入“本年利润”的金额

图 7－33 “所得税费用”账户结构图

该账户不设明细账户。

（三）账务处理

会计期末（月末或年末）结转各项收入时，借记“主营业务收入”“其他业务收入”“营业外收入”等科目，贷记“本年利润”科目；结转各项支出时，借记“本年利润”科目，贷记“主营业务成本”“税金及附加”“其他业务成本”“管理费用”“财务费用”“销售费用”“信用减值损失”“资产减值损失”“营业外支出”“所得税费用”等科目。

1. 利润总额形成的核算

基本账务处理如下所示：

（1）对外投资收益。

借：银行存款 ×××
　贷：投资收益 ×××

（2）营业外收入与营业外支出。

借：银行存款 ×××
　贷：营业外收入 ×××

借：营业外支出 ×××
　贷：银行存款 ×××

（3）期末结转各损益类账户。

①损益类（费用）账户结转。

借：本年利润 ×××
　贷：主营业务成本 ×××
　　其他业务成本 ×××
　　税金及附加 ×××
　　营业外支出 ×××
　　财务费用 ×××

管理费用　　×××

销售费用　　×××

②损益类（收入）账户结转。

借：主营业务收入　　×××

其他业务收入　　×××

营业外收入　　×××

投资收益　　×××

贷：本年利润　　×××

2. 企业所得税费用的核算

基本账务处理如下所示：

（1）计算应交所得税费用。

借：所得税费用　　×××

贷：应交税费——应交所得税　　×××

（2）结转所得税费用。

借：本年利润　　×××

贷：所得税费用　　×××

【例7－27】 江城公司收到对外投资分得的利润15 000元，存入银行。

分析： 收到对外投资分得的利润，一方面使企业银行存款增加，应借记“银行存款”账户；另一方面也使企业投资收益增加，贷记“投资收益”账户。其账务处理如下：

借：银行存款　　15 000

贷：投资收益　　15 000

【例7－28】 江城公司以银行存款支付公益性捐赠5 000元。

分析： 江城公司捐赠5 000元，使银行存款减少，应贷记“银行存款”账户；同时该项支出不属于营业范畴，应借记“营业外支出”账户。其账务处理如下：

借：营业外支出　　5 000

贷：银行存款　　5 000

【例7－29】 江城公司欠美登公司的货款1 000元因对方破产而无须支付，转作营业外收入。

分析： 江城公司所欠货款无须支付，使应付账款减少，应借记“应付账款”账户；同时该项业务不属于营业范畴，应贷记“营业外收入”账户。其账务处理如下：

借：应付账款——美登公司　　1 000

贷：营业外收入　　1 000

【例7－30】将本月损益类账户发生额转入“本年利润”账户。本月有关损益类账户发生额如表7－1所示。

表7－1　损益类账户的发生额

账户名称	借方发生额	贷方发生额	账户名称	借方发生额	贷方发生额
主营业务收入		360 000	销售费用	10 500	
主营业务成本	28 800		管理费用	23 320	
税金及附加	15 000		财务费用	4 500	
其他业务收入		50 000	营业外收入		1 000
其他业务成本	45 000		营业外支出	5 000	
投资收益		15 000			

①损益类（费用）账户结转。

借：本年利润　　391 320
　贷：主营业务成本　　288 000
　　　其他业务成本　　45 000
　　　税金及附加　　15 000
　　　营业外支出　　5 000
　　　财务费用　　4 500
　　　管理费用　　23 320
　　　销售费用　　10 500

②损益类（收入）账户结转。

借：主营业务收入　　360 000
　　其他业务收入　　50 000
　　营业外收入　　1 000
　　投资收益　　15 000
　贷：本年利润　　426 000

【例7－31】按本月利润总额的25%计算应纳所得税额并结转所得税费用。

应纳所得税额＝利润总额×25%＝(426 000－391 320)×25%＝8 670（元）

分析：该业务中，计算应纳所得税额形成应交未交税金，负债增加，应贷“应交税费——应交所得税”账户；同时，企业费用增加，应借记“所得税费用”账户。其账务处理如下。

①计算应交所得税费用。

借：所得税费用　　8 670
　贷：应交税费——应交所得税　　8 670

②结转所得税费用。

借：本年利润　　8 670

　贷：所得税费用　　8 670

二、利润分配的账务处理

利润分配是指企业根据国家有关规定和企业章程、投资者协议等，对企业当年可供分配利润指定其特定用途和分配给投资者的行为。利润分配的过程和结果不仅关系到每个股东的合法权益是否得到保障，而且还关系到企业的未来发展。

（一）利润分配的顺序

企业向投资者分配利润，应按一定的顺序进行。按照我国《公司法》的有关规定，利润分配应按下列顺序进行。

1. 计算可供分配的利润

企业在利润分配前，应根据本年净利润（或亏损）与年初未分配利润（或亏损）、其他转入的金额（如盈余公积弥补的亏损）等项目，计算可供分配的利润，即：可供分配的利润＝净利润（或亏损）＋年初未分配利润－弥补以前年度的亏损＋其他转入的金额。如果可供分配的利润为负数（即累计亏损），则不能进行后续分配；如果可供分配利润为正数（即累计盈利），则可进行后续分配。

2. 提取法定盈余公积

按照《公司法》的有关规定，公司应当按照当年净利润（抵减年初累计亏损后）的10%提取法定盈余公积，提取的法定盈余公积累计额超过注册资本50%以上的，可以不再提取。

3. 提取任意盈余公积

公司提取法定盈余公积后，经股东大会决议，还可以从净利润中提取任意盈余公积。

4. 向投资者分配利润（或股利）

企业可供分配的利润扣除提取的盈余公积后，形成可供投资者分配的利润，即：可供投资者分配的利润＝可供分配的利润－提取的盈余公积。企业可采用现金股利、股票股利和财产股利等形式向投资者分配利润（或股利）。

（二）账户设置

企业通常设置以下账户对利润分配业务进行会计核算。

1. “利润分配”账户

“利润分配”账户属于所有者权益类账户，用以核算企业利润的分配（或亏损的弥补）和历年分配（或弥补）后的余额。

该账户借方登记实际分配的利润额，包括提取的盈余公积和分配给投资者的利润，以及年末从“本年利润”账户转入的全年发生的净亏损；贷方登记用盈余公积弥补的亏损额等其他转入数，以及年末从“本年利润”账户转入的全年实现的净利润。年末，应将“利润分配”账户下的其他明细账户的余额转入“未分配利润”明细账户，结转后，除“未分配利润”明细账户可能有余额外，其他各个明细账户均无余额。“未分配利润”明细账户的贷方余额为历年累积的未分配利润（即可供以后年度分配的利润），借方余额为历年累积的未弥补亏损（即留待以后年度弥补的亏损）。账户结构如图 7－34、7－35、7－36、7－37 所示。

借方 利润分配	贷方
从“本年利润”账户转入的净亏损、实际分配的利润数	从“本年利润”账户转入的净利润
余额：历年累积未弥补的亏损	余额：历年累积未分配的利润

图 7－34 “利润分配”账户结构图

借方 利润分配——提取法定盈余公积	贷方
提取的盈余公积数	转入“利润分配——未分配利润”账户的数额

图 7－35 “利润分配——提取法定盈余公积”账户结构图

借方 利润分配——应付现金股利	贷方
向投资者分配的利润	转入“利润分配——未分配利润”账户的数额

图 7－36 “利润分配——应付现金股利”账户结构图

借方 利润分配——未分配利润	贷方
从利润分配的其他明细账户转入的实际分配数额	由本年利润转入全年实现的净利润
余额：尚未弥补亏损	余额：尚未分配利润

图 7－37 “利润分配——未分配利润”账户结构图

该账户应当分别按“提取法定盈余公积”“提取任意盈余公积”“应付现金股利或利润”“盈余公积补亏”和“未分配利润”等进行明细核算。

2. **“盈余公积”账户**

“盈余公积”账户属于所有者权益类账户，用以核算企业从净利润中提取的盈余公积。

该账户贷方登记提取的盈余公积，即盈余公积的增加额，借方登记实际使用的盈余公积，即盈余公积的减少额。期末余额在贷方，反映企业结余的盈余公积。账户结构图如图 7－38 所示。

借方	盈余公积　　　　贷方
实际使用的盈余公积数	从税后利润中提取的盈余公积数
	余额：结余数

图 7－38 “盈余公积”账户结构图

该账户应当分别“法定盈余公积”“任意盈余公积”进行明细核算。

3. **“应付股利”账户**

“应付股利”账户属于负债类账户，用以核算企业分配的现金股利或利润。

该账户贷方登记应付给投资者股利或利润的增加额，借方登记实际支付给投资者的股利或利润，即应付股利的减少额。期末余额在贷方，反映企业应付未付的现金股利或利润。账户结构如图 7－39 所示。

借方	应付股利　　　　贷方
实际向投资者支付的现金股利或利润数	计提的应付给投资者的现金股利或利润数
	余额：应付未付的现金股利或利润

图 7－39 “应付股利”账户结构图

该账户可按投资者或股利、利润类型进行明细核算。

（三）账务处理

1. **利润分配业务的核算内容**

（1）净利润转入利润分配。

会计期末，企业应将当年实现的净利润转入“利润分配——未分配利润”科目，即借记“本年利润”科目，贷记“利润分配——未分配利润”科目。若为净亏损，则做相反会计分录。

（2）提取盈余公积。

企业提取的法定盈余公积，借记“利润分配——提取法定盈余公积”科目，贷记“盈余公积——法定盈余公积”科目；提取的任意盈余公积，借记“利润分配——提取任意盈余公积”科目，贷记“盈余公积——任意盈余公积”科目。

（3）向投资者分配利润或股利。

企业根据股东大会或类似机构审议批准的利润分配方案，按应支付的现金股利或利润，借记“利润分配——应付现金股利”科目，贷记“应付股利”等科目；以股票股利转作股本的金额，借记“利润分配——转作股本股利”科目，贷记“股本”等科目。

（4）企业未分配利润的形成。

年度终了，企业应将“利润分配”科目所属其他明细科目的余额转入该科目“未分配利润”明细科目，即借记“利润分配——未分配利润”等科目，贷记“利润分配——提取法定盈余公积”“利润分配——提取任意盈余公积”“利润分配——应付现金股利”等科目。

结转后，“利润分配”科目中除“未分配利润”明细科目外，所属其他明细科目无余额。“未分配利润”明细科目的贷方余额表示累积未分配的利润，该科目如果出现借方余额，则表示累积未弥补的亏损。

2. **利润分配业务的账务处理**

利润分配业务的基本账务处理如下所示。

（1）结转本年利润。

借：本年利润　　×××

　贷：利润分配——未分配利润　　×××

（2）提取盈余公积。

借：利润分配——提取法定/任意盈余公积　　×××

　贷：盈余公积　　×××

（3）向投资者分配利润。

借：利润分配——应付现金股利　　×××

　贷：应付股利　　×××

（4）将利润分配各明细账户转入未分配利润账户。

借：利润分配——未分配利润　　×××

　贷：利润分配——提取法定/任意盈余公积　　×××

　　　　　　　——应付现金股利　　×××

【例7－32】承【例7－31】结转本年利润。

借：本年利润　　26 010

　贷：利润分配——未分配利润　　26 010

【例7－33】根据规定，按净利润的10%提取法定盈余公积金，假定企业全年实现的净利润为26 010元。应提取的法定盈余公积金＝26 010×10%＝2 601（元）。

分析：提取法定盈余公积金属于利润分配去向，应记入“利润分配”相关明细账户的借方；同时企业盈余公积增加，记贷方。其账务处理如下：

借：利润分配——提取法定盈余公积　　2 601

　贷：盈余公积　　2 601

【例7－34】按照批准的方案，向投资者分配现金股利8 000元。

分析：向投资者分配现金股利属于利润分配去向，应记入“利润分配”相关明细账户的借方；同时向投资者分配股利尚未支付，形成负债，记“应付股利”的贷方。其账务处理如下：

借：利润分配——应付现金股利　　8 000

　贷：应付股利　　8 000

【例7－35】将“利润分配”账户所属的各明细分类账户的分配数（其中：提取盈余公积金2 601元、应付股利8 000元）结转到“利润分配——未分配利润”账户。

借：利润分配——未分配利润　　10 601

　贷：利润分配——提取法定盈余公积　　2 601

　　　　　　　——应付现金股利　　8 000

复习思考题

1. 一般企业的经济业务主要包括哪些方面？它们之间的关系是怎样的？
2. 在现代企业中，经营资金的筹集方式主要有哪些渠道？
3. 材料采购的成本包括哪些内容？
4. 什么叫生产费用与生产成本？二者的关系是怎样的？
5. 什么叫主营业务成本？其经济性质是怎样的？

练习题

【目的】练习企业经营活动的账务处理方法。

【资料】假定鸿达公司某年12月发生如下交易或事项：

1. 从北方公司购入甲材料。对方开具的增值税专用发票载明：数量2 000千克，单价2.00元，价款4 000元，增值税税额520元，价税款合计4 520元。已用银行存款支付。

2. 根据合同规定，用银行存款6 780元向东方公司预付购买乙材料价税款。

3. 向东方公司预付款的乙材料到货。对方开具的增值税专用发票载明：数量6 000千克，单价1.00元，价款6 000元，增值税税额780元，价税款合计6 780元。

4. 从东方公司购入的甲、乙两种材料发生共同性运费480元。按两种材料的重量分配，甲材料应分配120元，乙材料应分配360元。

5. 从东方公司购入乙材料。对方开具的增值税专用发票载明：数量3 000千克，单价1.00元，价款3 000元，增值税税额390元，价税款合计3 390元。另由东方公司为本企业代垫该批材料运输费180元。材料已运达企业，但货款尚未支付。

6. 用银行存款3 570元偿还前欠东方公司货款。

7. 购入的甲、乙两种材料已验收入库。甲材料实际成本为3 920元，乙材料实际成本为9 540元。

8. 购入甲材料发生市内运输费100元，用现金支付。

9. 月末计算本月设备折旧额为5 800元，其中，产品生产部门使用的固定资产折旧额为5 000元；公司管理部门使用的固定资产折旧额为800元。

10. 根据当月各种领料单编制的发出材料汇总表及汇总结果如下：

表7－2　发出材料汇总表

数量单位：千克
金额单位：元

用途	甲材料			乙材料			金额合计
	数量	单价	金额	数量	单价	金额	
制造产品耗用							
A产品	10 000	2.00	20 000				20 000
B产品				40 000	1.10	44 000	44 000
制造部门一般耗用				600	1.10	660	660
合计	10 000	2.00	20 000	40 600		44 660	64 660

11. 计算出本月应付职工工资 19 000 元。其中：生产 A 产品工人工资 7 000 元，生产 B 产品工人工资 10 000 元；车间管理人员工资 2 000 元。

12. 从银行提取现金 19 000 元备发工资。

13. 用现金 19 000 元支付职工工资。

14. 计算分配本月福利费 2 660 元。其中：生产 A 产品工人福利费 980 元，B 产品生产工人福利费 1 400 元；车间管理人员福利费 280 元。

15. 用银行存款支付生产车间发生的水电费 420 元。

16. 计提生产车间固定资产折旧 900 元。

17. 按生产 A、B 两种产品生产工人工资总额比例分配制造费用，并计入产品生产成本。假定本月应分配制造费用总额为 4 760 元。按生产工人工资总额为标准分配，A 产品生产应分配制造费用 1 960 元，B 产品生产应分配制造费用 2 800 元。

18. 本月生产 A、B 两种产品各 50 件，月末全部完工，完工成本分别为 29 940 元和 58 200 元。结转两种产品的完工成本。

19. 销售 A 产品 200 件，每件售价 3 000 元，增值税销项税额 78 000 元。价税款合计 678 000 元收到并已存入银行。

20. 向盛华公司销售 B 产品 40 件，每件售价 2 500 元，增值税销项税额 13 000 元。已委托开户银行向购货方收款。

21. 向腾达公司销售 A 产品 30 件，每件售价 3 000 元，增值税销项税额 11 700 元。商品已经发出，收到购货单位开出并承兑的商业汇票一张，票面金额为 101 700 元。

22. 预收星海公司购买 B 产品 300 件的价税款 847 500 元，已存入银行。

23. 向星海公司发出 B 产品 150 件，每件售价 2 500 元，增值税销项税额 48 750 元，价税款合计 423 750 元。

24. 接银行通知，委托银行向盛华公司收取的应收款项 113 000 元已收妥入账。

25. 本月销售 A 产品的成本为 490 000 元、销售 B 产品的成本为 385 000 元。结转已销售产品成本。

26. 出售甲材料一批，价款 10 000 元，增值税销项税额 1 300 元。价税款合计 11 300 元收到并已存入银行。

27. 确认并结转出售甲材料的成本 9 000 元。

【要求】根据所给资料确定应填制专用记账凭证的种类，并编制会计分录。

第八章 财产清查

本章摘要

财产清查是会计核算的一种方法。本章概括地阐明了财产清查的一般基础知识。学习本章，学生应了解财产清查的意义和种类，明确财产清查前的准备工作和财产物资盘存制度，掌握各项财产物资和往来款项的清查方法以及财产清查结果的处理等方面的知识和技能。

内容导图

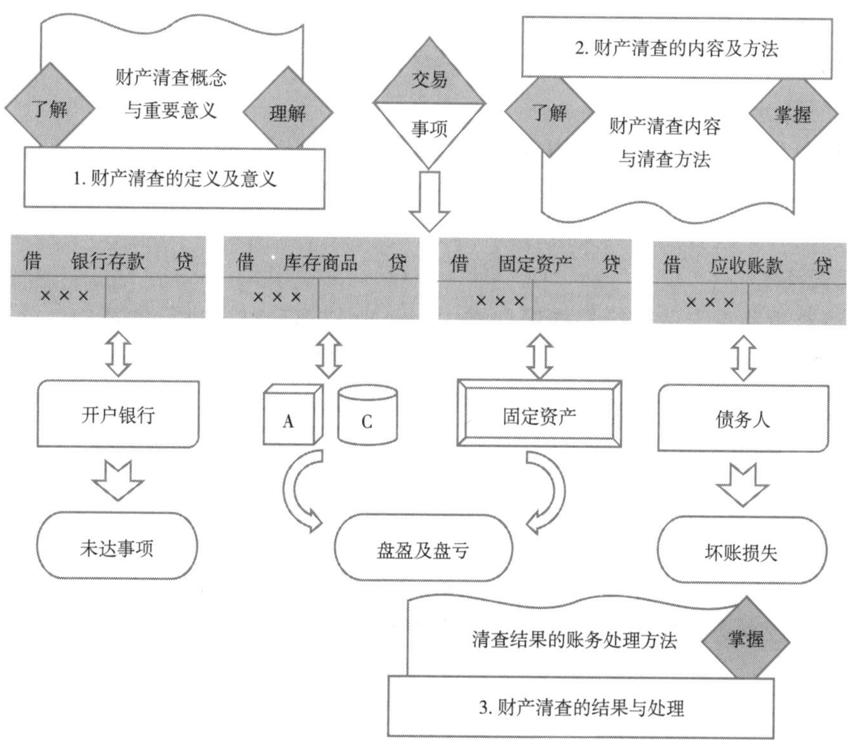

图 8－1 内容导图

第一节　财产清查的概念

一、财产清查的定义

财产清查也称财产检查，是指通过对货币资金、实物的实地盘点和对银行存款、往来款项的核对，查明各项货币资金、财产物资、往来款项的实有数和账面数是否相符的一种会计核算的专门方法。

我国《会计法》第十七条规定，各单位应当定期将会计账簿记录与实物、款项及有关资料相互核对，保证会计账簿记录与实物及款项的实有数额相符。

为了正确掌握各项财产的真实情况，做到家底清楚，心中有数，保证会计资料的准确性，必须在账簿记录的基础上运用财产清查这一方法，对本单位各项财产、物资和货币资金等进行定期或不定期的清查，使账簿记录与实物数、款项实存数相符，保证会计核算资料的真实性。

二、财产清查的种类

（一）按清查范围分类

财产清查按清查范围的不同，可分为全面清查和局部清查。

1. **全面清查**

全面清查是指对所有的财产物资进行全面盘点与核对，包括货币资金、实物资产和债权债务等毫无遗漏地逐项进行的清查。全面清查范围广，工作量大，一般在年终决算或企业撤销、合并或改变隶属关系时进行。

2. **局部清查**

局部清查也称重点清查，是指根据需要对企业的部分财产进行的清查。除年度全面清查外，还应根据需要随时轮流盘点或重点抽查。各种贵重物资每月至少清查一次，库存现金要每日核对，银行存款要按银行对账单逐笔核对。

（二）按其清查时间分类

财产清查按清查时间的不同，可分为定期清查和不定期清查。

1. **定期清查**

定期清查是指根据预先计划安排的时间对企业财产进行的清查。例如，按照要求，企业在期末编制财务报告前，应先进行财产清查。为此，财产清查必须按月或按年定期进行。

2. **不定期清查**

不定期清查是指根据需要对企业财产进行的临时清查。如企业的资产保管或使用人员调离原岗位时，需要对其保管或使用的资产进行清查盘点。这种清查一般是临时发生的。

(三) 按清查执行单位的不同分类

财产清查按清查执行单位的不同，可分为内部清查和外部清查。

1. **内部清查**

内部清查是指由企业组织内部有关人员对本企业财产进行的清查。

2. **外部清查**

外部清查是指由企业外部的有关部门或人员根据有关规定对本企业财产进行的清查。例如，企业的上级管理部门和保险公司等由于某些方面的需要而对本企业财产进行的清查等。

三、财产清查的意义

(一) 保证账簿记录的真实准确，确保账实相符

在实务中，由于自然损耗、收发过程中计量不准确、自然灾害的破坏，以及贪污或盗窃等都会引起企业资产的流失和短缺，从而导致各种财产物资的实际情况与其账簿记录不符，即账实不符。企业的债权也有可能由于债务人清偿能力的不足，或清算、破产等原因，使债权企业不能按预期收回或不能足额收回。因此，为了保证账簿记录的真实准确，确保账实相符和企业财产的安全完整，就必须定期或不定期地进行清查。

(二) 真实反映企业的财务状况，确保财务报告质量

企业进行财产清查的根本目的在于切实反映资产的状况，通过对财产进行清查，及时反映由于某些特殊原因（如盘盈、盘亏或毁损）增加或减少的资产，切实确认企业的债权债务，并经过账务处理，使企业的财产物资和债权债务等的实际情况与其账面记录达到完全一致，使账簿记录能够真实地反映企业的资产、负债等情况。企业的资产、负债状况是企业财务状况的主要构成部分，也是企业向财务报告使用者提供相关会计信息的主要内容，因而进行财产清查，夯实企业资产的真实结存数额等，是保证财务报告质量的基础和前提。

第二节 财产清查的内容

一、财产清查的准备工作

(一) 组织上的准备

为了使财产清查能够有效地进行，保证财产清查的工作质量，财产清查时必须成立专门领导小组，在单位负责人和会计部门负责人的领导下，成立由财会、技术、实物保管和使用等有关部门组成的财产清查领导小组。清查小组主要负责以下工作。

(1) 制订清查工作计划，明确清查范围，确定财产清查工作的详细步骤，配备有能力的财产清查人员。

（2）检查和督促清查工作，及时解决清查工作中出现的问题。

（3）在清查工作结束后，总结清查工作的经验和教训，写出清查工作的总结报告，并提出财产清查结果的处理意见。

（二）业务上的准备

业务上的准备是进行财产清查至关重要的前提条件，所以，各有关部门必须做好如下准备工作。

（1）会计部门要在财产清查之前将所有的经济业务登记入账并结出余额，做到账账相符、账证相符，为财产清查提供可靠的依据。

（2）财产物资保管部门要在财产清查前将各项财产物资的增减变动办好凭证手续，全部登记入账，结出各账户余额，并与会计部门的有关财产物资核对相符，同时将各种财产物资排列整齐，贴上标签，标明品种、规格及结存数量，以便进行实物盘点。

（3）财产清查人员还要准备好有关计量器具，以及各种必要的凭证、表格等。

二、货币资金清查的内容与方法

货币资金清查具体包括库存现金的清查和银行存款的清查。

（一）库存现金的清查

库存现金是指企业存放于财会部门，由出纳人员经管的用于日常零星开支的现款。库存现金是企业流动性最强的资产，也最易流失。

1. 清查方法

对库存现金清查一般采用实地盘点法。每日终了，应当在库存现金日记账上计算当日的库存现金收入合计数、支出合计数和结余数，再对库存现金进行盘点确定其实有数，并将库存现金日记账上的结余数与库存现金实有数进行核对，做到账实相符。

2. 清查手续

对库存现金进行盘点并核对后，如果账实不符，应根据核对结果填写库存现金盘点报告表，并由盘点人员和出纳员共同签名或盖章。库存现金盘点报告表是进行库存现金清查结果处理的重要原始凭证，其格式及内容如表 8－1 所示。

表 8－1　库存现金盘点报告表

单位名称：　　　　　　　　　　　年　月　日

实存金额	账存金额	实存金额与账存金额对比		备注
		盘盈（长款）	盘亏（短款）	
盘点后得到的实际结存金额	企业库存现金日记账金额	实际金额多于账存金额	实际金额少于账存金额	

盘点人：（签章）　　　　　　　　　　　　　　出纳员：（签章）

对库存现金清查中发现的盘盈（长款）、盘亏（短款），清查人员应认真查明原因。如有挪用现金、白条顶库的情况，应及时予以纠正；对于超限额留存的现金应及时送存银行，如有账款不符，发现有待查明原因的现金短缺或溢余，及时报请企业有关部门负责人批准，财会部门应按规定进行相关的账务处理。

（二）银行存款的清查

银行存款是企业存放在银行存款户的货币资金，清查银行存款时应与企业的开户银行进行核对。

1. **清查方法**

银行存款清查的基本方法是将企业银行存款日记账的记录情况与其开户银行转来的对账单逐笔核对，确定双方的记录是否相符。

2. **清查手续**

经过核对，如果企业的银行存款日记账与银行对账单双方记录一致，说明不存在问题；如果双方记录不一致，则应查明原因。双方记录不一致的原因主要有：其一，可能在银行或企业的某一方存在错账，如方向记错或金额写错等，企业应及时与开户银行沟通并加以更正。其二，可能存在未达账项。

3. **未达账项**

未达账项是指企业与其开户银行之间由于结算凭证传递时间上的差异，导致双方记账时间不一致，对于双方都应予登记的同一笔交易或事项，一方已经登记入账，另一方由于没有接到有关结算凭证而暂未登记入账的款项。未达账项具体有下列几种情况。

（1）企业的未达账项。

①银行已收款入账，而企业尚未入账的款项。如银行已收款入账而企业尚未入账的托收货款、存款利息收入等。

②银行已付款入账，而企业尚未入账的款项。如银行已付款入账而企业尚未收到付款通知的借款利息等。

（2）银行的未达账项。

①企业已收款入账，而银行尚未入账的款项。如企业将收到的转账支票存入银行，但银行尚未办理转账等。

②企业已付款入账，而银行尚未入账的款项。如企业开出支票但持票人尚未送交银行办理转账等。

实际工作中，对各种未达账项是通过编制“银行存款余额调节表”进行调节的。其公式如下：

银行存款日记账余额＋银行已收企业未收的款项－银行已付企业未付的款项＝银行对账单余额＋企业已收银行未收的款项－企业已付银行未付的款项

现举例说明“银行存款余额调节表”的编制方法。

【例8－1】江城公司20××年12月31日银行存款日记账账面余额为67 280元，银行送来的对账单上所列的本企业银行存款余额为98 800元，经逐笔核对发现如下未达账项。

（1）12月30日，江城公司收到购货方开具的用于支付货款1 200元的转账支票一张，公司已记银行存款增加，但尚未到银行办理转账手续。

（2）12月29日，银行受江城公司委托收回华兴公司所欠货款1 180元，银行已经收到入账，但收款通知尚未到达企业。

（3）12 月 29 日，江城公司开出转账支票 32 000 元预付货款，持票单位尚未到银行办理转账。

（4）12 月 30 日，银行代扣电费 460 元，因付款通知尚未到达江城公司，公司尚未入账。

根据以上资料，通过编制“银行存款余额调节表”（如表 8－2 所示），进行调节。

表 8－2　银行存款余额调节表

202×年 12 月 31 日　　　　单位：元

银行存款日记账	金额	银行对账单	金额
账面存款余额	67 280	账面存款余额	98 800
（2）加：银行已收、企业未收的销货款	1 180	（1）加：企业已收、银行未收的销货款	1 200
（4）减：银行已付、企业未付的电费	460	（3）减：企业已付、银行未付购货款	32 000
调整后的存款余额	68 000	调整后的存款余额	68 000

调整后左右两边余额相等，说明双方记账没有差错，表明企业的银行存款账实相符。如果不相等，表明记账有差错，就需进一步查对，找出原因，更正错误的记录。

调整后的银行存款余额，是企业可以动用的银行存款实际数。

需要指出的是，对于银行已经入账而企业尚未入账的未达账项，一定要待结算凭证到达后方可进行账务处理。

三、存货清查的内容与方法

（一）存货清查的内容

在产品生产企业，存货是指企业购入的准备用于产品生产的原料和材料、处于生产过程中的在产品，以及生产完工但暂未销售的产成品，主要包括原材料、在产品（生产成本）和库存商品等。存货清查的目的在于查明各种存货的实际结存数量与其账面结存数量是否相符。由此可见，存货实际结存数量是存货清查需要解决的关键，而存货实际结存数量的确定方法与企业采用的存货盘存制度有密切关系。

（二）存货盘存制度

存货的盘存制度有两种，即永续盘存制和实地盘存制。单位可根据经营管理的需要和存货品种的不同，分别采用不同的方法，以达到弄清账实、查明原因、提高经营管理水平的目的。

1. 永续盘存制

永续盘存制也称账面盘存制，指对存货项目设置经常性的库存记录，即分品名、规格设置存货明细账，逐笔或逐日地登记收入和发出的存货，并随时计算结存数。通过会计账簿资料，就可以完整地反映存货的收入、发出和结存情况。在没有发生丢失和被盗的情况下，存货账户的余额应当与实际库存相符。采用永续盘存制，并不排除对存货的实物盘点，为了核对存货账面记录，加强对存货的管理，每年至少应对存货进行一次全面盘点，具体盘点次数视企业内部控制要求而定。

永续盘存制下期末结存存货成本的确定。在会计上对存货进行实物数量核算，对某些资产而言是十分重要的。但是，会计管理的性质决定了对存货还需要进行价值量的核算。企业在会计期末确定了存货结存数量的基础上，还应采用一定方法确认结存存货的成本。在实务中，期末结存存货实际成本的计算应分以下两种情况进行。

（1）同一种存货，入库批次不同但单位成本相同，这种情况是指某种存货虽然其验收入库的时间有先有后，但各批次的单位采购成本或生产成本是一样的。在这种情况下，不论是本期发出的存货，还是期末结存的存货，在单位成本上是没有差异的。因此，期末结存存货的实际成本就可以按照下列公式计算：

某种存货期末结存成本 = 该存货单位成本 × 该存货数量

（2）同一种存货，入库批次不同单位成本也不同，这种情况是指同一种存货由于采购或生产时间的不同，各批次的单位成本也不完全一样。比如，同样是甲材料，由于采购时间、厂家和入库方式不同，各批次的单位成本也可能会有较大差别，这种情况直接影响到期末结存存货成本的确定。当同一种存货各入库批次的单位成本不一致时，其期末结存成本应采用以下公式计算。

某种存货期末结存成本 = 该存货的期初结存成本 + 该存货的本期增加成本 − 该存货的本期减少成本

2. **实地盘存制**

实地盘存制也是确定期末存货结存数量的基本方法之一，但其具体做法与永续盘存制有着较大不同。

实地盘存制是在会计期末时通过实地盘点确定存货结存数量，并据以计算本期发出存货成本和期末结存存货成本的一种方法。

采用实地盘存制时，也需要设置有关存货的明细分类账，但在账户中只登记其月初结存数量，平时也只登记存货的增加数，不登记存货的减少数，月末时，先通过实地盘点确定存货的实存数量，再采用倒推的方法计算确定本月存货的发出数，并将其作为本期的实际减少数登记入账。本期的实际减少数可以按照下列公式计算：

本期存货减少数 = 期初存货数 + 本期存货增加数 − 期末结存存货数

在实地盘存制下，存货的结存数量是通过月末实地盘点后确定，存货的减少数是在月末时根据月初结存数量与本月增加数之和减去经过实地盘点得到的实际结存数量倒推计算出来。

实地盘存制下计算发出存货成本和期末结存成本的方法。在实地盘存制下，由于各种存货的结存数量和当月发出数只有在月末时才能得以确认，因而发出存货成本的计算只能放在月末进行。在实地盘存制下，对发出存货成本的计算同样取决于企业所采用的发出存货计价方法。在计算确定本期发出存货成本的基础上，期末存货的结存成本采用以下公式计算即可。

某种存货期末结存成本 = 该存货的期初结存成本 + 该存货的本期增加成本 − 该存货的本期减少成本

（三）存货清查的方法

在财产清查过程中，存货保管人员与盘点人员须同时在场清查，以明确经济责任。清查盘点的结果应及时登记在“盘存单”上（格式如表 8－3 所示），由盘点人和存货保管人签字或盖章。

表 8－3　盘存单

单位名称：　　　　　　　　　　　　　　　　　　　　编号：

盘点时间：　　　　　　　　财产类别：　　　　　　　　存放地点：

编号	名称	计量单位	数量	单价	金额	备注

盘点人：（签章）　　　　　　　　　　　　　　　　保管人：（签章）

盘存单是记录实物盘点结果的书面文件，也是反映资产实有数的原始凭证。为了进一步查明盘点结果同账簿余额是否一致，还应根据盘存单和账簿记录编制实存账存对比表（格式如表 8－4 所示）。该表是一个非常重要的原始凭证，在这个凭证上所确定的各种实物的实存同账存之间的差异，既是经批示后调整账簿记录的凭证，也是分析差异原因，查明责任的依据。

表 8－4　实存账存对比表

单位名称：　　　　　　　　　　　　年　　月　　日

编号	名称	计量单位	单价	实存		账存		差异				备注
								盘盈		盘亏		
				数量	金额	数量	金额	数量	金额	数量	金额	

盘点人：（签章）　　　　　　　　　　　　　　　　保管人：（签章）

四、固定资产清查的内容与方法

（一）固定资产清查的内容

在产品生产企业，固定资产清查的内容主要包括：企业购建的用于产品生产或经营管理的房屋、建筑物以及各种设备等。清查的目的是保证各种固定资产的实际结存数量与其账面结存数量完全相符。

（二）固定资产清查的方法

固定资产清查的基本方法是实地盘点法，一般采用全面盘点法。将通过实地盘点得到的各种固定资产的实有数量分别与其账面的结存数量进行核对，借以确定账实是否相符。

（三）固定资产清查的手续

进行固定资产清查也应填写盘存单和实存账存对比表。盘存单是在固定资产清查过程中填写的，反映固定资产的实存数量，目的是为与各种固定资产账面数的核对提供依据。实存账存对比表是将盘存单上的实存数量与账面数量核对以后，根据固定资产账实相符或不符的情况填制的单据。盘存单和实存账存对比表的格式可参见表 8－3 和表 8－4。

五、往来款项清查的内容与方法

（一）往来账项清查的内容

往来账项主要包括应收账款、应付账款、预收账款和预付账款等款项。

（二）往来账项清查的方法

与银行存款的清查一样，也是采取同对方单位核对账目的方法。首先，应将本单位往来账目核对清楚，确认准确无误后，再向对方填发往来款项对账单（见表 8－5）交由对方进行核对，并由对方提出确认或不确认的意见。在收到对方回单后，应填制往来账项清查表，其格式如表 8－6 所示。

表 8－5　往来款项对账单

往来款项对账单

××公司：

你单位 2020 年 10 月购入我单位 A 产品 100 件，货款共计 8 000 元，已付 5 000 元，尚有 3 000 元未付，请核对后将回联单寄回。

核查单位：江城公司（盖章）
2020 年 12 月 23 日

沿此虚线裁开，将以下回联单寄回。

往来款项对账单（回联）

江城公司：

你单位寄来的往来款项对账单已收到，经核查无误。

××公司（盖章）
2020 年 12 月 23 日

表 8-6　往来账项清查表

总分类账户名称：　　　　　　　　20××年×月×日

明细分类账户		清查结果		核对不符原因分析			备注
名称	账面余额	核对相符金额	核对不符金额	未达账项金额	有争议款项金额	其他	

通过往来账项的清查，要及时催收该收回的账款，偿还该偿付的账款，对呆账、坏账也应及时处理。

第三节　财产清查结果的处理

一、财产清查结果处理的主要步骤

对在财产清查中发现的盘盈和盘亏，应按以下步骤进行处理。

（一）核准盈亏金额，提出处理意见

财产清查结束以后，清查人员要核准盈亏金额，查明盈亏的性质和原因，据实提出处理意见，并报告给单位负责人或有关部门。

（二）调整账簿记录，做到账实相符

会计人员根据财产清查的有关原始凭证调整账簿记录，做到账实相符。同时，将发生的盘盈和盘亏在专门的账户中记录，以待处理。

（三）报经批准以后，核销盘盈盘亏

会计人员应根据单位负责人或有关部门的批准意见，将待处理的盘盈和盘亏等予以转销。

二、财产清查结果的账务处理

（一）库存现金清查结果的账务处理

1. 账户设置

进行库存现金清查结果的账务处理，通过“待处理财产损溢”账户进行。

“待处理财产损溢”账户是资产类账户，用以核算企业在财产清查过程中查明的各

种财产的盘盈、盘亏和毁损的价值及其处理情况。该账户借方登记各项财产的盘亏和毁损数及报经批准后的盘盈转销数；贷方登记各项财产（固定资产除外）的盘盈及报经批准后的盘亏转销数。期末贷方余额表示尚待批准处理的财产物资盘盈数；期末借方余额则表示尚待批准处理的财产物资盘亏和毁损数。企业应查明财产盘盈、盘亏和毁损的原因，在期末结账前处理完毕，处理后该账户应无余额。该账户应分别按盘盈、盘亏资产的种类和项目设置明细分类账户，进行明细分类核算。

属于现金短缺，应按实际短缺的金额，借记"待处理财产损溢——待处理流动资产损溢"科目，贷记"库存现金"科目；属于现金溢余，按实际溢余的金额，借记"库存现金"科目，贷记"待处理财产损溢——待处理流动资产损溢"科目。待查明原因后做出如下处理。

（1）如为现金短缺，属于应由责任人赔偿或保险公司赔偿的部分，计入其他应收款；属于无法查明原因的，计入管理费用。

（2）如为现金溢余，属于应支付给有关人员或单位的，计入其他应付款；属于无法查明原因的，计入营业外收入。

2. **账务处理**

现举例说明库存现金清查结果的账务处理。

【例8-2】20××年3月江城公司清查库存现金发现短缺200元。

①根据库存现金盘点报告单，做如下会计分录：

借：待处理财产损溢——待处理流动资产损溢　200

　贷：库存现金　200

②经查上述现金短缺属于出纳员的保管责任，应由出纳员小李赔偿200元。做如下会计分录：

借：其他应收款——小李　200

　贷：待处理财产损溢——待处理流动资产损溢　200

【例8-3】20××年3月江城公司清查库存现金发现溢余现金200元。

①根据现金盘点报告单，做如下会计分录：

借：库存现金　200

　贷：待处理财产损溢——待处理流动资产损溢　200

②经查上述现金溢余原因不明，经批准转销，做如下会计分录：

借：待处理财产损溢——待处理流动资产损溢　200

　贷：营业外收入——现金溢余　200

（二）存货清查结果的账务处理

1. **账户设置**

存货清查结果的账务处理主要包括在财产清查中发现的库存材料、库存商品的盘盈和盘亏的账务处理。存货清查结果的账务处理也主要通过"待处理财产损溢"账户进行，此外还涉及"原材料"和"库存商品"等账户。

（1）如为盘盈的存货，在月末结算前查明原因，盘盈的存货一般是收发计量或核算上的误差等原因造成的，在按规定手续报经批准后，冲减当期的管理费用。

(2) 如为盘亏、毁损的存货，在按规定手续报经批准后，存货盘亏、毁损，应根据不同的情况分别处理：第一，属于自然损耗产生的定额内损耗，计入管理费用；第二，属于计量收发差错和管理不善等原因造成的存货短缺或毁损，应先扣除残料价值、可以收回的保险赔款和过失人的赔偿，然后将净损失计入管理费用；第三，属于自然灾害或意外事故等非常原因造成的存货毁损，应先扣除残料价值、可以收回的保险赔款和过失人的赔偿，然后将净损失计入营业外支出。

2. 账务处理

现举例说明存货清查结果的账务处理。

【例 8-4】 江城公司在财产清查中盘盈甲材料 1 500 千克，实际成本为 3 000 元，经查属于材料收发计量方面的错误。江城公司应编制如下会计分录。

批准处理前：

借：原材料——甲材料　　3 000

　贷：待处理财产损溢——待处理流动资产损溢　　3 000

批准处理后，冲减当期的管理费用：

借：待处理财产损溢——待处理流动资产损溢　　3 000

　贷：管理费用　　3 000

【例 8-5】 江城公司在财产清查中盘亏乙材料 100 千克，实际成本为 500 元，经查属于自然损耗产生的定额内损耗。江城公司应编制如下会计分录。

批准处理前：

借：待处理财产损溢——待处理流动资产损溢　　500

　贷：原材料——乙材料　　500

批准处理后，计入企业的管理费用：

借：管理费用　　500

　贷：待处理财产损溢——待处理流动资产损溢　　500

【例 8-6】 江城公司在财产清查中发现 C 材料毁损 15 箱，单位成本为 100 元/箱。经查属于材料保管员小王的过失造成的，按规定由其个人赔偿 1 000 元，残料已办理入库手续，价值 300 元。江城公司应编制如下会计分录。

批准处理前：

借：待处理财产损溢——待处理流动资产损溢　　1 500

　贷：原材料——C 材料　　1 500

批准处理后：

①由保管员小王赔偿部分：

借：其他应收款——小王　　1 000

　贷：待处理财产损溢——待处理流动资产损溢　　1 000

②残料入库：

借：原材料——C 材料　　300

　贷：待处理财产损溢——待处理流动资产损溢　　300

③材料毁损净损失计入企业的管理费用：

借：管理费用　　200

　贷：待处理财产损溢——待处理流动资产损溢　　200

【例8－7】江城公司因洪水灾害造成一批材料毁损，成本7 000元，应由保险公司赔偿5 000元。

批准处理前：

借：待处理财产损溢——待处理流动资产损溢　　7 000

　贷：原材料　　7 000

批准处理后：

借：其他应收款——保险公司　　5 000

　　营业外支出——非常损失　　2 000

　贷：待处理财产损溢——待处理流动资产损溢　　7 000

（三）固定资产清查结果的账务处理

1. **账户设置**

固定资产清查结果的账务处理主要包括处理固定资产在清查中发现的盘亏和盘盈。进行固定资产盘亏的账务处理，应通过“待处理财产损溢”账户进行。根据我国《企业会计准则——应用指南》的规定，固定资产的盘盈应作为前期差错处理，而不再记入“待处理财产损溢”账户。这样，固定资产清查结果就只有盘亏部分需要通过“待处理财产损溢”账户进行账务处理了。

在固定资产盘亏的账务处理中，还会涉及盘亏固定资产已提折旧额等的处理问题，即在进行有关账户的账面调整时，一方面要按盘亏固定资产的原价记入“固定资产”账户的贷方（减少数）；另一方面要按该固定资产已提取的折旧额记入“累计折旧”等账户的借方（减少数）；按其账面价值，计入“待处理财产损溢”账户的借方。在报批后，按盘亏固定资产的净额，借记“营业外支出”科目，贷记“待处理财产损溢”科目。

2. **账务处理**

现举例说明固定资产清查结果的账务处理。

【例8－8】江城公司20××年12月盘亏一台设备，原价500 000元，已提折旧300 000元，已报批处理。

盘亏时：

借：待处理财产损溢——待处理固定资产损溢　　200 000

　　累计折旧　　300 000

　贷：固定资产　　500 000

报批后：

借：营业外支出　　200 000

　贷：待处理财产损溢——待处理固定资产损溢　　200 000

（四）往来款项清查结果的账务处理

往来款项清查结果的账务处理主要是指应收账款和应付账款清查结果的账务处理。

1. **应收账款清查结果的账务处理**

企业的各种应收款项，可能会因购货人拒付、破产、死亡等原因而无法收回。这类无法收回或收回的可能性极小的应收款项就是坏账。因坏账而产生的损失，称为坏账损失，应收账款清查结果的处理主要是对坏账损失进行账务处理。

企业对坏账损失应采用备抵法进行处理。备抵法是采用一定的方法按期（一般为每年年末）估计坏账损失，并计入当期费用，同时建立坏账准备。待坏账实际发生时，冲销上一年度已提的坏账准备和相应的应收款项。备抵法需要按期估计坏账损失，估计坏账损失的方法主要有应收账款余额百分比法、账龄分析法、销货百分比法等。

（1）账户设置。采用备抵法核算坏账损失，应设置“坏账准备”科目，用来反映坏账准备的提取和坏账损失的发生情况。该科目是资产类科目，借方登记企业已发生的坏账损失，贷方登记企业按规定提取的坏账准备或收回的以前年度已确认并转销的坏账损失，贷方余额反映企业已计提尚未转销的坏账准备。

年度终了，企业应对应收款项进行全面检查，根据预计可能发生的坏账数计提坏账准备时，借记“信用减值损失”科目，贷记“坏账准备”科目；对于有确凿证据表明确实无法收回的应收款项，经批准后作为坏账损失，借记“坏账准备”科目，贷记“应收账款”等科目。如果已确认并转销的坏账以后又收回，则应按收回的金额，冲回已转销的坏账准备金额以恢复企业债权。

（2）账务处理。现举例说明应收账款清查结果的账务处理。

【例8-9】江城公司从2018年开始采用应收账款余额百分比法计提坏账准备，当年年末应收账款余额为800 000元，提取坏账准备的比例为5‰，2019年，发生坏账损失1 000元，其中甲公司200元，乙公司800元，年末应收账款余额为750 000元；2020年6月15日，收到银行收账通知，企业上年度已冲销的乙公司的应收账款800元又收回，年末应收账款余额为550 000元。企业编制会计分录如下：

（1）2018年提取坏账准备。

首次计提时，用公式：

计提的坏账准备 = 应收账款期末余额 × 坏账提取比例

应提取的坏账准备 = 800 000 × 5‰ = 4 000（元）

借：信用减值损失　　4 000
　贷：坏账准备　　4 000

（2）2019年发生坏账。

借：坏账准备　　1 000
　贷：应收账款——甲公司　　200
　　　　　　　——乙公司　　800

（3）2019年提取坏账准备。

自第2年起计提时，用公式：

计提的坏账准备 = 应收账款期末余额 × 坏账提取比例 ± 坏账准备的期初借方（贷方）余额

结果为正，补提；结果为负，冲销。

按应收账款余额计提坏账准备，坏账准备余额为：750 000 × 5‰ = 3 750（元）。年末计提坏账准备前，“坏账准备”科目有贷方余额为：4 000 - 1 000 = 3 000（元）。

应提取的坏账准备 = 750 000 × 5‰ - 3 000 = 750（元）

借：信用减值损失　　750
　贷：坏账准备　　750

（4）2020 年 6 月 15 日，企业上年度已冲销的乙公司应收账款 800 元又收回。

借：应收账款——乙公司　　800

　贷：坏账准备　　800

同时

借：银行存款　　800

　贷：应收账款——乙公司　　800

（5）2020 年提取坏账准备。

按应收账款余额计提坏账准备，坏账准备余额为：550 000 ×5‰ =2 750（元）。年末计提坏账准备前，“坏账准备”科目有贷方余额为：3 750 +800 =4 550（元）。

应提取的坏账准备 =2 750 -4 550 = -1 800（元）

本年度应冲销多提的坏账准备金额为 1 800（元）。

借：坏账准备　　1 800

　贷：信用减值损失　　1 800

2. 应付账款清查结果的账务处理

应付账款一般在较短期限内支付，有些应付账款由于债权单位撤销或其他原因而无法支付，应按其账面余额计入营业外收入，直接借记“应付账款”科目，贷记“营业外收入”科目。

【例 8 -10】江城公司在财产清查中确认，有 10 000 元的应付账款无法偿还给债权人 B 公司，现予核销。

借：应付账款——B 公司　　10 000

　贷：营业外收入　　10 000

复习思考题

1. 财产清查有什么意义？

2. 永续盘存制与实地盘存制有什么区别？哪些条件下适宜采用实地盘存制？哪些条件下适宜采用永续盘存制？

3. 为什么要清查库存现金和银行存款？可能会出现什么问题？如何解决？

4. 财产清查结果如有差异，在账务上应如何处理？

练习题

【目的】练习掌握实物资产清查结果的账务处理方法。

【资料】假定鸿达公司某年 10 月发生如下交易或事项：

1. 在对存货的清查中发现盘盈钢材 20 千克。经查明是收发材料时量具不准确造成的，实际成本为 100 元。经批准冲减企业的管理费用。

2. 在对存货的清查中发现盘亏 N 产品 10 千克，实际成本为 1 000 元。经查明属于定额内的合理损耗。经批准增加企业的管理费用。

3. 在对存货的清查中发现盘亏甲材料一批，实际成本为 1 100 元。经查明属于过失人造成的材料毁损，应由过失人赔偿 800 元，残料验收入库作价 100 元。扣除过失人赔偿和残料价值后其余 200 元。经批准计入企业的管理费用。

4. 在对存货的清查中发现盘亏 B 材料一批，实际成本为 8 000 元。经查明属于非常事故造成的材料毁损。经批准计入企业的营业外支出。

5. 在对固定资产的清查中发现盘亏设备一台，其账面原价为 100 000 元，累计折旧为 80 000 元。经批准转作企业的营业外支出。

【要求】根据资料确定应填制的专用记账凭证，并编制会计分录。

第九章
财务报告

本章摘要

编制财务会计报告是各种会计核算专门方法运用的最终成果。学习本章，学生应了解财务会计报告的概念和作用，明确会计报表的分类和编制会计报表的要求，掌握各种主要会计报表的结构、内容和编制方法，以及对会计资料分析利用的基础知识和技能。

内容导图

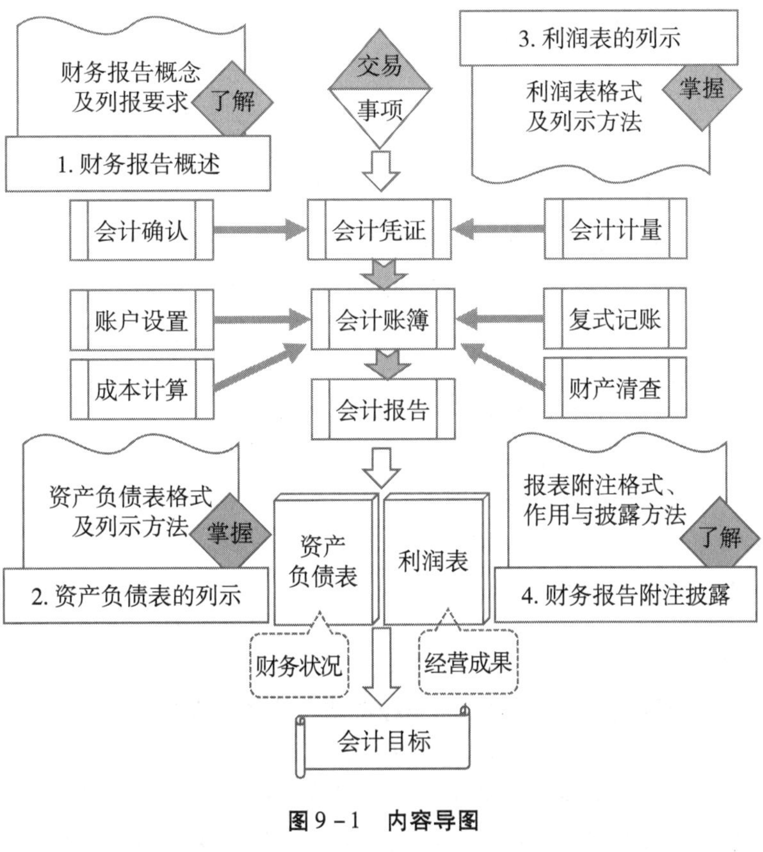

图 9-1　内容导图

第一节　财务报告概述

一、财务报告的定义与作用

（一）财务报告的定义及构成

财务报告又称财务会计报告，是指企业对外提供的反映企业某一特定日期的财务状况和某一会计期间的经营成果、现金流量等会计信息的文件。

财务报告包括财务报表及其附注和其他应当在财务报告中披露的相关信息和资料。

1. 财务报表

财务报表又称会计报表，是对企业财务状况、经营成果和现金流量的结构性表述，财务报表应当包括以下组成部分：资产负债表、利润表、现金流量表、所有者（股东）权益变动表等。

2. 财务报表附注

是指每一份财务报表所附的、对财务报表中列示项目的详细情况等所做的进一步说明，目的是为了便于财务报表使用者理解财务报表的内容。

3. 其他相关信息

其他应当在财务报告中披露的相关信息和资料，如编报财务报表企业的基本情况、财务报表的编制基础、遵循企业会计准则的声明、重要会计政策等。

（二）财务报告的作用

我国财务报告的目标是向财务报告使用者提供与企业财务状况、经营成果和现金流量等有关的会计信息，反映企业管理层受托责任履行情况，有助于财务会计报告使用者做出经济决策。财务报告使用者包括投资者、债权人、政府及其有关部门和社会公众等。财务报告的作用具体包括以下三个方面。

1. 有助于投资者和债权人做出投资和贷款等经济决策

在现代企业制度下，企业的经营资金主要来自投资者。企业提供的财务报告，可以使投资者了解、掌握其所投资企业的财务状况和经营成果等信息，并据以考核企业管理层履行受托责任情况，有助于投资者做出是否向企业投资或是否撤回投资，以及是否继续聘用现任企业管理者等决策。债权人是企业经营资金的又一主要提供者，债权人可以根据企业提供的偿债能力和偿债保证程度等信息，做出是否向企业贷款、贷款多少或是否收回贷款等经济决策。

2. 有助于政府经济管理部门做出宏观经济调控等经济决策

财务报告能够为政府宏观经济管理部门（如统计部门和税务部门等）提供资源分配和税费征缴基数等方面的信息，有助于政府经济管理部门进行宏观经济调控，加强宏观经济管理。例如，经过综合汇总而形成的各区域、各行业或全国范围的企业发展状况报告，可以为政府加强对整个国民经济的宏观经济调控提供参考依据。利用财务会计方法确认的会计利润又是税务部门确定企业应缴所得税额的基础数据。

3. 有助于社会公众做出相应的经济决策

社会公众包括供应商和客户等，这些财务报告使用者的经济利益与企业也有着密切关系。例如，供应商为企业提供材料和设备，需要考虑企业信誉以及支付货款的经济实力等，进而做出是否向企业供货、采取什么样的货款结算方式等决策。客户是企业产品的主要消费者，他们在购买企业的产品时，一方面特别注重产品的质量，另一方面也要考虑企业的售后服务体系是否健全等，进而做出是否购买企业产品的决策。

二、财务报表的种类与列报要求

（一）财务报表的种类

1. 财务报表按反映的经济内容分类

财务报表按反映的经济内容可分为三种类型：①反映一定日期企业资产、负债和所有者权益等财务状况的财务报表，如资产负债表；②反映一定时期内企业经营成果的财务报表，如利润表；③反映一定时期内企业财务状况变动情况的财务报表，如现金流量表、所有者（股东）权益变动表。

资产负债表为静态报表；利润表、现金流量表和所有者（股东）权益变动表为动态报表。

2. 财务报表按提供对象分类

财务报表按提供的对象可分为向外提供的财务报表和内部财务报表。向外提供的财务报表主要是资产负债表、利润表、现金流量表、所有者（股东）权益变动表及其附注，其格式和内容由财政部规定；内部财务报表是为了满足企业内部管理的需要，其内容由企业自行规定。但两者都必须遵守会计核算的基本原则，保证会计信息的真实、可靠。

3. 财务报表按编报的时期分类

财务报表按编报的时期可分为中期财务报表和年度财务报表。中期财务报表包括月报、季报和半年报等，是以短于一个完整的会计年度的报告期间为基础编制的财务报表；年度财务报表指年度终了时由企业编报的财务报表。中期财务报表应包括资产负债表、利润表、现金流量表和附注；年度财务报表应当包括资产负债表、利润表、现金流量表、所有者（股东）权益变动表和附注。

4. 财务报表按编报的单位分类

财务报表按编报的单位可分为个别财务报表和合并财务报表。个别财务报表是指独立核算的企业根据本单位的会计账簿编制的财务报表；合并财务报表是由母公司编制的，反映母公司和其全部子公司形成的企业集团整体财务状况、经营成果和现金流量的财务报表。

（二）财务报表列报的基本要求

1. 依据各项会计准则确认和计量

企业应当根据实际发生的交易和事项，按照各项具体会计准则的规定进行确认和计量，并在此基础上编制财务报表。企业应当在附注中对这一情况做出声明，只有遵循了企业会计准则的所有规定时，财务报表才应当被称为“遵循了企业会计准则”。同时，企业不应以附注披露代替对交易和事项的确认和计量。不恰当的确认和计量也不能通过充分披露相关会计政策而纠正。

2. 列报基础

企业应当以持续经营为基础编制财务报表。持续经营是会计的基本前提，也是会计确认、计量及编制财务报表的基础。企业正式决定或被迫在当期或下一个会计期间进行清算或停止营业的，为表明其处于非持续经营状态，应采用其他基础编制财务报表，比如，企业处于破产状态时，其资产应当采用可变现净值计量、负债应当按照其预计的结算金额计量等，并在附注中声明未以持续经营为基础列报的原因。

3. 列报的一致性

可比性是会计信息质量的一项重要质量要求，目的是使同一企业不同期间和同一期间不同企业的财务报表相互可比。为此，财务报表项目的列报应当在各个会计期间保持一致，不得随意变更。这一要求不仅只针对财务报表中的项目名称，还包括财务报表项目的分类、排列顺序等方面。

4. 重要性原则

根据项目的重要性原则来判断该项目在财务报表中是单独列报还是合并列报，企业在进行重要性判断时，应当根据所处的具体环境，从项目的性质和金额两方面予以判断：一方面，应当考虑该项目的性质是否属于企业日常活动，是否显著影响企业的财务状况、经营成果和现金流量等因素；另一方面，判断项目金额大小的重要性，应当通过单项金额占资产总额、负债总额、所有者权益总额、营业收入总额、营业成本总额、净利润等直接相关项目金额的比重或所属报表单列项目金额的比重加以确定。同时，企业对于各个项目重要性的判断标准一经确定，不得随意变更。具体有以下几种情况。

（1）性质或功能不同的项目。一般应当在财务报表中单独列报，如存货和固定资产在性质上和功能上都有本质差别，应必须分别在资产负债表上单独列报。但是不具有重要性的项目可以汇总列报。

（2）性质或功能类似的项目，一般可以汇总列报，但是对其具有重要性的类别应该单独列报。比如，原材料、在产品等在性质上类似，均通过生产过程形成企业的产品存货，因此可以汇总列报，汇总之后的类别统称为“存货”，在资产负债表上列报。

（3）项目单独列报的原则不仅适用于报表，还适用于附注。某些项目的重要性程度不足以在资产负债表、利润表、现金流量表或所有者（股东）权益变动表中单独列报，但是可能对附注而言具有重要性，在这种情况下应当在附注中单独披露。

（4）无论是财务报表列报准则规定的单独列报项目，还是其他具体会计准则规定单独列报的项目，企业都应当予以单独列报。

5. 财务报表项目金额间不得相互抵销

财务报表项目应当以总额列报。资产和负债、收入和费用、直接计入当期利润的利得和损失项目的金额不能相互抵销，即不得以净额列报，但企业会计准则另有规定的除外。比如，企业欠 A 公司的应付账款不得与 A 公司欠本企业的应收账款相抵销，如果相互抵销就掩盖了交易的实质。

下列情况不属于抵销列报，可以以净额列示。

（1）资产项目按扣除减值准备后的净额列示，不属于抵销。比如，对资产计提减值准备，表明资产的价值确实已经发生减损，按扣除减值准备后的净额列示，才反映了资产当时的真实价值。

（2）非日常活动产生的利得和损失，以同一交易形成的收益扣减相关费用后的净额更能反映交易实质的，不属于抵销。非日常活动的发生具有偶发性，并非企业主要的业务，从重要性来讲，非日常活动产生的损益，以收入扣减费用后的净额列示，更有利于报表使用者的理解。

6. 财务报表表首的列报要求

财务报表一般分为表首、正表两部分，其中在表首部分企业应当概括地说明下列基本信息。

（1）编报企业的名称，如企业名称在当期发生了变更，应明确注明。

（2）对资产负债表而言，应当披露资产负债表日，而对利润表、现金流量表、所有者（股东）权益变动表而言，应当披露报表涵盖的会计期间。

（3）货币名称和单位，按照我国企业会计准则的规定，企业应当以人民币作为记账本位币列报，并标明金额单位，如人民币“元”“万元”等。

（4）财务报表是合并财务报表的，应当予以注明。

7. 报告期间

企业至少应当按年编制财务报表。根据《会计法》的规定，会计年度自公历 1 月 1 日起至 12 月 31 日止。因此，在编制年度财务报表时，可能存在年度财务报表涵盖的期间短于一年的情况，如企业在年度中间（如 3 月 1 日）开始设立等。在这种情况下，企业应当披露年度财务报表的实际涵盖期间及短于一年的原因，并说明由此引起财务报表项目与比较数据不具有可比性这一事实。

第二节 资产负债表

一、资产负债表的定义及列示格式

（一）资产负债表的定义

资产负债表是指反映企业在某一特定日期的财务状况的报表。这里的“特定日期”也称“资产负债表日”，是指企业编制资产负债表的那一日，一般是一定会计期间（月度、季度和年度等）的最后一日。“财务状况”即企业的资金状况，具体包括资金的存在形态和资金的来源方式两个方面。资产负债表上列示的资产、负债和所有者权益的数据资料，从资金的两个不同侧面全面反映了企业的财务状况。

（二）资产负债表的作用

通过资产负债表，可以提供某一日期资产的总额及其结构，表明企业拥有或控制的资源及其分布情况，便于报表使用者分析企业经营能力；可以提供某一日期负债的总额及其结构，表明企业未来需要用多少资产或劳务清偿债务以及清偿的时间，便于报表使用者分析企业的负债状态及债务清偿能力；可以提供某一日期所有者权益的总额及其结构，据以判断资本保值、增值的情况以及对负债的保障程度。此外，资产负债表还可以提供进行财务分析的基本资料，如将流动资产与流动负债进行比较，计算出流动比率等指标，可以分析企业的变现能力、偿债能力和资金周转能力，从而有助于报表使用者做出经济决策。

（三）资产负债表的列示格式

资产负债表的格式一般有两种：一种是账户式，其结构分为左、右两方，左边列示资产项目，右边列示负债和所有者权益项目，根据会计平衡公式，左、右两方的总额是相等的；另一种是报告式，其结构分为上、下两方，上方列示资产项目，下方列示负债及所有者权益项目，上、下两方的总额相等。我国企业会计准则制度规定，企业的资产负债表一律采用账户式格式，账户的左方排列“资产”的项目名称，以及各项目对应的“期末余额”和“年初余额”；账户的右方排列“负债”和“所有者（股东）权益”的项目名称，以及各项目对应的“期末余额”和“年初余额”。

资产负债表的内容主要根据“资产 = 负债 + 所有者权益”平衡公式设置，分为资产、负债和所有者（股东）权益三类，各类项目分别列示。

资产类项目按流动性强弱列示，一般分为流动资产和非流动资产两大类，并分项列示；负债类项目按偿还期长短列示，一般分为流动负债和非流动负债，并分项列示；所有者（股东）权益项目按其来源划分，一般分为实收资本（或股本）、资本公积、盈余公积和未分配利润等。

资产负债表的这种列示方式能够直接体现资产、负债和所有者权益之间的内在联系，可用于分析企业的财务状况和偿债能力。一般企业账户式资产负债表的列示格式如表9-1所示。

表9-1　资产负债表（账户式）

编制单位：

单位：元　　　　年　月　日　　　　会企01表

资产	期末余额	年初余额	负债和所有者（股东）权益	期末余额	年初余额
流动资产：			流动负债：		
货币资金			短期借款		
交易性金融资产			交易性金融负债		
衍生金融资产			衍生金融负债		
应收票据			应付票据		
应收账款			应付账款		
应收款项融资			预收款项		

续上表

资产	期末余额	年初余额	负债和所有者（股东）权益	期末余额	年初余额
预付款项			合同负债		
其他应收款			应付职工薪酬		
存货			应交税费		
合同资产			其他应付款		
持有待售资产			持有待售负债		
一年内到期的非流动资产			一年内到期的非流动负债		
其他流动资产			其他流动负债		
流动资产合计			流动负债合计		
非流动资产：			非流动负债：		
债权投资			长期借款		
其他债权投资			应付债券		
长期应收款			其中：优先股		
长期股权投资			永续债		
其他权益工具投资			租赁负债		
其他非流动金融资产			长期应付款		
投资性房地产			预计负债		
固定资产			递延收益		
在建工程			递延所得税负债		
生产性生物资产			其他非流动负债		
油气资产			非流动负债合计		
使用权资产			负债合计		
无形资产			所有者（股东）权益：		
开发支出			实收资本（或股本）		
商誉			其他权益工具		
长期待摊费用			其中：优先股		
递延所得税资产			永续债		
其他非流动资产			资本公积		
非流动资产合计			减：库存股		

续上表

资产	期末余额	年初余额	负债和所有者（股东）权益	期末余额	年初余额
			其他综合收益		
			专项储备		
			盈余公积		
			未分配利润		
			所有者（股东）权益合计		
资产总计			负债和所有者（股东）权益总计		

二、资产负债表的编制方法

（一）资产负债表“年初余额”栏的填列方法

资产负债表各项目均需填列“年初余额”和“期末余额”两栏。其中“年初余额”栏内各项数字，应根据上年年末有关项目的期末余额填列，且与上年年末资产负债表“期末余额”栏相一致。如果企业发生了会计政策变更、前期差错更正，应当对“年初余额”栏中有关项目进行相应调整。如果本年度资产负债表规定的各个项目的名称和内容同上年度不相一致，应对上年年末资产负债表各项目的名称和金额按照本年度的规定进行调整，填入报表中的“年初余额”栏。

（二）资产负债表“期末余额”栏的填列方法

资产负债表“期末余额”栏一般应根据资产、负债和所有者权益类科目的期末余额填列，主要有以下几种填列方法。

1. 根据总账科目余额直接填列

资产负债表中的“短期借款”“应付职工薪酬”“实收资本（或股本）”“资本公积”“盈余公积”等项目，应根据有关总账科目的余额填列。

2. 根据总账科目余额合并计算填列

资产负债表某些项目需要根据若干总账科目的期末余额合并计算填列，如“货币资金”项目，根据“库存现金”“银行存款”“其他货币资金”三个总账科目的期末余额的合计数填列。又如，“存货”项目，应根据“材料采购”“原材料”“在途物资”“库存商品”“周转材料”“委托加工物资”“生产成本”等科目的期末余额合计数填列。

3. 根据总账科目的有关明细科目期末余额调整填列

资产负债表上的有些项目所依据的有关明细科目既有正常方向的余额，体现其所隶属的总账科目余额的性质；也有相反方向的余额，与其所隶属的总账科目余额的性质相反，并且与其他总账科目余额的性质趋同。因此，需要根据不同明细科目不同方向余额的经济性质确定其在资产负债表上所应填列的项目。

资产负债表上的“应收账款”项目、“预付款项”项目、“应付账款”项目和“预收款项”项目是根据“应收账款”科目、“预付账款”科目、“应付账款”科目和“预收账款”明细科目的余额填列的。

“应收账款”科目所属明细科目的期末余额在贷方时，应调整为“预收账款”科目贷方余额，填入“预收款项”项目；“预付账款”科目所属明细科目的期末余额在贷方时，应调整为“应付账款”科目的贷方余额，填入“应付账款”项目；“应付账款”科目所属明细科目的期末余额在借方时，应调整为“预付账款”科目借方余额，填入“预付款项”项目；“预收账款”科目所属明细科目的期末余额在借方时，应调整为“应收账款”科目借方余额，填入“应收账款”项目。

【例9－1】某企业本月末“应收账款”“预收账款”“应付账款”“预付账款”总账账户及有关明细账户的余额情况如下：

①“应收账款”总账账户余额　23 000 元（借方）

“应收账款——A 企业”明细账户余额　10 000（借方）

“应收账款——B 企业”明细账户余额　2 000（贷方）

“应收账款——C 企业”明细账户余额　15 000（借方）

②“预收账款”总账账户余额　3 000 元（贷方）

“预收账款——D 企业”明细账户余额　4 000（借方）

“预收账款——E 企业”明细账户余额　7 000（贷方）

③“应付账款”总账账户余额　38 000 元（贷方）

“应付账款——F 企业”明细账户余额　20 000（贷方）

“应付账款——G 企业”明细账户余额　12 000（借方）

“应付账款——H 企业”明细账户余额　30 000（贷方）

④“预付账款”总账账户余额　3 000 元（借方）

“预付账款——I 企业”明细账户余额　4 000（借方）

“预付账款——J 企业”明细账户余额　1 000（贷方）

资产负债表中相关的项目金额如下：

“应收账款”项目＝10 000＋15 000＋4 000＝29 000（元）

“预付款项”项目＝4 000＋12 000＝16 000（元）

“应付账款”项目＝20 000＋30 000＋1 000＝51 000（元）

“预收款项”项目＝7 000＋2 000＝9 000（元）

4．根据总账科目及其所属明细科目期末余额分析计算填列

如资产负债表右方的“长期借款”项目，应根据“长期借款”科目余额扣除该科目所属明细科目中将在资产负债表日起一年内到期的长期借款后的金额列示，例如，一笔总额为3 000 元的长期借款将在资产负债表日起一年内到期，该笔长期借款不计入“长期借款”项目，而单独计入“一年内到期的非流动负债”项目。另外，资产负债表右方的“应付债券”和“长期应付款”项目，也应考虑与长期借款同样的情况，根据有关总账科目及其所属明细科目期末余额分析计算后填列。“交易性金融资产”项目，应根据“交易性金融资产”科目的相关明细科目余额分析填列，其中，自资产负债表日起超过一年到期且预期持有超过一年的以公允价值计量且其变动计入当期损益的非流动金融资产的期末账面价值，在非流动资产有关项目反映。

5. **根据总账科目余额减去其备抵科目后的净额填列**

例如，“无形资产”项目，应根据“无形资产”科目期末余额减去“累计摊销”“无形资产减值准备”科目余额后的净额填列；“长期股权投资”科目，应根据“长期股权投资”科目期末余额减去“长期股权投资减值准备”科目余额后的净额填列；“固定资产”项目，应根据“固定资产”科目期末余额减去“累计折旧”“固定资产减值准备”科目余额后的净额填列。

假如期末结账后有关科目账面金额为：“固定资产”科目借方 60 000 元，“累计折旧”科目贷方 30 000 元，“固定资产减值准备”科目贷方 20 000 元。则资产负债表中“固定资产”项目的金额如下：60 000－30 000－20 000＝10 000（元）。

6. **综合运用上述填列方法分析填列**

主要包括：“应收账款”项目，应根据“应收账款”科目和“预收账款”科目所属各明细科目的借方余额合计数，减去“坏账准备”科目中相关坏账准备期末余额后的金额分析填列；“存货”项目，应根据“原材料”“在途物资”“材料成本差异”“库存商品”“周转材料”等总账科目的期末余额的汇总数，再减去“存货跌价准备”科目余额后的净额填列。

（三）资产负债表的填列说明

资产负债表的“期末余额”栏各项目主要是根据有关科目记录填列的，填列说明如下。

1. **资产项目的填列说明**

（1）“货币资金”项目，反映企业库存现金、银行结算户存款、外埠存款、银行汇票存款、银行本票存款、信用卡存款、信用证保证金存款等的合计数。本项目应根据“库存现金”“银行存款”“其他货币资金”科目的期末余额合计数填列。

（2）“交易性金融资产”项目，反映资产负债表日企业分类为以公允价值计量且其变动计入当期损益的金融资产，以及企业持有的直接指定为以公允价值计量且其变动计入当期损益的金融资产的期末账面价值。本项目应根据“交易性金融资产”科目的相关明细科目期末余额分析填列。

（3）“衍生金融资产”项目，反映衍生金融工具的资产价值。本项目应根据“衍生金融资产”科目的期末余额填列。

（4）“应收票据”项目，反映资产负债表日以摊余成本计量的，企业因销售商品、提供劳务等收到的商业汇票，包括银行承兑汇票和商业承兑汇票。本项目应根据“应收票据”科目的期末余额直接填列；如果需计提“坏账准备”的企业，应根据“应收票据”科目的期末余额直接填列；如果需计提“坏账准备”的企业，应根据“应收票据”科目的期末余额减去“坏账准备”科目中相关坏账准备期末余额后的金额分析填列。

（5）“应收账款”项目，反映资产负债表日以摊余成本计量的，企业因销售商品、提供劳务等经营活动应收取的款项。本项目应根据“应收账款”科目和“预收账款”科目所属的各明细科目的期末借方余额的合计数，减去“坏账准备”科目中相关坏账准备期末余额后的金额分析填列。

（6）“应收款项融资”项目，反映资产负债表日以公允价值计量且其变动计入其他综合收益的应收票据和应收账款等。

（7）“预付款项”项目，反映企业按照购货合同预付给供应单位的款项等。本项目应根据“预付账款”和“应付账款”科目所属各明细科目的期末借方余额合计数，减去“坏账准备”科目中对有关预付账款计提的坏账准备期末余额后的金额填列。

（8）“其他应收款”项目，反映企业除应收票据、应收账款、预付账款等经营活动以外的其他各种应收、暂付的款项。本项目应根据“应收利息”“应收股利”“其他应收款”科目的期末余额合计数，减去“坏账准备”科目中有关其他应收款计提的坏账准备期末余额后的金额填列。

（9）“存货”项目，反映企业期末在库、在途和在加工中的各项存货的可变现净值。本项目应根据“材料采购或在途物资”“原材料”“库存商品”“周转材料”“委托加工物资”“生产成本”等科目的期末余额合计数，减去“存货跌价准备”科目期末余额后的金额填列。

（10）“合同资产”项目，反映企业已向客户转让商品而有权收取对价的权利（该权利取决于时间流逝之外的其他因素）的价值。本项目应根据“合同资产”科目及相关明细科目的期末余额分析填列。

（11）“持有待售资产”项目，反映资产负债表日划分为持有待售类别的非流动资产及划分为持有待售类别的处置组中的流动资产和非流动资产的期末账面价值。本项目应根据“持有待售资产”科目的期末余额，减去“持有待售资产减值准备”科目的期末余额后的金额填列。

（12）“一年内到期的非流动资产”项目，通常反映预计自资产负债表日起一年内变现的非流动资产的期末账面价值。对于按照相关会计准则采用折旧（或摊销、折耗）方法进行后续计量的固定资产、使用权资产、无形资产和长期待摊费用等非流动资产，折旧（或摊销、折耗）年限（或期限）只剩一年或不足一年的，或预计在一年内（含一年）进行折旧（或摊销、折耗）的部分，不得归类为流动资产，仍在各该非流动资产项目中填列，不转入“一年内到期的非流动资产”项目。

（13）“其他流动资产”项目，反映企业除货币资金、交易性金融资产、应收票据、应收账款、预付款项、存货等流动资产项目以外的其他流动资产的期末账面价值。本项目应根据有关科目的期末余额填列。

（14）“债权投资”项目，反映资产负债表日企业以摊余成本计量的长期债权投资的期末账面价值。本项目应根据“债权投资”科目的相关明细科目期末余额，减去“债权投资减值准备”科目中相关减值准备的期末余额后的金额分析填列。自资产负债表日起一年内到期的债权投资的期末账面价值，在“一年内到期的非流动资产”项目中反映。企业购入的以摊余成本计量的一年内到期的债权投资的期末账面价值，在“其他流动资产”项目中反映。

（15）“其他债权投资”项目，反映资产负债表日企业分类为以公允价值计量且其变动计入其他综合收益的长期债权投资的期末账面价值。本项目应根据“其他债权投资”科目的相关明细科目期末余额分析填列。自资产负债表日起一年内到期的其他债权投资的期末账面价值，在“一年内到期的非流动资产”项目中反映。企业购入的以公允价值计量且其变动计入其他综合收益的一年内到期的债权投资的期末账面价值，在“其他流动资产”项目中反映。

（16）“长期应收款”项目，反映企业的长期应收款项，包括融资租赁产生的应收款项、采用递延方式具有融资性质的销售商品和提供劳务等产生的长期应收款项。本项目应根据“长期应收款”科目的期末余额，减去相应的“未实现融资收益”科目和“坏账准备”科目中对有关长期应收款计提的坏账准备期末余额后的金额填列。

（17）“长期股权投资”项目，反映企业持有的对子公司、联营企业和合营企业的长期股权投资。本项目应根据“长期股权投资”科目的期末余额，减去“长期股权投资减值准备”科目期末余额后的金额填列。

（18）“其他权益工具投资”项目，反映资产负债表日企业指定为以公允价值计量且其变动计入其他综合收益的非交易性权益工具投资的期末账面价值。本项目应根据“其他权益工具投资”科目的期末余额填列。

（19）“其他非流动金融资产”项目，反映企业自资产负债表日起超过一年且预期持有超过一年的以公允价值计量且其变动计入当期损益的非流动金融资产的期末账面价值。本项目应根据“交易性金融资产”科目的相关明细科目期末余额分析填列。

（20）“投资性房地产”项目，反映企业持有的投资性房地产的期末账面价值。企业采用成本模式计量的投资性房地产的，本项目应根据“投资性房地产”科目的期末余额，减去“投资性房地产累计折旧（摊销）”和“投资性房地产减值准备”科目期末余额后的金额填列；企业采用公允价值模式计量的投资性房地产的，本项目应根据“投资性房地产”科目的期末余额填列。

（21）“固定资产”项目，反映资产负债表日企业固定资产的期末账面价值和企业尚未清理完毕的固定资产清理净损益。本项目应根据“固定资产”科目的期末余额，减去“累计折旧”和“固定资产减值准备”科目的期末余额后的金额，还要加上“固定资产清理”科目的期末借方余额或减去期末贷方余额后的金额填列。

（22）“在建工程”项目，反映资产负债表日企业尚未达到预定可使用状态的在建工程的期末账面价值和企业为在建工程准备的各种物资的期末账面价值。本项目应根据“在建工程”科目的期末余额减去“在建工程减值准备”科目的期末余额后的金额，以及“工程物资”科目的期末余额减去“工程物资减值准备”科目的期末余额后的金额填列。

（23）“生产性生物资产”项目，反映企业（农业）持有的生产性生物资产的账面价值。本项目应根据“生产性生物资产”科目的期末余额，减去“生产性生物资产累计折旧”“生产性生物资产减值准备”科目期末余额后的金额填列。

（24）“油气资产”项目，反映企业（石油天然气开采）持有的矿区权益和油气井及相关设施的账面价值。本项目应根据“油气资产”科目的期末余额，减去“累计折耗”科目期末余额和相应减值准备后的金额填列。

（25）“使用权资产”项目，反映资产负债表日承租人企业持有的使用权资产的期末账面价值。该项目应根据“使用权资产”科目的期末余额，减去“使用权资产累计折旧”和“使用权资产减值准备”科目的期末余额后的金额填列。

（26）“无形资产”项目，反映企业持有的无形资产（包括专利权、非专利技术、商标权、著作权、土地使用权等）的期末账面价值。本项目应根据“无形资产”科目的期末余额，减去“累计摊销”和“无形资产减值准备”科目期末余额后的金额填列。

（27）“开发支出”项目，反映企业开发无形资产过程中能够资本化形成无形资产成本的支出部分的期末账面价值。本项目应根据“研发支出”科目中所属的“资本化支出”明细科目期末余额填列。

（28）“商誉”项目，反映企业合并中形成的商誉价值。本项目应根据“商誉”科目的期末余额，减去“商誉减值准备”科目期末余额后的金额填列。

（29）“长期待摊费用”项目，反映企业已经发生但应由本期和以后各期负担的分摊期限在1年以上的各项费用，长期待摊费用中在1年内（含1年）摊销的部分，在资产负债表“1年内到期的非流动资产”项目中填列。本项目应根据“长期待摊费用”科目的期末余额，减去将于1年内（含1年）摊销的数额后的金额填列。

（30）“递延所得税资产”项目，反映企业确认的可抵扣暂时性差异产生的递延所得税资产的期末账面价值。本项目应根据“递延所得税资产”科目的期末余额填列。

（31）“其他非流动资产”项目，反映企业除长期股权投资、固定资产、在建工程、无形资产等资产以外的其他非流动资产的期末账面价值。本项目应根据有关科目的期末余额填列。

2. 负债项目的填列说明

（1）“短期借款”项目，反映企业向银行或其他金融机构等借入的期限在1年以下（含1年）的各种借款的期末账面价值。本项目应根据“短期借款”科目的期末余额填列。

（2）“交易性金融负债”项目，反映资产负债表日企业承担的交易性金融负债，以及企业持有的指定为以公允价值计量且其变动计入当期损益的金融负债的期末账面价值。本项目应根据“交易性金融负债”科目的相关明细科目的期末余额填列。

（3）“衍生金融负债”项目，反映衍生金融工具的负债价值。本项目应根据“衍生金融负债”科目的期末余额填列。

（4）“应付票据”项目，反映资产负债表日以摊余成本计量的，企业因购买材料、商品和接受劳务等开出、承兑的商业汇票，包括银行承兑汇票和商业承兑汇票。本项目应根据“应付票据”科目的期末余额填列。

（5）“应付账款”项目，反映资产负债表日以摊余成本计量的，企业因购买材料、商品和接受劳务等经营活动应支付的款项。本项目应根据“应付账款”和“预付账款”科目所属的相关明细科目的期末贷方余额合计数填列。

（6）“预收款项”项目，反映企业按照销货合同规定预收购买单位的款项。本项目应根据“预收账款”和“应收账款”科目所属各明细科目的期末贷方余额合计数填列。

（7）“合同负债”项目，反映企业已收客户对价而应向客户转让商品的义务的价值。本项目应根据“合同负债”科目及相关明细科目的期末余额分析填列。

同一合同下的合同资产和合同负债应当以净额列示，其中净额为贷方余额的，应当根据其流动性在“合同负债”或“其他非流动负债”项目中填列。

（8）“应付职工薪酬”项目，反映企业根据有关规定应付给职工的工资、职工福利费、社会保险费、住房公积金、工会经费、职工教育经费、非货币性福利、辞退福利等各种薪酬。本项目应根据“应付职工薪酬”科目期末贷方余额填列。如“应付职工薪酬”科目期末为借方余额，以“－”号填列。

（9）“应交税费”项目，反映企业按照税法规定计算应交纳的各种税费，包括增值税、消费税、所得税、资源税、土地增值税、城市维护建设税、房产税、土地使用税、车船使用税、教育费附加、矿产资源补偿费等。企业代扣代缴的个人所得税，也通过本项目填列。本项目应根据“应交税费”科目的期末贷方余额填列；如“应交税费”科目期末为借方余额，以“－”号填列。

（10）“其他应付款”项目，反映企业除应付票据、应付账款、预收账款、应付职工薪酬、应交税费等经营活动以外的其他各项应付、暂收的款项。本项目应根据“应付利息”“应付股利”和“其他应付款”科目的期末余额合计数填列。其中的“应付利息”仅反映相关金融工具已到期应支付但于资产负债表日尚未支付的利息。基于实际利率法计提的金融工具的利息应包含在相应金融工具的账面余额中。

（11）“持有待售负债”项目，反映资产负债表日处置组中与划分为持有待售类别的资产直接相关的负债的期末账面价值。本项目应根据“持有待售负债”科目的期末余额填列。

（12）“1 年内到期的非流动负债”项目，反映企业非流动负债中将于资产负债表日起 1 年内到期部分的金额，如将于 1 年内偿还的长期借款。本项目应根据有关科目的期末余额填列。

（13）“其他流动负债”项目，反映企业除短期借款、应付票据、应付账款、预收款项、应付职工薪酬、应交税费等流动负债以外的其他流动负债。本项目应根据有关科目的期末余额填列。

（14）“长期借款”项目，反映企业向银行或其他金融机构借入的期限在 1 年以上（不含 1 年）的各项借款。本项目应根据“长期借款”科目的期末余额，减去“长期借款”科目中将于 1 年内到期的长期借款后的金额填列。

（15）“应付债券”项目，反映企业为筹集长期资金而发行的债券本金和利息。本项目应根据“应付债券”科目的期末余额填列。

（16）“租赁负债”项目，反映资产负债表日承租人企业尚未支付的租赁付款额的期末账面价值。本项目应根据“租赁负债”科目的期末余额填列。自资产负债表日起 1 年内到期应予以清偿的租赁负债的期末账面价值在“1 年内到期的非流动负债”项目中反映。

（17）“长期应付款”项目，反映资产负债表日企业除长期借款和应付债券以外的其他各种长期应付款项的期末账面价值。本项目应根据“长期应付款”科目的期末余额减去相关的“未确认融资费用”科目的期末余额后的金额，以及“专项应付款”科目的期末余额填列。

（18）“预计负债”项目，反映企业确认的对外提供担保、未决诉讼、产品质量保证、重组义务、亏损性合同等预计负债的期末账面价值。本项目应根据“预计负债”科目的期末余额填列。

（19）“递延收益”项目，反映企业应当在以后期间计入当期损益的政府补助。本项目应根据“递延收益”科目的期末余额填列。“递延收益”项目中摊销期限只剩 1 年或不足 1 年的，或预计在 1 年内（含 1 年）进行摊销的部分，不得归类为流动负债，仍在该项目中填列，不转入“1 年内到期的非流动负债”项目。

（20）“递延所得税负债”项目，反映企业确认的应纳税暂时性差异产生的所得税负债。本项目应根据“递延所得税负债”科目的期末余额填列。

（21）“其他非流动负债”项目，反映企业除长期借款、应付债券等负债以外的其他非流动负债的期末账面价值。本项目应根据有关科目的期末余额减去将于 1 年内（含 1 年）到期偿还数后的余额填列。非流动负债各项目中将于 1 年内（含 1 年）到期的非流动负债，应在“1 年内到期的非流动负债”项目单独反映。

3. **所有者权益项目的填列说明**

（1）“实收资本（或股本）”项目，反映企业投资者实际投入的资本（或股本）总额。本项目应根据“实收资本（或股本）”科目的期末余额填列。

（2）“其他权益工具”项目，反映资产负债表日企业发行在外的除普通股以外分类为权益工具的金融工具的期末账面价值。对于资产负债表日企业发行的金融工具，分类为金融负债的，应在“应付债券”项目中填列，对于优先股和永续债，还应在“应付债券”项目下的“优先股”项目和“永续债”项目中分别填列；分类为权益工具的，应在“其他权益工具”项目中填列，对于优先股和永续债，还应在“其他权益工具”项目下的“优先股”项目和“永续债”项目中分别填列。

（3）“资本公积”项目，反映企业收到投资者出资超出其在注册资本或股本中所占的份额以及直接计入所有者权益的利得和损失等。本项目应根据“资本公积”科目的期末余额填列。

（4）“库存股”项目，反映企业持有的尚未转让或注销的本公司股份金额。本项目应根据“库存股”科目的期末余额填列。

（5）“其他综合收益”项目，反映企业根据企业会计准则规定未在损益中确认的各项利得和损失。本项目应根据“其他综合收益”科目的期末余额填列。

（6）“专项储备”项目，反映高危行业企业按国家规定提取的安全生产费。该项目应根据“专项储备”科目的期末余额填列。

（7）“盈余公积”项目，反映企业从净利润中提取的盈余公积的期末账面价值。本项目应根据“盈余公积”科目的期末余额填列。

（8）“未分配利润”项目，反映企业尚未分配的利润。本项目应根据“本年利润”科目和“利润分配”科目的期末余额计算填列（即：1—11 月份，本项目应根据“本年利润”科目和“利润分配”科目的期末余额计算填列。12 月份，本项目应根据“利润分配”科目的期末余额填列，“利润分配”科目如为借方余额，以“ – ”号填列）。

三、资产负债表编制举例

【例 9 -2】华美公司 2019 年 12 月 31 日的资产负债表如表 9 -2 所示，及 2020 年 12 月 31 日科目余额表如表 9 -3 所示。

表 9 -2　资产负债表

会企 01 表

编制单位：华美公司　　　　2019 年 12 月 31 日　　　　单位：元

资产	期末余额	年初余额	负债和所有者（股东）权益	期末余额	年初余额
流动资产：		（略）	流动负债：		（略）
货币资金	2 060 500		短期借款	280 000	
交易性金融资产	21 000		交易性金融负债		
衍生金融资产			衍生金融负债		
应收票据	219 100		应付票据	190 000	
应收账款	255 000		应付账款	896 500	
应收款项融资			预收款项	105 000	
预付款项	350 000		合同负债		
其他应收款	6 000		应付职工薪酬	156 000	
存货	1 820 000		应交税费	42 000	
合同资产			其他应付款	55 000	
持有待售资产			持有待售负债		
1 年内到期的非流动资产			1 年内到期的非流动负债	1 800 000	
其他流动资产			其他流动负债		
流动资产合计	3 907 500		流动负债合计	3 524 500	
非流动资产：			非流动负债：		
债权投资			长期借款	220 000	
其他债权投资			应付债券		
长期应收款			其中：优先股		
长期股权投资	320 000		永续债		
其他权益工具投资			租赁负债		
其他非流动金融资产			长期应付款		
投资性房地产			预计负债		

续上表

资产	期末余额	年初余额	负债和所有者（股东）权益	期末余额	年初余额
固定资产	1 560 000		递延收益		
在建工程	365 000		递延所得税负债		
生产性生物资产			其他非流动负债		
油气资产			非流动负债合计	220 000	
使用权资产			负债合计	3 744 500	
无形资产	560 000		所有者（股东）权益：		
开发支出			实收资本（股本）	3 000 000	
商誉			其他权益工具		
长期待摊费用	218 000		其中：优先股		
递延所得税资产			永续债		
其他非流动资产			资本公积		
非流动资产合计	3 023 000		减：库存股		
			其他综合收益	12 000	
			专项储备		
			盈余公积	98 000	
			未分配利润	76 000	
			所有者（股东）权益合计	3 186 000	
资产总计	6 930 500		负债和所有者（股东）权益总计	6 930 500	

表 9－3　科目余额表

编制单位：华美公司　　　　2020 年 12 月 31 日　　　　单位：元

科目名称	借方余额	贷方余额	科目名称	借方余额	贷方余额
库存现金	1 980		短期借款		55 000
银行存款	1 865 000		应付票据		98 000
其他货币资金	6 900		应付账款		856 800
交易性金融资产	482 000		其他应付款		56 800
应收票据	0		预收账款		163 000
应收账款	700 000		应付职工薪酬		218 200

续上表

科目名称	借方余额	贷方余额	科目名称	借方余额	贷方余额
坏账准备		2 100	应交税费		236 000
预付账款	180 000		应付利息		16 200.25
其他应收款	4 800		一年内到期的长期负债		0
材料采购	315 000		应付股利		9 800
原材料	28 000		长期借款		1 536 000
周转材料	360 000		实收资本		6 000 000
库存商品	1 560 300		其他综合收益		15 000
材料成本差异	523 100		盈余公积		145 225
长期股权投资	213 000		利润分配		321 660.75
固定资产	2 788 906		本年利润		0
累计折旧		165 000			
固定资产减值准备		350 000			
在建工程	636 000				
无形资产	986 000				
累计摊销		623 000			
长期待摊费用	210 000				
递延所得税资产	6 800				
合 计	10 867 786	1 140 100	合 计		9 727 686

注：表中“坏账准备”科目贷方余额 2 100 元，全部为应收账款计提的坏账准备。

根据上述材料，编制华美公司 2020 年 12 月 31 日的资产负债表，如表 9－4 所示。

表 9－4　资产负债表

会企 01 表

编制单位：华美公司　　　　2020 年 12 月 31 日　　　　单位：元

资产	期末余额	年初余额	负债和所有者（股东）权益	期末余额	年初余额
流动资产：			流动负债：		
货币资金	1 873 880	2 060 500	短期借款	55 000	280 000
交易性金融资产	482 000	21 000	交易性金融负债		
衍生金融资产			衍生金融负债		

续上表

资产	期末余额	年初余额	负债和所有者（股东）权益	期末余额	年初余额
应收票据	0	219 100	应付票据	98 000	190 000
应收账款	697 900	255 000	应付账款	856 800	896 500
应收款项融资			预收款项	163 000	105 000
预付款项	180 000	350 000	合同负债		
其他应收款	4 800	6 000	应付职工薪酬	218 200	156 000
存货	2 786 400	1 820 000	应交税费	236 000	42 000
合同资产			其他应付款	82800. 25	55 000
持有待售资产			持有待售负债		
1 年内到期的非流动资产			1 年内到期的非流动负债	0	1 800 000
其他流动资产			其他流动负债		
流动资产合计	6 024 980	3 907 500	流动负债合计	1 709 800. 25	3 524 500
非流动资产：			非流动负债：		
债权投资			长期借款	1 536 000	220 000
其他债权投资			应付债券		
长期应收款			其中：优先股		
长期股权投资	213 000	320 000	永续债		
其他权益工具投资			租赁负债		
其他非流动金融资产			长期应付款		
投资性房地产			预计负债		
固定资产	2 273 906	1 560 000	递延收益		
在建工程	636 000	365 000	递延所得税负债		
生产性生物资产			其他非流动负债		
油气资产			非流动负债合计	1 536 000	220 000
使用权资产			负债合计	3 245 800. 25	3 744 500
无形资产	363 000	560 000	所有者权益：		
开发支出			实收资本（股本）	6 000 000	3 000 000
商誉			其他权益工具		
长期待摊费用	210 000	218 000	其中：优先股		

续上表

资产	期末余额	年初余额	负债和所有者（股东）权益	期末余额	年初余额
递延所得税资产	6 800	0	永续债		
其他非流动资产			资本公积		
非流动资产合计	3 702 706	3 023 000	减：库存股		
			其他综合收益	15 000	12 000
			专项储备		
			盈余公积	145 225	98 000
			未分配利润	321 660. 75	76 000
			所有者权益合计	6 481 885. 75	3 186 000
资产总计	9 727 686	6 930 500	负债和所有者权益总计	9 727 686	6 930 500

第三节　利润表

一、利润表的定义及列示格式

（一）利润表的定义

利润表是反映企业在一定会计期间的经营成果的报表。这里的“一定会计期间”可以是一个月、一个季度、半年或一年，因此将利润表称为动态报表。“经营成果”是指企业进行经营活动产生的结果，主要是将一定会计期间内取得的收入与同一会计期间发生的相关费用进行比较的结果。如果收入大于费用，即实现了利润；反之，则发生了亏损。

（二）利润表的作用

通过利润表，可以提供企业一定会计期间的收入和费用信息。财务报告使用者通过阅读报表就可以清楚地了解企业在一定会计期间内收入实现和费用发生的具体情况；可以提供企业一定会计期间的经营成果信息，对财务报告使用者而言，既可以掌握企业收入与费用对比产生的净额信息，也可以掌握利得和损失对企业经营成果的影响，据以判断企业资本的保值增值等情况；可以提供分析企业盈利能力的有关数据资料。利用利润表提供的对比数据，财务报告使用者可以将企业在不同会计期间的收入、费用和利润进行对比，也可以与同行业的其他企业的利润水平进行对比，进而分析和预测企业现实和未来的盈利能力，并据以进行相关的经济决策。

（三）利润表的列示格式

利润表的格式一般有两种：一种是单步式利润表，是将当期所有的收入列在一起，然后将所有的费用列在一起，用收入总额减去费用总额即为企业的净利润或净亏损，它实际上是将“收入 - 费用 = 利润”这一会计等式表格化，由于它仅有一个相减的步骤，故称为“单步式利润表”；另一种是多步式利润表，是将表中对当期的收入、费用等项目按性质加以归类，并按利润形成的主要环节列示一些中间性利润指标，即可分步计算出当期的净利润（或净亏损）。我国财务报表列示准则规定，企业应当采用多步式利润表，将不同性质的收入和费用类别进行对比，从而得出一些中间性的利润指标数据，便于财务报告使用者理解企业经营成果的不同来源。多步式利润表主要反映以下三个利润指标。

（1）营业利润。营业收入减去营业成本、税金及附加、销售费用、管理费用、财务费用、信用减值损失、资产减值损失、公允价值变动收益（减去公允价值变动损失）、投资收益（减去投资损失）计算出营业利润。

（2）利润总额。营业利润加上营业外收入，减去营业外支出，计算出利润总额。

（3）净利润。利润总额减去所得税费用，计算出净利润。

一般企业利润表的列示格式如表 9 - 5 所示。

表 9 - 5　利润表

会企 02 表

编制单位：　　　　年　月　　　　单位：元

项目	本期金额	上期金额
一、营业收入		
减：营业成本		
税金及附加		
销售费用		
管理费用		
研发费用		
财务费用		
其中：利息费用		
利息收入		
加：其他收益		
投资收益（损失以“ - ”号填列）		
其中：对联营企业和合营企业的投资收益		
以摊余成本计量的金融资产终止确认收益（损失以“ - ”号填列）		

续上表

项目	本期金额	上期金额
净敞口套期收益（损失以“－”号填列）		
公允价值变动收益（损失以“－”号填列）		
信用减值损失（损失以“－”号填列）		
资产减值损失（损失以“－”号填列）		
资产处置收益（损失以“－”号填列）		
二、营业利润（亏损以“－”号填列）		
加：营业外收入		
减：营业外支出		
三、利润总额（亏损总额以“－”号填列）		
减：所得税费用		
四、净利润（净亏损以“－”号填列）		
（一）持续经营净利润（净亏损以“－”号填列）		
（二）终止经营净利润（净亏损以“－”号填列）		
五、其他综合收益的税后净额		
（一）不能重分类进损益的其他综合收益		
（二）将重分类进损益的其他综合收益		
六、综合收益总额		
七、每股收益		
（一）基本每股收益		
（二）稀释每股收益		

二、利润表的编制方法

（一）利润表“上期金额”栏的填列方法

对于月度利润表而言，“上期”是指上一年度的同一月份，因此，本月利润表中的“上期金额”应根据上年同月编制的利润表中的“本期金额”栏所列金额填列，“上期金额”一般可采用直接抄列的方法。如果上年该月利润表规定的各个项目的名称和内容与本年不一致，则应按本年的规定进行调整后填列；对于年度利润表而言，“上期”就是指上一个年度。这时，表中的“上期金额”就应根据上年年末的利润表相同项目的数字填列。

（二）利润表“本期金额”栏的填列方法

1. 根据总账科目发生额直接填列

利润表中的大多数项目名称与在日常交易或事项处理时所采用科目的名称是一样的，如“税金及附加”“销售费用”“财务费用”“投资收益”“营业外收入”“营业外支出”“所得税费用”等，这表明利润表项目与有关科目所反映的经济内容上的一致性。因而，对利润表的以上这些项目都可以采用直接填列方法。如果这些账户在本期只有增加发生额，没有减少发生额，就可直接将其增加发生额抄列于利润表中相应项目的“本期金额”栏；如果账户有相反方向的余额，例如，企业当期没有实现投资收益而是发生了投资损失，则应在“投资收益”项目以“－”号填列。

2. 根据有关总账科目发生额合并计算填列

“营业收入”和“营业成本”项目的数据在现有账户中是不能直接查到的，应将反映该项目内容的有关账户的发生额相加，求得该项目金额的合计数之后再填列。例如，“营业收入”项目填列的金额应为“主营业务收入”和“其他业务收入”两个科目的发生额之和；“营业成本”项目填列的金额应为“主营业务成本”和“其他业务成本”两个科目的发生额之和。

3. 根据总账科目及其所属明细科目发生额分析计算填列

利润表中“管理费用”项目是根据“管理费用”科目的发生额，减去“管理费用”科目下的“研发费用”和“无形资产摊销”明细科目的发生额分析填列。如本期“管理费用”科目的借方发生额为65 000元，贷方发生额为2 000元，其中“研发费用”明细科目的借方发生额为5 000元，则本期利润表中“管理费用”项目填列的本期金额为58 000元（65 000－2 000－5 000）。

4. 根据当期明细科目发生额分析填列

利润表中的“研发费用”项目，反映企业进行研究与开发过程中发生的费用化支出，以及计入管理费用的自行开发无形资产的摊销，该项目应根据“管理费用”科目下的“研发费用”和“无形资产摊销”明细科目的发生额分析填列。“利息费用”项目，反映企业为筹集生产经营所需资金等而发生的应予费用化的利息支出，应根据“财务费用”科目的相关明细科目的发生额分析填列。“利息收入”项目，反映企业确认的利息收入，应根据“财务费用”科目的相关明细科目的发生额分析填列。

（三）利润表的填列说明

利润表的“本期金额”栏各项目主要是根据有关科目记录填列的，填列说明如下。

（1）“营业收入”项目，反映企业经营主要业务和其他业务所确认的收入总额。本项目应根据“主营业务收入”和“其他业务收入”科目的发生额分析填列。

（2）“营业成本”项目，反映企业经营主要业务和其他业务所发生的成本总额。本项目应根据“主营业务成本”和“其他业务成本”科目的发生额分析填列。

（3）“税金及附加”项目，反映企业经营业务应负担的消费税、城市维护建设税、资源税、土地增值税和教育费附加等。本项目应根据“税金及附加”科目的发生额分析填列。

（4）“销售费用”项目，反映企业在销售商品过程中发生的包装费、广告费等费用和为销售本企业商品而专设的销售机构的职工薪酬、业务费等经营费用。本项目应根据“销售费用”科目的发生额分析填列。

（5）“管理费用”项目，反映企业为组织和管理生产经营发生的管理费用。本项目应根据“管理费用”科目的发生额减去“管理费用”科目下的“研发费用”和“无形资产摊销”明细科目的发生额分析填列。

（6）“研发费用”项目，反映企业在进行研究与开发过程中发生的费用化支出，以及计入管理费用的自行开发无形资产的摊销。该项目应根据“管理费用”科目下的“研发费用”明细科目的发生额，以及“管理费用”科目下的“无形资产摊销”明细科目的发生额分析填列。

（7）“财务费用”项目，反映企业为筹集生产经营所需资金等而发生的筹资费用。本项目应根据“财务费用”科目的发生额分析填列。

“财务费用”项目下的“利息费用”项目，反映企业为筹集生产经营所需资金等而发生的应予费用化的利息支出。该项目应根据“财务费用”科目的相关明细科目的发生额分析填列。该项目作为“财务费用”项目的“其中”项，以正数填列。

“财务费用”项目下的“利息收入”项目，反映企业按照相关会计准则确认的应冲减财务费用的利息收入。该项目应根据“财务费用”科目的相关明细科目的发生额分析填列。该项目作为“财务费用”项目的“其中”项，以负数填列。

（8）“其他收益”项目，反映计入其他收益的政府补助，以及其他与日常活动相关且计入其他收益的项目。该项目应根据“其他收益”科目的发生额分析填列。企业作为个人所得税的扣缴义务人，根据《中华人民共和国个人所得税法》收到的扣缴税款手续费，应作为其他与日常活动相关的收益在该项目中填列。

（9）“投资收益”项目，反映企业以各种方式对外投资所取得的收益。本项目应根据“投资收益”科目的发生额分析填列；如为投资损失，则本项目以“－”号填列。

（10）“净敞口套期收益”项目，反映净敞口套期下被套期项目累计公允价值变动转入当期损益的金额或现金流量套期储备转入当期损益的金额。本项目应根据“净敞口套期损益”科目的发生额分析填列；如为套期损失，则以“－”号填列。

（11）“公允价值变动收益”项目，反映企业应当计入当期损益的资产或负债的公允价值变动收益。本项目应根据“公允价值变动损益”科目的发生额分析填列；如为净损失，则以“－”号填列。

（12）“信用减值损失”项目，反映企业计提的各项金融工具减值准备形成的预期信用损失。本项目应根据“信用减值损失”科目的发生额分析填列；如为损失，则以“－”号填列。

（13）“资产减值损失”项目，反映企业各项资产发生的减值损失。本项目应根据“资产减值损失”科目的发生额分析填列；如为损失，则以“－”号填列。

（14）“资产处置收益”项目，反映企业出售划分为持有待售的非流动资产（金融工具、长期股权投资和投资性房地产除外）或处置（子公司业务除外）时确认的处置利得或损失，以及处置未划分为持有待售的固定资产、在建工程、生产性生物资产及无形资产而产生的处置利得或损失。债务重组中因处置非流动资产（金融工具、长期股权投资和投资性房地产除外）产生的利得或损失和非货币性资产交换中换出非流动资产（金融工具、长期股权投资和投资性房地产除外）产生的利得或损失也包括在本项目内。本项目应根据“资产处置损益”科目的发生额分析填列；如为处置损失，则以“－”号填列。

（15）“营业利润”项目，反映企业实现的营业利润。该项目根据公式“营业利润＝营业收入－营业成本－税金及附加－销售费用－管理费用－研发费用－财务费用＋其他收益＋投资收益＋净敞口套期收益＋公允价值变动收益－信用减值损失－资产减值损失＋资产处置收益”计算的结果填列。结果为正，以正数填列；结果为负，表明亏损，以“－”号填列。

（16）“营业外收入”项目，反映企业发生的除营业利润以外的收益，主要包括与企业日常活动无关的政府补助、盘盈利得、捐赠利得（企业接受股东或股东的子公司直接或间接的捐赠，经济实质属于股东对企业的资本性投入的除外）等。本项目应根据“营业外收入”科目的发生额分析填列。

（17）“营业外支出”项目，反映企业发生的与经营业务无直接关系的支出，主要包括公益性捐赠支出、非常损失、盘亏损失、非流动资产毁损报废损失等。该项目应根据“营业外支出”科目的发生额分析填列。

（18）“利润总额”项目，反映企业实现的利润。根据公式“利润总额＝营业利润＋营业外收入－营业外支出”计算的结果填列。结果为正，以正数填列；结果为负，表明亏损，以“－”号填列。

（19）“所得税费用”项目，反映企业应从当期利润总额中扣除的所得税费用。本项目应根据“所得税费用”科目的发生额分析填列。

（20）“净利润”项目，反映企业实现的净利润。根据公式“净利润＝利润总额－所得税费用”计算的结果填列。结果为正，以正数填列；结果为负，表明亏损，以“－”号填列。

（21）“其他综合收益的税后净额”项目，反映企业根据企业会计准则规定未在损益中确认的各项利得和损失扣除所得税影响后的净额。本项目应根据“其他综合收益”科目及其所属明细科目的本期发生额分析填列。

（22）“综合收益总额”项目反映企业净利润和其他综合收益税后净额的合计金额。

（23）“每股收益”项目中的“基本每股收益”和“稀释每股收益”根据相关准则计算结果填列。“基本每股收益”项目，只考虑当期实际发行在外的普通股股份，按照归属于普通股股东的当期净利润除以当期实际发行在外普通股的加权平均数计算确定。“稀释每股收益”项目，是以基本每股收益为基础，假设企业所有发行在外的稀释性潜在普通股均已转换为普通股，从而分别调整归属于普通股股东的当期净利润以及发行在外普通股的加权平均数计算而得的每股收益。

三、利润表编制举例

【例9－3】华美公司2019年12月的利润表和2020年12月的收入与费用情况如下：

（1）华美公司2019年12月的利润表，如表9－6所示。

表 9－6　利润表

会企 02 表

编制单位：华美公司　　　　2019 年 12 月　　　　单位：元

项目	本期金额	上期金额
一、营业收入	5 800 000	（略）
减：营业成本	3 620 000	
税金及附加	198 000	
销售费用	496 000	
管理费用	390 000	
研发费用		
财务费用	698 000	
其中：利息费用		
利息收入		
加：其他收益		
投资收益（损失以“－”号填列）	360 000	
公允价值变动收益（损失以“－”号填列）		
信用减值损失（损失以“－”号填列）		
资产减值损失（损失以“－”号填列）		
二、营业利润（亏损以“－”号填列）	758 000	
加：营业外收入	235 000	
减：营业外支出	56 000	
三、利润总额（亏损总额以“－”号填列）	937 000	
减：所得税费用	234 250	
四、净利润（净亏损以“－”号填列）	702 750	
五、每股收益		
（一）基本每股收益		
（二）稀释每股收益		

（2）华美公司2020年度利润表有关科目累计发生额如表9－7所示。

表9－7　利润表有关科目累计发生额

编制单位：华美公司　　　　2020年12月　　　　单位：元

科目名称	借方发生额	贷方发生额
主营业务收入		4 930 000
其他业务收入		750 000
主营业务成本	2 790 000	
税金及附加	186 000	
销售费用	462 000	
管理费用	357 100	
财务费用	619 500	
其他业务成本	490 000	
信用资产减值损失	9 000	
资产减值损失	19 000	
投资收益		350 500
营业外收入		269 000
营业外支出	36 800	
所得税费用	346 525	

表9－8　利润表

会企02表

编制单位：华美公司　　　　2020年12月　　　　单位：元

项目	本期金额	上期金额
一、营业收入	5 680 000	5 800 000
减：营业成本	3 280 000	3 620 000
税金及附加	186 000	198 000
销售费用	462 000	496 000
管理费用	357 100	390 000
研发费用		

续上表

项目	本期金额	上期金额
财务费用	619 500	698 000
其中：利息费用		
利息收入		
信用减值损失	9 000	
资产减值损失	19 000	
加：其他收益		
投资收益（损失以“－”号填列）	350 500	360 000
公允价值变动收益（损失以“－”号填列）		
二、营业利润（亏损以“－”号填列）	1 097 900	758 000
加：营业外收入	269 000	235 000
减：营业外支出	36 800	56 000
三、利润总额（亏损总额以“－”号填列）	1 330 100	937 000
减：所得税费用	332 525	234 250
四、净利润（净亏损以“－”号填列）	997 575	702 750
五、每股收益：		
（一）基本每股收益		
（二）稀释每股收益		

第四节　财务报表附注披露

一、财务报表附注的定义与披露要求

（一）财务报表附注的定义

附注是财务报表不可或缺的组成部分，是对在资产负债表、利润表、现金流量表、所有者（股东）权益变动表等报表中列示项目的文字描述或明细资料，以及对未能在这些报表中列示项目的说明等。

财务报表中的数字是经过分类与汇总后的结果，是对企业发生的经济业务的高度简化和浓缩的数字。如果没有形成这些数字所使用的会计政策、理解这些数字所必需的披露，那么财务报表就不可能充分发挥效用。加上对外提供的财务报表中所规定的内容具有一定的固定性和规定性，只能提供定量的财务信息，其所能反映的财务信息受到一定的限制。因此，附注是财务报表的补充，是财务报表的重要组成部分。报表使用者在了解企业的财务状况、经营成果和现金流量时，应当全面阅读附注。

（二）附注披露的总体要求

附注的相关信息应当与资产负债表、利润表、现金流量表和所有者（股东）权益变动表等报表中列示的项目相互参照，以便于报表使用者联系相关联的信息，并由此从整体上更好地理解财务报表。

企业在披露附注信息时，应当将定量、定性信息相结合，按照一定的结构对附注信息进行系统合理的排列和分类，以便于使用者理解和掌握。

二、财务报表附注披露的内容与方法

企业应当以文字和数字描述相结合的方式以及列表形式披露报表重要项目的构成或当期增减变动情况，并且报表重要项目的明细金额合计应当与报表项目金额相衔接。在披露顺序上，一般应当按照资产负债表、利润表、现金流量表、所有者（股东）权益变动表及其项目列示的顺序披露。

现以资产负债表和利润表为例，简要介绍财务报表附注披露的基本方法。

（一）资产负债表附注的披露

按照财务报表列报准则的规定，一般企业在资产负债表的附注中应当披露的内容有20余项，主要包括各种资产项目和负债项目的详细情况。现列示其中几个比较有代表性的项目的披露方法。

1. **交易性金融资产的披露格式**

表9-9 交易性金融资产的披露

项目	期末公允价值	年初公允价值
1. 交易性债权投资		
2. 交易性权益工具投资		
3. 指定为以公允价值计量且其变动计入当期损益的金融资产		
4. 其他交易性金融资产		
5. 其他		
合计		

2. 应收款项的披露格式

表 9－10　应收账款按账龄结构披露

账龄结构	期末账面余额	年初账面余额
1 年以内（含 1 年）		
1 年至 2 年（含 2 年）		
2 年至 3 年（含 3 年）		
3 年以上		
合计		

注：有应收票据、预付账款、长期应收款、其他应收款的，比照应收账款进行披露。

表 9－11　应收账款按客户类别披露

客户类别	期末账面余额	年初账面余额
客户 1		
客户 2		
……		
其他客户		
合计		

注：有应收票据、预付账款、长期应收款、其他应收款的，比照应收账款进行披露。

3. 存货的披露格式

表 9－12　按存货类别披露

存货种类	年初账面余额	本期增加额	本期减少额	期末账面余额
1. 原材料				
2. 在产品				
3. 库存商品				
4. 周转材料				
5. 消耗性生物资产				
……				
合计				

表 9－13 存货跌价准备的披露

存货种类	年初账面余额	本期计提额	本期减少额		期末账面余额
			转回	转销	
1. 原材料					
2. 在产品					
3. 库存商品					
4. 周转材料					
5. 消耗性生物资产					
……					
合计					

4. 固定资产的披露格式

表 9－14 固定资产按原价、累计折旧额等的披露

项目	年初账面余额	本期增加额	本期减少额	期末账面余额
一、原价合计				
其中：房屋、建筑物				
机器设备				
运输工具				
……				
二、累计折旧合计				
其中：房屋、建筑物				
机器设备				
运输工具				
……				
三、固定资产减值准备累计金额合计				
其中：房屋、建筑物				
机器设备				
运输工具				
……				
四、固定资产账面价值合计				
其中：房屋、建筑物				

续上表

项目	年初账面余额	本期增加额	本期减少额	期末账面余额
机器设备				
运输工具				
……				

如果企业确有准备处置的固定资产，那么应当说明准备处置的固定资产名称、账面价值、公允价值、预计处置费用和预计处置时间等。

5. 短期借款和长期借款的披露格式

表 9－15　短期借款和长期借款的披露

项目	短期借款		长期借款	
	期末账面余额	年初账面余额	期末账面余额	年初账面余额
信用借款				
抵押借款				
质押借款				
保证借款				
合计				

对于期末逾期借款，应分别按贷款单位、借款金额、逾期时间、年利率、逾期未偿还原因和预期还款期等进行披露。

从以上几个具有代表性的项目的披露方法可以看出，报表附注的披露主要采用了两种方式。一是数字描述方式，如对资产负债表中的“应收票据及应收账款”项目中的“应收账款”项目所反映的内容，可按应收账款的账龄结构和客户类别等设计相应格式的表格，并分别填列“期末账面余额”和“年初账面余额”等详细数字资料，可以起到对“应收票据及应收账款”项目中的“应收账款”项目反映的基本内容进行详细说明的作用。二是文字叙述和数字描述相结合的方式。如对资产负债表中的固定资产和各种借款等，除了采用列表方式分别对表中的相关项目数字进行详细说明外，还要对企业存在的准备处置的固定资产和期末逾期借款等情况，采用文字叙述的方式进行说明。目的是向财务报告使用者提供在报表中不能直接说明的情况，使其更加全面地了解企业相关交易或事项信息。

（二）利润表附注的披露

按照财务报表列报准则的规定，一般企业在利润表的附注中应当披露的内容有 10 余项，主要包括各种收入项目和费用项目的详细情况。现列示其中几个比较有代表性的项目的披露方法。

1. 营业收入的披露格式

表 9-16 营业收入的披露

项目	本期发生额	上期发生额
1. 主营业务收入		
2. 其他业务收入		
合计		

2. 投资收益的披露格式

表 9-17 投资收益的披露

产生投资收益的来源	本期发生额	上期发生额
1. 现金股利		
……		
合计		

应披露按照权益法核算的长期股权投资，直接以被投资单位的账面净损益计算确认投资损益的事实及原因。

3. 资产减值损失的披露格式

表 9-18 资产减值损失的披露

项目	本期发生额	上期发生额
一、坏账损失		
二、存货跌价损失		
三、债权投资减值损失		
四、其他债权投资减值损失		
五、长期股权投资减值损失		
六、投资性房地产减值损失		
七、固定资产减值损失		
八、工程物资减值损失		
九、在建工程减值损失		
十、生产性生物资产减值损失		
十一、油气资产减值损失		
十二、无形资产减值损失		
十三、商誉减值损失		
十四、其他		
合计		

4. **所得税费用的披露**

（1）所得税费用（收益）的组成，包括当期所得税、递延所得税。

（2）所得税费用（收益）与会计利润的关系。

利润表附注的编报方法与资产负债表附注的编报方法基本相同：一是采用数字描述的方式；二是采用文字叙述和数字描述相结合的方式。但对某些内容，如对企业的所得税费用也可采用单纯的文字叙述方式进行披露。

复习思考题

1. 财务会计报告有什么作用？编制财务会计报告的基本要求是什么？
2. 会计报表有哪些种类？它们的作用是什么？基本内容是什么？

练习题

一、资产负债表

【目的】练习资产负债表的编制方法。

【资料】星海实业股份有限公司20××年12月31日全部总账和有关明细账余额见表9-19。

表9-19　总账和有关明细余额表

单位：元

总账	明细账户	借方余额	贷方余额	总账	明细账户	借方余额	贷方余额
库存现金		20 000		短期借款			1 200 000
银行存款		300 000		应付账款			200 000
交易性金融资产		280 000			F企业		140 000
应收账款		460 000			H企业	100 000	
	A企业	200 000			W企业		160 000
	B企业		40 000	预收账款			20 000
	C企业	300 000			U企业		80 000
预付账款		94 000			V企业	60 000	
	D企业	100 000		其他应付款			180 000
	E企业		6 000	应付职工薪酬			694 000
其他应收款		160 000		应交税费			1 200 000
原材料		540 000		应付股利			460 000
生产成本		160 000		长期借款			1 280 000
库存商品		440 000		实收资本			5 600 000
长期股权投资		4 540 000		盈余公积			1 480 585

续上表

总账	明细账户	借方余额	贷方余额	总账	明细账户	借方余额	贷方余额
固定资产		14 000 000		利润分配	未分配利润		9 190 145
累计折旧			1 200 000				
无形资产		1 630 730					
长期待摊费用		80 000					

根据上述材料，编制该公司20××年12月31日的资产负债表，见表9－20。

表9－20 资产负债表

会企01表

编制单位：星海实业股份有限公司　　20××年12月31日　　单位：元

资产	期末余额	年初余额（略）	负债和所有者权益（或股东权益）	期末余额	年初余额（略）
流动资产：			流动负债：		
货币资金			短期借款		
以公允价值计量且其变动计入当期损益的金融资产			应付账款		
应收账款			预收账款		
预付账款			其他应付款		
其他应收款			应付职工薪酬		
存货			应交税费		
其他流动资产			其他流动负债		
流动资产合计			流动负债合计		
非流动资产：			非流动负债：		
长期股权投资			长期借款		
固定资产			应付债券		
在建工程			长期应付款		
无形资产			非流动负债合计		
长期待摊费用			负债合计		
其他非流动资产			所有者权益（或股东权益）：		
非流动资产合计			实收资本（或股本）		
			资本公积		
			盈余公积		
			未分配利润		
			所有者权益（或股东权益）合计		
资产总计			负债和所有者权益（或股东权益）总计		

二、利润表

【目的】练习利润表的编制方法。

【资料】

1. 假定鸿达公司某年11月有关收入类账户和费用类账户的发生额资料见表9－21。

表9－21　鸿达公司11月有关收入类账户和费用类账户的发生额

账户名称	发生额
主营业务收入	915 000元（贷方）
主营业务成本	600 000元（借方）
税金及附加	12 500元（借方）
其他业务收入	15 500元（贷方）
其他业务成本	13 500元（借方）
销售费用	16 500元（借方）
管理费用	41 000元（借方）
财务费用	25 500元（借方）
投资收益	20 000元（贷方）
营业外收入	2 500元（贷方）
营业外支出	12 500元（借方）

2. 假定该企业适用的所得税税率为25%。

【要求】

（1）计算营业收入、营业成本和所得税费用等项目的金额。

（2）列示该公司该年11月利润表中的“本期金额”栏的全部数据。

（3）说明利润表中“上期金额”的基本列示方法。

（4）试用计算公式写出“营业利润”“利润总额”“净利润”的计算过程。

表9－22　利润表

会企02表

编制单位：鸿达公司　　　　年　　月　　　　单位：元

项目	本期金额	上期金额
一、营业收入		
减：营业成本		
税金及附加		
销售费用		
管理费用		

续上表

项目	本期金额	上期金额
财务费用		
加：投资收益（损失以“－”号填列）		
二、营业利润（亏损以“－”号填列）		
加：营业外收入		
减：营业外支出		
三、利润总额（亏损总额以“－”号填列）		
减：所得税费用		
四、净利润（净亏损以“－”号填列）		

第十章 会计处理组织程序

本章摘要

账务处理程序是从取得原始凭证到编制财务报表的一系列会计核算工作程序和方法。学习本章，学生应了解账务处理的意义和基本程序，明确各种账务处理程序的核算要求、步骤和使用范围，掌握按不同单位的具体情况设置账务处理程序的基础知识和操作技能。

内容导图

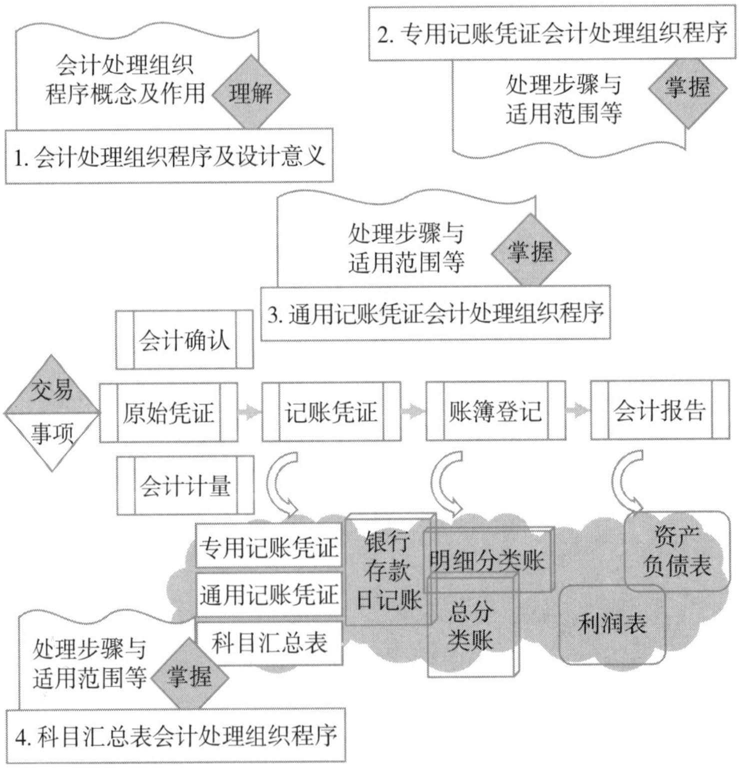

图 10－1　内容导图

第一节　会计处理组织程序及设计意义

一、会计处理组织程序的定义与种类

（一）会计处理组织程序的定义

会计处理组织程序是指对会计数据的记录、归类、汇总、呈报的步骤和方法，即从整理原始凭证，填制和审核记账凭证，登记日记账、明细分类账、总分类账，到最后编制财务报表的工作程序和方法。科学地组织会计处理程序，对提高会计核算的质量和会计工作的效率、充分发挥会计的职能具有重要意义。

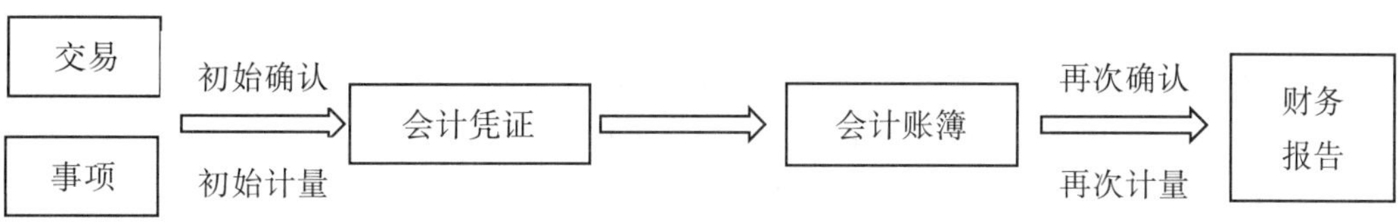

图 10－2　会计处理组织程序的基本模式

在实务中，可供企业选择使用的会计凭证、会计账簿和财务报表种类较多，格式也各不相同。企业应根据自身经营活动特点、企业的规模和业务繁简程度选择其适用的会计凭证、会计账簿和财务报表，并合理地组织会计凭证的填制、会计账簿的登记和财务报表的编制，以保证会计核算工作高效、高质，充分发挥会计核算、监督的基本职能，并为会计参与企业经营决策打下良好基础，以有效地实现会计的管理功能。

（二）会计处理组织程序的种类及其主要区别

1. 会计处理组织程序的种类

目前，我国采用的会计处理组织程序主要有专用记账凭证会计处理组织程序、通用记账凭证会计处理组织程序、科目汇总表会计处理组织程序等。各种会计处理组织程序虽然都包括会计确认、会计计量、会计记录和会计报告等诸多环节，但从会计方法应用的角度看，主要有以下三个环节：①对发生的交易或事项，在会计上首先应取得原始凭证并据以填制记账凭证。②根据记账凭证登记有关账簿。③在会计期末，根据账簿资料编制财务报告文件。

2. 各种会计处理组织程序的主要区别

（1）使用的记账凭证不同。记账凭证包括专用记账凭证、通用记账凭证、汇总记账凭证和科目汇总表等。在某一特定企业中，以上这些种类的记账凭证不可能全部采用，只能根据本企业的会计处理组织程序选择使用其中的一两种。一般而言，专用记账凭证与通用记账凭证不能在一种会计处理组织程序中并用；通用记账凭证和汇总记账凭证不能在一种会计处理组织程序中并用。专用记账凭证和汇总记账凭证（或科目汇总表）可以在一种会计处理组织程序中同时使用；通用记账凭证和科目汇总表可以在一种会计处理组织程序中同时使用。

（2）账簿的组织系统不同。账簿的组织系统包括用以记录交易或事项的序时账簿（日记账）和分类账簿（总分类账、明细分类账），各种账簿的格式是不同的。在借贷记账法下设置的以上账簿中，序时账、总分类账和一部分明细分类账的格式均为借、贷、余三栏式，而其他明细分类账的格式还有数量金额式和多栏式等，这是由企业对各种交易或事项记录的不同要求所决定的。一般而言，企业必须设置的账簿有借、贷、余三栏式的序时账、总分类账和部分明细分类账，对另两种格式的明细分类账，企业可根据记录交易或事项的需要选择使用。

（3）登记总分类账的方式不同。企业设置的分类账包括总分类账和明细分类账两大类（从一定意义上讲，序时账也是一种明细分类账）。其中，明细分类账要求根据专用（或通用）记账凭证逐笔登记（序时账是逐日逐笔登记），而总分类账既可逐笔登记，也可采用汇总登记的方法。汇总登记又可分为根据科目汇总表的汇总数字登记及根据汇总记账凭证的汇总数字登记两种。总分类账采用汇总登记方法，是某些会计处理组织程序的显著特点，也是区分各种会计处理组织程序的主要标志。

（4）采用的报表格式不同。尽管企业按要求都要编制资产负债表和利润表等会计报表，但由于企业的组织形式、业务性质和主要经营活动内容不同，其报表格式及所包含的项目也有所不同。如一般企业的会计报表与商品流通企业的会计报表的组成内容差别较大，与金融、保险等企业的会计报表的组成内容差别更大。各企业应按照规范的格式要求与列示方法进行会计报表的编制。

二、建立会计处理组织程序的意义

（一）有利于规范会计处理组织工作

企业交易或事项的会计处理需要企业内部各个部门之间、会计机构各有关会计人员之间的密切配合，只有建立起规范的会计处理组织程序，才能使交易或事项的经办人员、会计机构的会计人员有序可循，规范操作，按照各自的职责分工和规范要求，有条不紊地及时做好交易或事项各个环节的处理工作。

（二）有利于保证企业会计信息质量

保证会计信息质量是对处理交易或事项的最基本要求。会计凭证的取得与填制、账簿的登记和会计报表的编制，每一个环节都与会计信息质量息息相关。建立科学合理的会计处理组织程序，能够使会计信息的处理置于严密的系统控制之中，是会计信息质量达到规定要求的保障。

（三）有利于提高会计处理工作效率

按照既定的会计处理组织程序对交易或事项进行处理，各处理环节分工明确，责任清楚，约束力强，将会大大提高会计处理工作的效率，也可以为会计信息的及时报告提供有力保证。

（四）有利于节约会计处理工作成本

利用会计处理组织程序对交易或事项进行会计处理的过程，也是消耗人力、物力和财力的过程。例如，在手工记账的条件下，所使用的凭证、账簿和报表等都会发生印刷制作或购买等支出。合理选择适用的凭证格式、账簿和会计报表种类，在一定程度上会降低会计处理工作成本，节约会计处理方面的费用开支。

（五）有利于发挥会计处理工作的核算、监督、管理等作用

就整个会计处理系统来看，交易或事项的处理主要体现在初始确认和计量与再次确认和计量上。对交易或事项的初始确认和计量主要解决会计记录的问题，是对会计信息进行积累的过程。再次确认和计量主要解决会计信息报告的问题，既是会计记录过程的延续，也直接关系到会计目标的实现。建立规范的会计处理组织程序，使会计能够在对外提供相关信息和对内加强企业自身经营管理等方面发挥积极作用。

第二节　专用记账凭证会计处理组织程序

一、专用记账凭证会计处理组织程序的定义及评价

（一）专用记账凭证会计处理组织程序的定义

专用记账凭证会计处理组织程序是根据交易或事项发生以后填制的各种专用记账凭证直接登记总分类账，并定期编制会计报表的一种会计处理组织程序。

（二）专用记账凭证会计处理组织程序的步骤

专用记账凭证账务处理组织程序如图 10－3 所示。

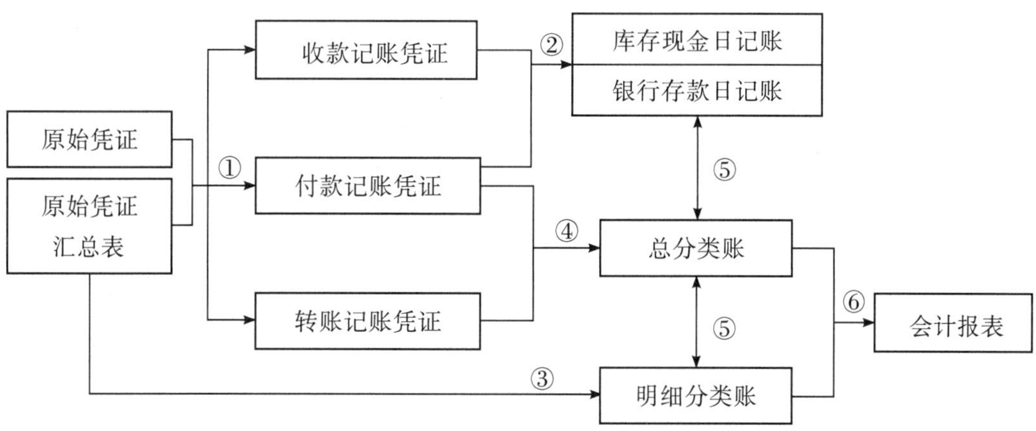

图 10－3　专用记账凭证会计处理组织程序

在图 10－3 中：①根据原始凭证或原始凭证汇总表填制各种专用记账凭证。②根据收款记账凭证、付款记账凭证逐笔登记库存现金日记账、银行存款日记账。③根据收款记账凭证、付款记账凭证、转账记账凭证和原始凭证（或原始凭证汇总表）逐笔登记各

种明细分类账。④根据收款记账凭证、付款记账凭证、转账记账凭证逐笔登记总分类账。⑤月末，库存现金日记账、银行存款日记账的余额，以及各种明细分类账余额的合计数，分别与总分类账中有关账户的余额核对相符。⑥月末，根据总分类账和明细分类账资料编制财务报表。

（三）专用记账凭证会计处理组织程序的评价

1. 优点

一是在专用记账凭证上能够清晰地反映账户之间的对应关系；二是专用记账凭证会计处理组织程序下能够详细地反映所发生的交易或事项情况；三是与根据科目汇总表或汇总记账凭证登记总分类账的做法相比，根据专用记账凭证直接登记总分类账是最简单的一种登记方法，也比较容易掌握。

2. 缺点

一是对发生的每一笔交易或事项都要根据专用记账凭证逐笔在总分类账中进行登记，总分类账登记工作量过大；二是由于登记交易或事项的多少很难预先确定，在账簿上设置多个总分类账账户，难以把握每一个账户的预留账页数量，导致账页耗用多。

3. 适用范围

专用记账凭证会计处理组织程序的优点较多，一般适用于规模较大、交易或事项数量比较多、记账凭证使用量比较大的企业。但受其缺陷所限，在实务中单纯使用这种程序的情形已不多见，因而是一种需要加以变革的会计处理组织程序。

二、专用记账凭证会计处理组织程序应用举例

【例 10－1】假定华达公司 20××年 12 月发生如下交易或事项：

（1）华达公司溢价发行股票 1 000 000 股，每股面值 1 元，实际收到发行款 1 200 000 元。已存入银行。

（2）收到投资者投入的全新设备一台，协商作价 28 000 元。

（3）收到某公司一项专有技术投资，经评估确认其价值为 30 000 元。

（4）经股东大会批准，将资本公积 80 000 元转增股本。

（5）取得为期 6 个月的短期借款 150 000 元，已存入在银行开立的存款户。

（6）从银行借入长期借款 300 000 元，用于生产车间的扩建。已存入在银行开立的存款户。

（7）以前借入的一笔长期借款到期，用银行存款偿还借款本金 200 000 元，支付利息 12 000 元。

（8）从宏远公司购入甲材料。对方开具的增值税专用发票载明：数量 500 千克，单价 6 元，价款 3 000 元，增值税税额 390 元，价税款合计 3 390 元。材料尚未运达企业，货款尚未支付。

（9）华达公司用银行存款 3 390 元偿还前欠宏远公司货款。

（10）根据合同规定，用银行存款 9 605 元向宏远公司预付购买乙材料价税款。

（11）向宏远公司预付款的乙材料到货。对方开具的增值税专用发票载明：数量 850 千克，单价 10 元，价款 8 500 元，增值税税额 1 105 元，价税款合计 9 605 元。

（12）从宏远公司购入的甲、乙两种材料一同运送到企业，运费共计270元。按两种材料的重量分配，甲材料应分配100元，乙材料应分配170元。已用库存现金支付运费。

（13）华达公司购入的甲、乙两种材料已验收入库，其中：甲材料实际成本为3 100元（3 000 + 100），乙材料实际成本为8 670元（8 500 + 170）。

（14）购入甲、乙材料发生市内运输费100元，用现金支付。

（15）华达公司根据当月各种领料单编制的发出材料汇总表及汇总结果如下：

表10－1　发出材料汇总表

数量单位：千克
金额单位：元

用途	甲材料			乙材料			金额合计
	数量	单价	金额	数量	单价	金额	
制造产品耗用							
A产品	150	6	900	500	10	5 000	5 900
B产品	300	6	1 800				1 800
制造部门一般耗用				100	10	1 000	1 000
合计	450		2 700	600		6 000	8 700

（16）计算出本月应付职工工资12 000元。其中：生产A产品工人工资7 000元，生产B产品工人工资3 000元；车间管理人员工资2 000元。

（17）从银行提取现金12 000元备发工资。

（18）用现金12 000元支付职工工资。

（19）用银行存款支付生产车间发生的水电费360元。

（20）计提生产车间固定资产折旧800元。

（21）按生产A、B两种产品生产工人工资总额比例分配制造费用，并计入产品生产成本。假定本月应分配制造费用总额为2 000元。按生产工人工资总额为标准分配，A产品生产应分配制造费用1 400元，B产品生产应分配制造费用600元。

（22）本月生产A、B两种产品各100件，月末全部完工，完工成本分别为21 200元和8 570元。结转两种产品的完工成本。

（23）销售A产品80件，每件售价500元，增值税销项税额5 200元。价税款合计45 200元，收到并已存入银行。

（24）向星海公司销售B产品60件，每件售价300元，增值税销项税额2 340元。已委托开户银行向购货方收款。

（25）预收荣发公司购买A产品50件的价税款28 250元，已存入银行。

（26）向荣发公司发出A产品50件，每件售价500元，增值税销项税额3 250元，价税款合计28 250元。

（27）接银行通知，委托银行向星海公司收取的应收款项20 340元已收妥入账。

（28）将损益类账户结转至“本年利润”账户。

假定华达公司对日常交易或事项采用专用记账凭证会计处理组织程序，按照这种程序对其20××年12月发生的交易或事项进行会计处理。

①根据以上交易或事项编制专用记账凭证。

表10-2　收款记账凭证

借方科目：银行存款　　　　20××年12月1日　　　　收字第1号

摘要	贷方科目		金额	记账
	一级科目	二级或明细科目		
发行股票收入	股本		1 000 000	
	资本公积		200 000	
合计			1 200 000	

附件壹张

会计主管：李鸣　记账：张清　稽核：沈严　填制：方新　出纳：廉明　交款：赵伟

表10-3　转账记账凭证

20××年12月1日　　　　转字第1号

摘要	一级科目	二级或明细科目	借方金额	贷方金额	记账
收到固定资产投资	固定资产		28 000		
	股本			28 000	
合计			28 000	28 000	

附件壹张

会计主管：李鸣　记账：张清　稽核：沈严　填制：方新

表10-4　转账记账凭证

20××年12月1日　　　　转字第2号

摘要	一级科目	二级或明细科目	借方金额	贷方金额	记账
收到无形资产投资	无形资产		30 000		
	股本			30 000	
合计			30 000	30 000	

附件壹张

会计主管：李鸣　记账：张清　稽核：沈严　填制：方新

表 10－5　转账记账凭证

20××年 12 月 3 日　　　　转字第 3 号

摘要	一级科目	二级或明细科目	借方金额	贷方金额	记账
资本公积转增股本	资本公积		80 000		
	股本			80 000	
合计			80 000	80 000	

附件壹张

会计主管：李鸣　　记账：张清　　稽核：沈严　　填制：方新

表 10－6　收款记账凭证

借方科目：银行存款　　20××年 12 月 5 日　　收字第 2 号

摘要	贷方科目		金额	记账
	一级科目	二级或明细科目		
借款存银行	短期借款		150 000	
合计			150 000	

附件贰张

会计主管：李鸣　　记账：张清　　稽核：沈严　　填制：方新　　出纳：廉明　　交款：赵伟

表 10－7　收款记账凭证

借方科目：银行存款　　20××年 12 月 5 日　　收字第 3 号

摘要	贷方科目		金额	记账
	一级科目	二级或明细科目		
借款存银行	长期借款		300 000	
合计			300 000	

附件贰张

会计主管：李鸣　　记账：张清　　稽核：沈严　　填制：方新　　出纳：廉明　　交款：赵伟

表 10－8 付款记账凭证

贷方科目：银行存款　　20××年12月5日　　付字第1号

摘要	借方科目		金额	记账
	一级科目	二级或明细科目		
偿还借款	长期借款		212 000	
合计			212 000	

附件壹张

会计主管：李鸣　记账：张清　稽核：沈严　填制：方新　出纳：廉明　交款：赵伟

表 10－9 转账记账凭证

20××年12月5日　　转字第4号

摘要	一级科目	二级或明细科目	借方金额	贷方金额	记账
购买甲材料	在途物资	甲材料	3 000		
	应交税费	应交增值税（进项税额）	390		
	应付账款	宏远公司		3 390	
合计			3 390	3 390	

附件壹张

会计主管：李鸣　记账：张清　稽核：沈严　填制：方新

表 10－10 付款记账凭证

贷方科目：银行存款　　20××年12月5日　　付字第2号

摘要	借方科目		金额	记账
	一级科目	二级或明细科目		
偿还材料款	应付账款	宏远公司	3 390	
合计			3 390	

附件壹张

会计主管：李鸣　记账：张清　稽核：沈严　填制：方新　出纳：廉明　交款：赵伟

表 10－11　付款记账凭证

贷方科目：银行存款　　20××年 12 月 5 日　　付字第 3 号

摘要	借方科目		金额	记账
	一级科目	二级或明细科目		
预付材料款	预付账款	宏远公司	9 605	
合计			9 605	

附件贰张

会计主管：李鸣　记账：张清　稽核：沈严　填制：方新　出纳：廉明　交款：赵伟

表 10－12　转账记账凭证

20××年 12 月 8 日　　转字第 5 号

摘要	一级科目	二级或明细科目	借方金额	贷方金额	记账
购买乙材料	在途物资	乙材料	8 500		
	应交税费	应交增值税（进项税额）	1 105		
	预付账款	宏远公司		9 605	
合计			9 605	9 605	

附件壹张

会计主管：李鸣　记账：张清　稽核：沈严　填制：方新

表 10－13　付款记账凭证

贷方科目：库存现金　　20××年 12 月 8 日　　付字第 4 号

摘要	借方科目		金额	记账
	一级科目	二级或明细科目		
支付运输费	在途物资	甲材料	100	
		乙材料	170	
合计			270	

附件贰张

会计主管：李鸣　记账：张清　稽核：沈严　填制：方新　出纳：廉明　交款：赵伟

表 10－14 转账记账凭证

20××年 12 月 10 日　　转字第 6 号

摘要	一级科目	二级或明细科目	借方金额	贷方金额	记账
材料验收入库	原材料	甲材料	3 100		
		乙材料	8 670		
	在途物资	甲材料		3 100	
		乙材料		8 670	
合计			11 770	11 770	

附件壹张

会计主管：李鸣　记账：张清　稽核：沈严　填制：方新

表 10－15 付款记账凭证

贷方科目：库存现金　　20××年 12 月 10 日　　付字第 5 号

摘要	借方科目		金额	记账
	一级科目	二级或明细科目		
付市内运输费	管理费用		100	
合计			100	

附件贰张

会计主管：李鸣　记账：张清　稽核：沈严　填制：方新　出纳：廉明　交款：赵伟

表 10－16 转账记账凭证

20××年 12 月 12 日　　转字第 7 号

摘要	一级科目	二级或明细科目	借方金额	贷方金额	记账
生产领用材料	生产成本	A 产品	5 900		
		B 产品	1 800		
	制造费用		1 000		
	原材料	甲材料		2 700	
		乙材料		6 000	
合计			8 700	8 700	

附件壹张

会计主管：李鸣　记账：张清　稽核：沈严　填制：方新

表 10－17　转账记账凭证

20××年 12 月 25 日　　　　转字第 8 号

摘要	一级科目	二级或明细科目	借方金额	贷方金额	记账
计提生产工人工资	生产成本	A 产品	7 000		
		B 产品	3 000		
	制造费用		2 000		
	应付职工薪酬	工资		12 000	
合计			12 000	12 000	

附件贰张

会计主管：李鸣　　记账：张清　　稽核：沈严　　填制：方新

表 10－18　付款记账凭证

贷方科目：银行存款　　20××年 12 月 25 日　　付字第 6 号

摘要	借方科目		金额	记账
	一级科目	二级或明细科目		
提取现金	库存现金		12 000	
合计			12 000	

附件壹张

会计主管：李鸣　　记账：张清　　稽核：沈严　　填制：方新　　出纳：廉明　　交款：赵伟

表 10－19　付款记账凭证

贷方科目：库存现金　　20××年 12 月 26 日　　付字第 7 号

摘要	借方科目		金额	记账
	一级科目	二级或明细科目		
发放职工工资	应付职工薪酬	工资	12 000	
合计			12 000	

附件壹张

会计主管：李鸣　　记账：张清　　稽核：沈严　　填制：方新　　出纳：廉明　　交款：赵伟

表 10－20 付款记账凭证

贷方科目：银行存款　　20××年 12 月 26 日　　付字第 8 号

摘要	借方科目		金额	记账
	一级科目	二级或明细科目		
支付水电费	制造费用		360	
合计			360	

附件贰张

会计主管：李鸣　记账：张清　稽核：沈严　填制：方新　出纳：廉明　交款：赵伟

表 10－21 转账记账凭证

20××年 12 月 26 日　　转字第 9 号

摘要	一级科目	二级或明细科目	借方金额	贷方金额	记账
计提固定资产折旧	制造费用		800		
	累计折旧			800	
合计			800	800	

附件壹张

会计主管：李鸣　记账：张清　稽核：沈严　填制：方新

表 10－22 转账记账凭证

20××年 12 月 26 日　　转字第 10 号

摘要	一级科目	二级或明细科目	借方金额	贷方金额	记账
分配制造费用	生产成本	A 产品	1 400		
		B 产品	600		
	制造费用			2 000	
合计			2 000	2 000	

附件壹张

会计主管：李鸣　记账：张清　稽核：沈严　填制：方新

表 10－23　转账记账凭证

20××年 12 月 26 日　　转字第 11 号

摘要	一级科目	二级或明细科目	借方金额	贷方金额	记账
结转产品成本	库存商品	A 产品	21 200		
		B 产品	8 570		
	生产成本	A 产品		21 200	
		B 产品		8 570	
合计			29 770	29 770	

附件叁张

会计主管：李鸣　　记账：张清　　稽核：沈严　　填制：方新

表 10－24　收款记账凭证

借方科目：银行存款　　20××年 12 月 27 日　　收字第 4 号

摘要	贷方科目		金额	记账
	一级科目	二级或明细科目		
销售 A 产品	主营业务收入	A 产品	40 000	
	应交税费	应交增值税（销项税额）	5 200	
合计			45 200	

附件贰张

会计主管：李鸣　　记账：张清　　稽核：沈严　　填制：方新　　出纳：廉明　　交款：赵伟

表 10－25　转账记账凭证

20××年 12 月 27 日　　转字第 12 号

摘要	一级科目	二级或明细科目	借方金额	贷方金额	记账
销售 B 产品	应收账款	星海公司	20 340		
	主营业务收入	B 产品		18 000	
	应交税费	应交增值税（销项税额）		2 340	
合计			20 340	20 340	

附件贰张

会计主管：李鸣　　记账：张清　　稽核：沈严　　填制：方新

表 10－26　收款记账凭证

借方科目：银行存款　　20××年 12 月 27 日　　收字第 5 号

摘要	贷方科目		金额	记账
	一级科目	二级或明细科目		
预收货款	预收账款	荣发公司	28 250	
合计			28 250	

附件壹张

会计主管：李鸣　记账：张清　稽核：沈严　填制：方新　出纳：廉明　交款：赵伟

表 10－27　转账记账凭证

20××年 12 月 28 日　　转字第 13 号

摘要	一级科目	二级或明细科目	借方金额	贷方金额	记账
销售 A 产品	预收账款	荣发公司	28 250		
	主营业务收入	A 产品		25 000	
	应交税费	应交增值税（销项税额）		3 250	
合计			28 250	28 250	

附件贰张

会计主管：李鸣　记账：张清　稽核：沈严　填制：方新

表 10－28　收款记账凭证

借方科目：银行存款　　20××年 12 月 28 日　　收字第 6 号

摘要	贷方科目		金额	记账
	一级科目	二级或明细科目		
收回货款	应收账款	星海公司	20 340	
合计			20 340	

附件壹张

会计主管：李鸣　记账：张清　稽核：沈严　填制：方新　出纳：廉明　交款：赵伟

表 10－29　转账记账凭证

20××年 12 月 28 日　　　　转字第 14 号

摘要	一级科目	二级或明细科目	借方金额	贷方金额	记账
结转收入类账户	主营业务收入		83 000		
	本年利润			83 000	
合计			83 000	83 000	

附件壹张

会计主管：李鸣　　记账：张清　　稽核：沈严　　填制：方新

表 10－30　转账记账凭证

20××年 12 月 28 日　　　　转字第 15 号

摘要	一级科目	二级或明细科目	借方金额	贷方金额	记账
结转费用类账户	本年利润		100		
	管理费用			100	
合计			100	100	

附件壹张

会计主管：李鸣　　记账：张清　　稽核：沈严　　填制：方新

②根据收款凭证和付款凭证逐笔登记库存现金日记账和银行存款日记账（见表 10－31 和表 10－32）。

表 10－31　库存现金日记账

20××年		凭证号	摘要	对方科目	借方	贷方	余额
月	日						
12	1		月初余额				1 900
	8	现付 4	支付运输费	在途物资		270	
	10	现付 5	付市内运输费	管理费用		100	
		银付 6	提取现金	银行存款	12 000		
	26	现付 7	发放职工工资	应付职工薪酬		12 000	
	31		本月合计		12 000	12 370	1 530

说明：账页中的余额假定为该公司 12 月初的余额。其他账户同此。

表 10－32　银行存款日记账

20××年 月	日	凭证号	摘要	对方科目	借方	贷方	余额
12	1		月初余额				121 600
		银收 1	发行股票收入	股本等	1 200 000		
	5	银收 2	借款存银行	短期借款	150 000		
		银收 3	借款存银行	长期借款	300 000		
		银付 1	偿还借款	长期借款		212 000	
		银付 2	偿还材料款	应付账款		3 390	
		银付 3	预付材料款	预付账款		9 605	
	25	银付 6	提取现金	库存现金		12 000	
	26	银付 8	支付水电费	制造费用		360	
	27	银收 4	销售 A 产品	主营业务收入等	45 200		
		银收 5	预收货款	预收账款	28 250		
	28	银收 6	收回货款	应收账款	20 340		
	31				1 743 790	237 355	1 628 035

说明：在实务中“结算凭证”栏应填写结算凭证种类和号数，在本例中未涉及这方面的内容，故省略。

（三）根据各种专用记账凭证并参考原始凭证（或原始凭证汇总表），逐笔登记各种明细分类账

在本案例中，涉及登记明细分类账户的交易或事项较多，其中包括“在途物资”“应交税费”“应付账款”“预付账款”“原材料”“生产成本”“应付职工薪酬”“库存商品”“主营业务收入”“应收账款”“预收账款”，这里只列示“原材料”和“生产成本”所属的明细分类账户的登记情况。

（1）“原材料”明细分类账户的登记及其余额情况，如表 10－33、表 10－34 所示。

表 10－33

数量单位：千克

材料名称：甲材料　　　　金额单位：元

20××年		凭证号	摘要	单价	借方		贷方		余额	
月	日				数量	金额	数量	金额	数量	金额
12	1		月初余额	5.6					100	560
	10	转 6	验收入库	6.2	500	3 100				
	12	转 7	生产领用				443	2 700		
	31		合计	6.1	500	3 100	443	2 700	157	960

说明：假定发出甲材料单位成本采用全月一次加权平均法计算（加权平均单价为 6.1 元），数量采用折算方法，计算结果保留到整数（有一定误差），乙材料账页同此。

表 10－34

数量单位：千克

材料名称：乙材料　　　　　　　　　　　　　　　　　　　　　　　　　　　金额单位：元

20××年		凭证号	摘要	单价	借方		贷方		余额	
月	日				数量	金额	数量	金额	数量	金额
12	1		月初余额	9.8					200	1 960
	10	转 6	验收入库	10.2	850	8 670				
	12	转 7	生产领用				593	6 000		
	31		合计	10.1	850	8 670	593	6 000	457	4 630

（2）“生产成本”明细分类账户的登记及其余额情况，如表 10－35、表 10－36 所示。

表 10－35

产品名称：A 产品

20××年		凭证号	摘要	借方			
月	日			直接材料	直接人工	制造费用	合计
12	1		月初余额	3 200	2 800	900	6 900
	12	转 7	生产领用材料	5 900			5 900
	25	转 8	生产工人工资		7 000		7 000
	26	转 10	分配制造费用			1 400	1 400
	26	转 11	结转产品成本	9 100	9 800	2 300	0

说明：“结转产品成本”一行的数字为红色，表示减少；余额为“0”，说明 A 产品全部完工，没有在产品。

表 10－36

产品名称：B 产品

20××年		凭证号	摘要	借方			
月	日			直接材料	直接人工	制造费用	合计
12	1		月初余额	1 200	1 620	350	3 170
	12	转 7	生产领用材料	1 800			1 800
	25	转 8	生产工人工资		3 000		3 000
	26	转 10	分配制造费用			600	600
	26	转 11	结转产品成本	3 000	4 620	950	0

说明：“结转产品成本”一行的数字为红色，表示减少；余额为“0”，说明 B 产品全部完工，没有在产品。

（四）根据各种专用记账凭证逐笔登记总分类账

在本案例中，涉及登记总分类账户的交易或事项很多，这里只列示“原材料”和“生产成本”总分类账户的登记情况。

（1）“原材料”总分类账户的登记及其余额情况，如表 10－37 所示。

表 10－37 总分类账

会计科目：原材料

20××年		凭证号	摘要	借方	贷方	借或贷	余额
月	日						
12	1		月初余额			借	2 520
	10	转 6	验收入库	11 770		借	
	12	转 7	生产领用		8 700	借	
	31		本月合计	11 770	8 700	借	5 590

（2）“生产成本”总分类账户的登记及其余额情况，如表 10－38 所示。

表 10－38 总分类账

会计科目：生产成本

20××年		凭证号	摘要	借方	贷方	借或贷	余额
月	日						
12	1		月初余额			借	10 070
	12	转 7	生产领用材料	7 700		借	
	25	转 8	生产工人工资	10 000		借	
	26	转 10	分配制造费用	2 000		借	
	26	转 11	结转产品成本		29 770	平	
	31		本月合计	19 700	29 770	平	0

（五）月末，将日记账、明细分类账的余额分别与总分类账中相应账户的余额核对相符

表 10－39 总分类账与明细分类账户发生额及余额试算表（主要账户）

账户名称	期初余额		本期发生额		期末余额	
	借方	贷方	借方	贷方	借方	贷方
“库存现金”总分类账	1 900		12 000	12 370	1 530	
库存现金日记账	1 900		12 000	12 370	1 530	

续上表

账户名称	期初余额		本期发生额		期末余额	
	借方	贷方	借方	贷方	借方	贷方
“银行存款”总分类账	121 600		1 743 790	237 355	1 628 035	
银行存款日记账	121 600		1 743 790	237 355	1 628 035	
“原材料”总分类账	2 520		11 770	8 700	5 590	
明细分类账合计	2 520		11 770	8 700	5 590	
甲材料	560		3 100	2 700	960	
乙材料	1 960		8 670	6 000	4 630	
“生产成本”总分类账	10 070		19 700	29 770	0	
明细分类账合计	10 070		19 700	29 770	0	
A 产品	6 900		14 300	21 200	0	
B 产品	3 170		5 400	8 570	0	
“预收账款”总分类账		8 500	28 250	28 250	0	8 500
明细分类账合计		8 500	28 250	28 250	0	8 500
荣发公司		8 500	28 250	28 250	0	8 500
“在途物资”总分类账			11 770	11 770	0	
明细分类账合计			11 770	11 770	0	
甲材料			3 100	3 100	0	
乙材料			8 670	8 670	0	
“应交税费”总分类账			1 495	10790		9 295
明细分类账合计			1 495	10790		9 295
应交税费（进项税额）			1 495		1 495	
应交税费（销项税额）				10 790		10 790
“应收账款”总分类账			20 340	20 340	0	
明细分类账合计			20 340	20 340	0	
星海公司			20 340	20 340	0	
“应付账款”总分类账		9 000	3 390	3 390	0	9 000
明细分类账合计		9 000	3 390	3 390	0	9 000
宏远公司		9 000	3 390	3 390	0	9 000

续上表

账户名称	期初余额		本期发生额		期末余额	
	借方	贷方	借方	贷方	借方	贷方
“预付账款”总分类账			9 605	9 605	0	
明细分类账合计			9 605	9 605	0	
宏远公司			9 605	9 605	0	
“应付职工薪酬”总分类账			12 000	12 000	0	
明细分类账合计			12 000	12 000	0	
工资			12 000	12 000	0	
“库存商品”总分类账	2 400		29 770		32 170	
明细分类账合计	2 400		29 770		32 170	
A 产品	900		21 200		21 200	
B 产品	1 500		8 570		8 570	
“主营业务收入”总分类账			83 000	83 000		0
明细分类账合计			83 000	83 000		0
A 产品			65 000	65 000		0
B 产品			18 000	18 000		0

（六）月末，根据总分类账和明细分类账的记录编制会计报表

第三节　通用记账凭证会计处理组织程序

一、通用记账凭证会计处理组织程序的定义及评价

（一）通用记账凭证会计处理组织程序的定义

通用记账凭证会计处理组织程序是根据交易或事项发生以后填制的通用记账凭证直接登记总分类账，并定期编制会计报表的一种会计处理组织程序。

（二）通用记账凭证会计处理组织程序的步骤

通用记账凭证账务处理组织程序如图 10－4 所示。

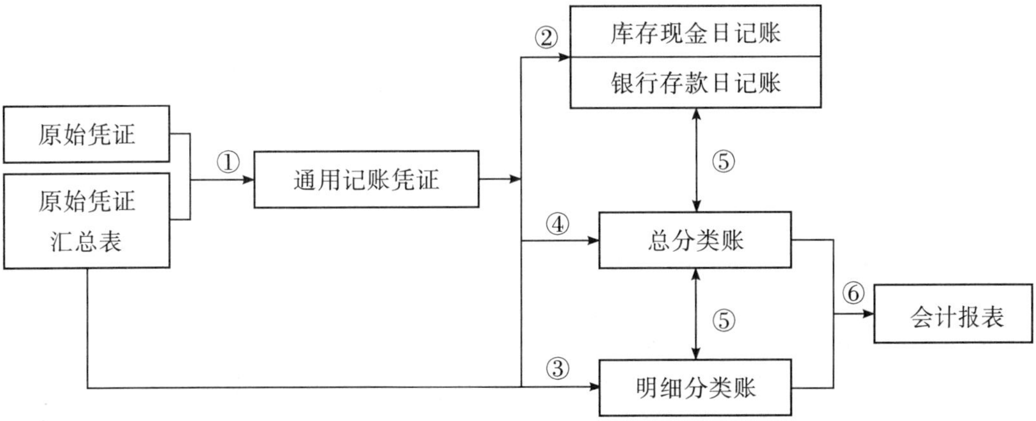

图 10－4　通用记账凭证会计处理组织程序

在图 10－4 中：①根据原始凭证（或原始凭证汇总表）填制通用记账凭证。②根据通用记账凭证逐笔登记库存现金日记账、银行存款日记账。③根据通用记账凭证和原始凭证（或原始凭证汇总表）逐笔登记各种明细分类账。④根据通用记账凭证逐笔登记总分类账。⑤月末，库存现金日记账、银行存款日记账的余额，以及各种明细分类账余额的合计数，分别与总分类账中有关账户的余额核对相符。⑥月末，根据总分类账和明细分类账资料编制财务报表。

（三）通用记账凭证会计处理组织程序的评价

1. **优点**

与专用记账凭证会计处理组织程序的优点大体相同，即在记账凭证上能够清晰地反映账户之间的对应关系，在总分类账上能够比较详细地反映交易或事项的发生情况，总分类账登记方法简单，易于掌握。此外，由于该种程序减少了记账凭证的种类，在一定程度上可以节约会计处理成本。

2. **缺点**

与专用记账凭证会计处理组织程序的缺点基本相同，即采用这种会计处理程序时总分类账登记工作量过大，账页耗用过多等。

3. **适用范围**

通用记账凭证会计处理组织程序一般只适用于规模比较小、交易或事项数量比较少、记账凭证使用不多的企业，通常也为业务内容简单的行政事业等单位所使用。

二、通用记账凭证会计处理组织程序应用举例

假定华达公司对日常交易或事项采用通用记账凭证会计处理组织程序，沿用本章例 10－1 中发生的交易或事项进行会计处理。

首先，根据发生的交易或事项编制通用记账凭证，之后的步骤可参考专用记账凭证会计处理组织程序的应用案例，此处不再赘述。

第四节　科目汇总表会计处理组织程序

一、科目汇总表会计处理组织程序的定义及评价

（一）科目汇总表会计处理组织程序的定义

科目汇总表会计处理组织程序是根据各种记账凭证先定期（或月末一次）汇总编制科目汇总表，之后再根据科目汇总表登记总分类账，并定期编制会计报表的一种会计处理组织程序。

科目汇总表会计处理组织程序在专用记账凭证会计处理组织程序和通用记账凭证会计处理组织程序的基础上克服了日记账、明细分类账及总分类账的重复记录的弊端，是目前会计实务中常用的一种会计处理组织程序。

（二）科目汇总表会计处理组织程序的步骤

科目汇总表账务处理组织程序如图 10 – 5 所示。

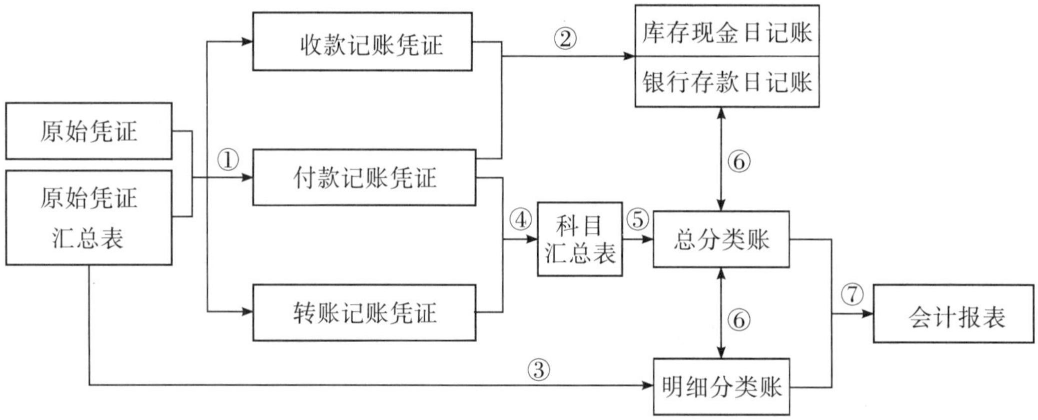

图 10 – 5　科目汇总表记账凭证会计处理组织程序

在图 10 – 5 中：①根据原始凭证（或原始凭证汇总表）填制各种专用记账凭证（采用通用记账凭证会计处理组织程序的企业填制通用记账凭证）。②根据收款记账凭证、付款记账凭证（或通用记账凭证）逐笔登记库存现金日记账、银行存款日记账。③根据收款记账凭证、付款记账凭证、转账记账凭证（或通用记账凭证）和原始凭证（或原始凭证汇总表）逐笔登记各种明细分类账。④根据收款记账凭证、付款记账凭证、转账记账凭证（或通用记账凭证）每日或定期编制科目汇总表。⑤根据科目汇总表，每日或定期登记总分类账。⑥月末，库存现金日记账、银行存款日记账的余额，以及各种明细分类账余额的合计数，分别与总分类账中有关账户的余额核对相符。⑦月末，根据总分类账和明细分类账资料编制财务报表。

（三）科目汇总表会计处理组织程序的评价

1. 优点

一是通过编制科目汇总表可以起到试算平衡的作用，可及时发现和纠正会计账簿记录的错误，以保证记账工作质量；二是根据科目汇总表登记总分类账，可以减少登记总分类账的工作量。

2. 缺点

不能反映各账户之间的对应关系，也不便查账和了解经济业务内容。

3. 适用范围

各类会计主体都可采用。

二、科目汇总表会计处理组织程序应用举例

假定华达公司对日常交易或事项采用科目汇总表会计处理组织程序，沿用本章例 10－1 中发生的交易或事项进行会计处理。

（1）根据发生的交易或事项编制专用记账凭证。见表 10－2 至表 10－30。

（2）根据收款凭证和付款凭证逐笔登记库存现金日记账和银行存款日记账。见表 10－31 和表 10－32。

（3）根据各种专用记账凭证并参考原始凭证（或原始凭证汇总表），逐笔登记各种明细分类账。见表 10－33 至表 10－36。

（4）根据各种记账凭证汇总编制科目汇总表。如表 10－40 所示。

表 10－40　科目汇总表

编制单位：华达公司　　20××年 12 月　　凭证编号：科汇 1

会计科目	本期发生额	
	借方	贷方
库存现金	12 000	12 370
银行存款	1 743 790	237 355
固定资产	28 000	0
无形资产	30 000	0
股本	0	1 138 000
短期借款	0	150 000
长期借款	212 000	300 000
资本公积	80 000	200 000
在途物资	11 770	11 770
应交税费	1 495	10 790
应付账款	3 390	3 390

续上表

会计科目	本期发生额	
	借方	贷方
预付账款	9 605	9 605
原材料	11 770	8 700
管理费用	100	100
制造费用	4 160	2 000
生产成本	19 700	29 770
库存商品	29 770	0
应付职工薪酬	12 000	12 000
累计折旧	0	800
主营业务收入	83 000	83 000
预收账款	28 250	28 250
应收账款	20 340	20 340
本年利润	100	83 000
合计	2 341 240	2 341 240

（5）根据科目汇总表上汇总数字登记总分类账户。为简便起见，根据科目汇总表的汇总金额采用简化账页登记，并假定是全月一次性登记总分类账户。

会计科目：库存现金

日期		凭证号	借方	贷方	余额
12	1				1 900
12	31	科汇 1	12 000	12 370	1 530

会计科目：银行存款

日期		凭证号	借方	贷方	余额
12	1				121 600
12	31	科汇 1	1 743 790	237 355	1 628 035

会计科目：固定资产

日期		凭证号	借方	贷方	余额
12	1				365 000
12	31	科汇 1	28 000	0	393 000

会计科目：无形资产

日期		凭证号	借方	贷方	余额
12	1				96 900
12	31	科汇 1	30 000	0	126 900

会计科目：股本

日期		凭证号	借方	贷方	余额
12	1				67 000
12	31	科汇 1	0	1 138 000	1 205 000

会计科目：短期借款

日期		凭证号	借方	贷方	余额
12	1				0
12	31	科汇 1	0	150 000	150 000

会计科目：长期借款

日期		凭证号	借方	贷方	余额
12	1				80 000
12	31	科汇 1	212 000	300 000	168 000

会计科目：资本公积

日期		凭证号	借方	贷方	余额
12	1				60 000
12	31	科汇 1	80 000	200 000	180 000

会计科目：在途物资

日期		凭证号	借方	贷方	余额
12	1				0
12	31	科汇 1	11 770	11 770	0

会计科目：应交税费

日期		凭证号	借方	贷方	余额
12	1				0
12	31	科汇1	1 495	10 790	9 295

会计科目：应付账款

日期		凭证号	借方	贷方	余额
12	1				9 000
12	31	科汇1	3 390	3 390	9 000

会计科目：预付账款

日期		凭证号	借方	贷方	余额
12	1				0
12	31	科汇1	9 605	9 605	0

会计科目：原材料

日期		凭证号	借方	贷方	余额
12	1				2 520
12	31	科汇1	11 770	8 700	5 590

会计科目：管理费用

日期		凭证号	借方	贷方	余额
12	1				0
12	31	科汇1	100	100	0

会计科目：制造费用

日期		凭证号	借方	贷方	余额
12	1				0
12	31	科汇1	4 160	2 000	2 160

会计科目：生产成本

日期		凭证号	借方	贷方	余额
12	1				10 070
12	31	科汇 1	19 700	29 770	0

会计科目：库存商品

日期		凭证号	借方	贷方	余额
12	1				2 400
12	31	科汇 1	29 770	0	32 170

会计科目：应付职工薪酬

日期		凭证号	借方	贷方	余额
12	1				0
12	31	科汇 1	12 000	12 000	0

会计科目：累计折旧

日期		凭证号	借方	贷方	余额
12	1				3 500
12	31	科汇 1	0	800	4 300

会计科目：主营业务收入

日期		凭证号	借方	贷方	余额
12	1				0
12	31	科汇 1	83 000	83 000	0

会计科目：预收账款

日期		凭证号	借方	贷方	余额
12	1				8 500
12	31	科汇 1	28 250	28 250	8 500

会计科目：应收账款

日期		凭证号	借方	贷方	余额
12	1				0
12	31	科汇1	20 340	20 340	0

会计科目：本年利润

日期		凭证号	借方	贷方	余额
12	1				0
12	31	科汇1	100	83 000	82 900

（6）月末，将日记账、明细分类账的余额分别与总分类账中相应账户的余额核对相符。见表10－39。

（7）月末，根据总分类账和明细分类账的记录编制会计报表。

在科目汇总表会计处理组织程序下，编制资产负债表和利润表的方法与专用记账凭证会计处理组织程序相同。

复习思考题

1. 什么叫会计处理组织程序？
2. 建立合理的会计处理组织程序有哪些意义？
3. 各类会计处理组织程序的主要区别有哪些？
4. 在专用记账凭证会计处理组织程序下，应按怎样的步骤进行交易或事项的处理？
5. 在通用记账凭证会计处理组织程序下，应按怎样的步骤进行交易或事项的处理？
6. 在科目汇总表会计处理组织程序下，应按怎样的步骤进行交易或事项的处理？